Die Methodendiskussion nach Inkrafttreten des Bürgerlichen Gesetzbuches und die Gründung des Vereins *Recht und Wirtschaft*

AF815295

# Rechtshistorische Reihe

Herausgegeben von den Prof. Dres.
H.-J. Becker, W. Brauneder, P. Caroni, A. Cordes, B. Diestelkamp, G. Dilcher, J. Eckert,
H. Hattenhauer, R. Hoke, D. Klippel, G. Köbler, G. Landwehr, G. Lingelbach, M. Lipp, K. Muscheler,
H. Nehlsen, G. Otte, T. Repgen, St. Saar, K.O. Scherner, J. Schröder, R. Schröder,
W. Schubert, D. Schwab, E. Wadle, J. Weitzel, D. Willoweit

Band 297

Peter Lang
Frankfurt am Main · Berlin · Bern · Bruxelles · New York · Oxford · Wien

Steffi Heine

# Die Methodendiskussion nach Inkrafttreten des Bürgerlichen Gesetzbuches und die Gründung des Vereins *Recht und Wirtschaft*

Peter Lang
Europäischer Verlag der Wissenschaften

**Bibliografische Information Der Deutschen Bibliothek**
Die Deutsche Bibliothek verzeichnet diese Publikation in der Deutschen Nationalbibliografie; detaillierte bibliografische Daten sind im Internet über <http://dnb.ddb.de> abrufbar.

Zugl.: Jena, Univ., Diss., 2003

Diese Arbeit wurde von
Herrn Professor Dr. Gerhard Lingelbach
zur Aufnahme in diese Reihe empfohlen.

27
ISSN 0344-290X
ISBN 3-631-53098-6

© Peter Lang GmbH
Europäischer Verlag der Wissenschaften
Frankfurt am Main 2004
Alle Rechte vorbehalten.

Das Werk einschließlich aller seiner Teile ist urheberrechtlich geschützt. Jede Verwertung außerhalb der engen Grenzen des Urheberrechtsgesetzes ist ohne Zustimmung des Verlages unzulässig und strafbar. Das gilt insbesondere für Vervielfältigungen, Übersetzungen, Mikroverfilmungen und die Einspeicherung und Verarbeitung in elektronischen Systemen.

www.peterlang.de

*Meinen Eltern*

## Vorwort

Die vorliegende Arbeit hat der juristischen Fakultät der Friedrich-Schiller-Universität Jena im Sommersemester 2003 als Dissertation vorgelegen.

Mein aufrichtiger Dank gebührt an dieser Stelle meiner Doktormutter, Frau Prof. Dr. Elisabeth Koch, für ihre wissenschaftliche Betreuung, ihren fachlichen Rat und verläßliche Unterstützung bei der Bearbeitung des Themas. Des weiteren danke ich Herrn Prof. Dr. Rolf Gröschner für die Erstellung des Zweitgutachtens.
Mein Dank gilt außerdem meinen Kollegen für ihre stete Gesprächsbereitschaft sowie Frau Ines König für ihre aufmunternden Worte während der langen Zeit der Bearbeitung.
Ganz wesentlich zum Entstehen dieser Arbeit beigetragen haben zudem die vielen anregenden und von bemerkenswertem rechtsphilosophischen Hintergrundwissen getragenen Diskussionen mit Herrn Dr. Ulf Lenzner. Ihm möchte ich meinen besonderen Dank aussprechen.
Es ist mir ein wichtiges Anliegen, meinem Freund, Ingo Hölzig, zu danken für seine Geduld und sein liebevolles Verständnis für Gesprächsthemen, die von seinen eigenen juristischen Interessengebieten weit entfernt waren. Ohne seine Hilfe und unermüdliche Motivation wäre die Fertigstellung dieser Arbeit nicht denkbar gewesen.
Schließlich möchte ich meinen Eltern von Herzen Danke sagen für ihre großartige Unterstützung während meines Studiums und der Zeit der Promotion. Ich freue mich daher ganz besonders, ihnen diese Arbeit widmen zu können.

Jena, im Juni 2004 *Steffi Heine*

# Inhaltsverzeichnis

# A. Auf der Suche nach neuen Methoden der Rechtsfindung
## - Erklärungsmodelle -

Eine Diskussion über Methoden, mit deren Hilfe Recht erkannt und gesprochen werden kann, ist auch immer eine Diskussion über die Verantwortung des Rechts, schließlich derer, die Recht anwenden. Diese Verantwortung erwächst aus dem Umgang mit „zwangsbewehrter Normativität"[1], die dem Normanwender je nach politischem und geistesgeschichtlichem Zusammenhang ein mehr oder weniger breites Betätigungsfeld zubilligt. Dieses Spannungsfeld zwischen richterlicher Rechtsanwendungsmacht und kodifizierter, zwangsbewehrter Rechtsmaterie wurde zu Beginn des 20. Jahrhunderts zugunsten einer produktiven, also machterweiternden Juristentätigkeit gelöst. Der Jurist wurde damit zum Verantwortungsträger einer sozialen Gesellschaftsgestaltung.[2]

Mit der vorliegenden Arbeit wird diese um die Jahrhundertwende 1900 geführte Kontroverse um das Verhältnis Richter – Gesetz aufgegriffen, die den Blick auf richterliche Rechtsfindungskonzeptionen lenkt, und die ihren Ausgangspunkt nach überwiegender Ansicht in der historischen wie zeitgenössischen Literatur in einem „antiformalistische(n) Protest gegen den Verzicht der Rechtswissenschaft auf den gesellschaftlichen Wirklichkeitsbezug" findet.[3] Konzentrieren sich die bisher erschienenen Ausführungen zum Methodenstreit nahezu ausschließlich auf eine der methodischen Neuansätze, die durch die Lehren der Interessenjurisprudenz und der Freirechtsbewegung in Opposition zur Begriffsjurisprudenz namhaft geworden sind,[4] soll die

---

[1] Dazu *Simon*, Die Verantwortung des Juristen heute, S. 9.

[2] *Radbruch*, Der Mensch im Recht, S. 16, 18, 36 spricht insofern vom „soziale(n) Rechtszeitalter".

[3] So *Wieacker*, Privatrechtsgeschichte der Neuzeit, S. 402; neuerdings wieder *Schoppmeyer*, Juristische Methode als Lebensaufgabe, S. 67; im übrigen *Boehmer*, Grundlagen der bürgerlichen Rechtsordnung, II/ 1, S. 126; *Mertens*, AcP 174 (1974), S. 373 f.; *Eisenhardt*, Deutsche Rechtsgeschichte, S.407 f.; *Kübler*, AcP 162 (1963), S. 108, 115; *Isele*, AcP 150 (1949), S. 14; *Dahm*, Deutsches Recht, S. 141; *Hattenhauer*, Wandlungen des Richterbildes, in: *Dreier/ Sellert*, Recht und Justiz im Dritten Reich, S. 11, 17 f.; *Schlosser*, Grundzüge der Neueren Privatrechtsgeschichte, S. 160; *Hedemann*, Die Flucht in die Generalklauseln, S. 10 f.

[4] Vgl. statt vieler *Kallfass*, Die Tübinger Schule der Interessenjurisprudenz, 1972; *Edelmann*, Die Entwicklung der Interessenjurisprudenz, 1967; *Moench*, Die methodologischen Bestrebungen der Freirechtsbewegung auf dem Wege zur Methodenlehre der Gegenwart, 1971; *Lombardi Vallauri*, Geschichte des Freirechts, 1971; *Riebschläger*, Die Freirechtsbewegung. Zur Entwicklung einer soziologischen Rechtsschule, 1968. Eine

Methodendiskussion hier als Reformbewegung querschnittartig verfolgt und als ein Ringen um die besseren Lösungsansätze erklärt werden. Wenn auch Vollständigkeit schon aufgrund der Fülle der vorgebrachten Reformüberlegungen nicht angestrebt wird, soll die vorgenommene Auswahl Grundgedanken aufzeigen, die in der Tat einheitliche Tendenzen erkennen lassen, im Kern gleichwohl ein differenziertes methodologisches Reservoir offenlegen.

In zeitlicher Hinsicht beginnt die Darstellung der Reformbewegung mit Inkrafttreten des Bürgerlichen Gesetzbuches und endet mit dem „Jenenser Aufruf“[5], der die Gründung des Vereins „Recht und Wirtschaft“ im Jahre 1911 einleitete. Diese zeitliche Fixierung darf freilich nicht darüber hinwegtäuschen, daß jede geistige Strömung auf Vordenker zurückführbar und nur aus diesen heraus verständlich ist. Zuzustimmen ist sonach all jenen, die eine in der zweiten Hälfte des 19. Jahrhunderts wahrnehmbare Frontstellung erkennen, die in den ersten Jahrzehnten des 20. Jahrhunderts ausgetragen wurde.[6] An gegebener Stelle wird auf diese Strömungen Bezug genommen. Gleichwohl ist es gerechtfertigt, die Beschäftigung mit der Methodenreformbewegung mit Inkrafttreten des BGB beginnen zu lassen. Kann es auch an dieser Stelle nicht abschließend geklärt werden, ob gegebenenfalls ein Wandel der Rechtsquellen ein neues methodisches Bewußtsein bedingte,[7] so ist doch festzustellen, daß die Diskussion konzentrisch um das Verhältnis Richter – Gesetz kreist, die Methodenkonzeptionen regelmäßig einen Zusammenhang zum Gesetzesbindungstheorem herstellen und sonach zumindest als Reflex auf eine Kodifikation in Erscheinung treten. Auch kann eine zunehmende Intensität methodologischer Fragestellungen ab 1900 nicht geleugnet werden. Nach *Gängel* hat es eine wohl noch nie in der Rechtsgeschichte dermaßen intensive und kontroverse Beschäftigung mit dem Ewigkeitsthema des Verhältnisses von Richter und Gesetz gegeben.[8] Bezeichnend ist in diesem Zusammenhang die Tatsache, daß methodologische Überlegungen zum Umgang mit dem BGB nach 1900 eine wesentlich größere Rolle spielten als etwa Reformbestrebungen

Chronologie der Methodendiskussion verfolgen hingegen *Gängel/ Mollnau*, Gesetzesbindung und Richterfreiheit, 1992.

[5] *Börngen*, DJZ 1911, Sp. 177 ff.

[6] *Krawietz*, Einleitung, in: *Krawietz* (Hrsg.), Theorie und Technik der Begriffsjurisprudenz, S. 3; *Kallfass*, Die Tübinger Schule der Interessenjurisprudenz, S. 6 f.; *Riebschläger*, Die Freirechtsbewegung, S. 27 ff.; *Moench*, Die methodologischen Bestrebungen der Freirechtsbewegung auf dem Wege zur Methodenlehre der Gegenwart, S. 18; ähnlich *Lombardi Vallauri*, Geschichte des Freirechts, S. 43 ff., der zusätzlich zwischen einem intellektuellen Beginn 1899 und der Zeit „größter Resonanz“ ab 1905 unterscheidet.

[7] Ablehnend *Schröder*, Gesetzesauslegung und Gesetzesumgehung, S. 99 f. für die Umgehungs- und Auslegungslehre *Eugen Ehrlichs*.

[8] *Gängel*, ARSP 1991, Beiheft 43, S. 124.

hinsichtlich des materiellen Rechts.[9] Erscheint die Kodifikation des Zivilrechts sonach nicht als Grund, aber doch Anknüpfungspunkt neuer Denkansätze, zeigen jene weniger einen Normtextbezug als eine allgemeine Erwartungshaltung, die die „soziale Tendenz" des Gesetzes offen hinterfragt. Hier eröffnet sich ein bisher nicht verfolgter Argumentationsstrang, der die Bedingungen für die wissenschaftstheoretische Auseinandersetzung auf die Fragestellung hin untersucht, ob eine Transformation dessen, was als „soziale Frage" in das Zentrum gesetzgebungspolitischer Spannungen im letzten Drittel des 19. Jahrhunderts rückte, auf eine methodologische Ebene stattgefunden hat.[10]

Neben diesem, hier verfolgten Ansatz existieren andere Erklärungsmodelle, die an dieser Stelle nur angedeutet werden können.[11] *Radbruchs* These vom Wirken eines „mit unwiderstehlicher Gewalt sich durchsetzenden Zeitgeiste(s)", der in den Darstellungen einiger seiner Zeitgenossen bedient wird,[12] erfährt aus heutiger Perspektive Konkretisierungen. So wird argumentiert, die intensive Beschäftigung mit methodologischen Fragestellungen resultiere aus der Besorgnis der Juristen um alte Spielräume im Umgang mit den gemein- und partikularrechtlichen Quellen

---

[9] So schon *Oertmann*, Juristisches Literaturblatt Nr. 110 (Bd. 11), S. 223; *Leonhard*, Das neue Gesetzbuch als Wendepunkt der Privatrechtswissenschaft, S. 15: „Jedenfalls ist aber die Rechtslehre mehr dem Bestehenden zugewandt, als dem Abänderungsgedanken." Vgl. auch *Schulte-Nölke*, Die späte Aussöhnung mit dem Bürgerlichen Gesetzbuch, in: Jahrbuch Junger Zivilrechtswissenschaftler 1996, S. 11 und Fn. 16, der bis 1914 nur zwei marginale Änderungen des BGB (§§ 72, 833) feststellt.

[10] Siehe S. 8 ff.

[11] Mit der Frage der Fortschreibung der Auseinandersetzung um die soziale Frage durch die Methodendebatte soll ein weiteres, bisher nicht erforschtes Erklärungsmodell eingeführt und erörtert werden. Eine darüber hinausgehende umfassende Ursachenforschung soll die vorliegende Arbeit gleichwohl nicht leisten. Ihr Schwerpunkt ist es vielmehr, die Methodendiskussion als Streitgespräch um die besseren Lösungsansätze bis zu ihrer Kanalisierung im Verein „Recht und Wirtschaft" herauszuarbeiten.

[12] *Radbruch*, Archiv für Sozialwissenschaft und Sozialpolitik, 22 (1906), S. 369. Vgl. auch *Hedemann*, Werden und Wachsen im Bürgerlichen Recht, S. 18: „Man will los von dem Zwange aneinander geleimter Buchstaben... Das hat notwendig eine gewisse Emanzipation des einzelnen Juristen zur Folge, und darum eben ist auch der allgemeine Zeitgeist dem Fortschritt im Zivilrecht günstig." *Zitelmann* in: *Planitz*, Die Rechtswissenschaft in Selbstdarstellungen, S. 24, der „entscheidende Wandlungen in der Gesamtauffassung der Rechtswissenschaft" konstatiert und dies als „Charakterzug jener Zeit" beschreibt. Ähnlich *Crome* in: *Planitz*, Die Rechtswissenschaft in Selbstdarstellungen, S. 9, 13, der sich angesichts der Tatsache, daß sein Lehrbuch zum maßgeblichen Handbuch unter Praktikern avancierte, als „Bindeglied zwischen alter und neuer Zeit" verstand. Ebenso beabsichtigte er, den „Bedürfnissen der neueren Zeitrichtung entgegenzukommen und derselben gegen traditionelle Widerstände in juristischer Konstruktion Bahn zu brechen".

und den Texten des Corpus Iuris Civilis.[13] Mögliche Ursachen können zudem aus einer der Methodendiskussion vor- und gleichlaufenden Methodenkritik im Staatsrecht der 1880er Jahre[14] und einer parallelen Entwicklung im Strafrecht[15] erhellt werden. Untersuchenswert ist daneben ein Zusammenhang zwischen dem im ausgehenden 19. Jahrhundert sich vollziehenden stillen Machtgewinn des Reichstages und der Methodendebatte, die überwiegend einen Kompetenzzuwachs der dritten Gewalt propagierte und damit dem Parlament politische Gestaltungsmacht entzog. Dieser Prozeß der Parlamentarisierung[16] wurde in Wissenschaft und Rechtsprechung wahrgenommen.[17] Die Richterschaft, die in der Form des Deutschen Richterbundes zumindest äußerlich Geschlossenheit suggerierte, mahnte, „Freiheit und Herrschaft vertragen nur starke Charaktere, nicht Pöbelmassen“[18] – eine Aussage, die die vorherige These durchaus erhärten könnte. Im Kontext dieses demokratischen Geistes empfindet sich das Volk nicht nur als Adressat staatlicher Macht, sondern als autorisierter Mitgestalter gesellschaftlicher Zustände. So treffen originär fachlich juristische Themen nunmehr auf das Interesse einer breiten, kritischen Öffentlichkeit in Parlament und Tagespresse,[19] die Urteile auf ihre gesellschaftliche Akzeptanz hin untersucht. Diese Öffentlichkeit repräsentieren vornehmlich Kreise, die „im modernen Leben eine Bedeutung gewonnen haben“. So werden Klagen insbesondere „von kaufmännischer und industrieller Seite erhoben, die denn auch in ihrer weitverzweigten und einflußreichen Presse die wirklichen und vermeintlichen Mängel unseres Gerichtswesens hervorzuheben nicht müde wird“.[20] Dieser Befund eröffnet einen weiteren Deutungshintergrund, der die Kritik an der formalen Methode der

---

[13] Vgl. *Honsell*, Historische Argumente im Zivilrecht, S. 23 m.w.N.; *Schröder*, Die Richterschaft, in: FS Gmür, S. 330 f.; *Schwab*, ZNR 2000, S. 355.

[14] Dazu *Pauly*, Der Methodenwandel im deutschen Spätkonstitutionalismus, 1993; *Schönberger*, Das Parlament im Anstaltsstaat, S. 194 ff.; *Korioth*, AöR 117 (1992), S. 212 ff.

[15] Im Strafrecht kam es in den 1880er Jahren zum sog. Schulenstreit, in dem Liszt das Verbrechen als soziale Erscheinung und die Strafe als soziale Funktion einführte. Dazu *Frommel*, Präventionsmodelle in der deutschen Strafzweck - Diskussion, S. 42 ff.

[16] So *Nipperdey*, Deutsche Geschichte, II, S. 471 ff., 491; *Stolleis*, Geschichte des öffentlichen Rechts in Deutschland, II, S. 370.

[17] *Kübler*, AcP 162 (1963), S. 110 f. konstatiert eine durchweg antiparlamentarische Einstellung der Richterschaft und spricht diesbezüglich von einer Problematisierung der schlechthinigen Verbindlichkeit des Gesetzes. Vgl. auch *Fuchs*, Die Gemeinschädlichkeit der konstruktiven Jurisprudenz, S. 12 ff. m.w.N., nach dem die Freirechtsbewegung eine wissenschaftliche und politische Umwälzung bezwecke.

[18] *Beck*, DRiZ 1914, Sp. 66.

[19] Vgl. *Reichel*, Gesetz und Richterspruch, S. 21: Danach gehöre zu den beliebtesten Artikeln der Tagespresse die Kritik angeblich ungerechter Urteile und angeblich unzweckmäßiger Gesetze. *Vierhaus*, Über die Methode der Rechtsprechung, S. 64.

[20] *Kisch*, Unsere Gerichte und ihre Reform, S. 130, zitiert nach *Schröder*, Die Richterschaft, in: FS Gmür, S. 206.

Rechtsfindung aus einer verstärkt materialen, wertbezogenen Perspektive erklärt. Nach *Reichel*[21] habe die sprunghafte Entwicklung der Technik und Industrie sowie des Weltverkehrs und Welthandels ein „geschäftsmäßiges, utilitaristisches“ Denken großziehen helfen, das er als „Verwirtschaftlichung“, „Kommerzialisierung“, sogar als „Amerikanismus“ bezeichnet. Die ab der zweiten Hälfte des 19. Jahrhunderts nachweisbaren Versuche einer Bestimmung des Verhältnisses von Jurisprudenz und Nationalökonomie könnten einen weitergehenden wissenschaftstheoretischen Hintergrund liefern.[22]

Mit Vehemenz werden in der Methodendebatte die Termini von der „Weltfremdheit“ bzw. „Lebensfremdheit“ des Richters, der „Klassenjustiz“, der „schlappen Strafjustiz“ und „mangelnder Volkstümlichkeit“ proklamiert, wobei damit je verschiedene Anknüpfungspunkte der Kritik assoziiert werden. Bezeichnet etwa der Vorwurf arbeiterfeindlicher Rechtsprechung in der Strafjustiz („Klassenjustiz“[23]) einen politischen Kampfbegriff, der sich notwendig mit Fragen der Richterauswahl und –ausbildung beschäftigte, so zielt der Vorwurf lebensfremder Zivilrechtspflege nunmehr auf den gesellschaftlichen Wert zivilrechtlicher Urteile. Dessen Überwindung bedurfte neben zivilprozessualer und Ausbildung betreffender Reformen vordringlich einer Wandlung innerhalb methodologischer Handlungsanweisungen für den Rechtsanwender. Denn die Berücksichtigung dessen, was als „Leben“ bezeichnet wird, mußte auch in die Rechtsanwendung hineingetragen werden, um impulsgebend tatsächlich wirken zu können.[24]

Diese Aussagen zeigen die Methodendebatte als einen Teilaspekt innerhalb einer umfassenden Justizreformbewegung um 1900.[25] Neben einer breiten methodischen Debatte gab es Reformvorschläge zur Gerichtsverfassung, der Straf- und Zivilprozeßordnung, des juristischen Studiums und der Referendarausbildung sowie Forderungen nach statuserhöhenden Maßnahmen der Richterschaft. *Düringer* stellte fest: „Fast auf allen Gebieten unseres Rechtslebens vernehmen wir den Ruf nach Reformen, nach

---

[21] *Reichel*, Gesetz und Richterspruch, S. 23 m.w.N.

[22] Vgl. *Nörr*, Auf dem Wege zur Kategorie der Wirtschaftsverfassung, in: *Nörr/ Schefold/ Tenbruck*, Geisteswissenschaften S. 423 ff.; zu Arbeitsvertragskonzeptionen *Rückert*, ZfA 1992, S. 225 ff.; ders., Philipp Lotmars Konzeption, in: *Rückert*, Schriften zu Arbeitsrecht, Zivilrecht und Rechtsphilosophie, S. XI ff.

[23] Zum Begriff „Klassenjustiz“ *Schröder*, FS Gmür, S. 212 ff. m.w.N. Danach bezeichnet dieser Topos die Benachteiligung besitzloser Klassen durch Staatsanwaltschaften und Strafgerichte.

[24] Zu diesem Zusammenhang vgl. *Fuchs*, Schreibjustiz und Richterkönigtum, 1907.

[25] Die „Reinheit der Methodendiskussion“ problematisiert *Schröder*, Rechtstheorie19 (1988), S. 324 f.; ders., Die Richterschaft, in: FS Gmür, S. 201 ff.

Änderungen, Umgestaltungen, Umwälzungen."[26] Die Gründung des Vereins „Recht und Wirtschaft", mit der die vorliegende Beschäftigung mit der Methodendiskussion enden soll, markiert nicht zuletzt diese Vielschichtigkeit der Argumentationsebenen. So wird festzustellen sein, daß der Verein neben seinem Engagement auf methodologischer Ebene auch Fragen der Ausbildungsreform, Überlegungen zur Zivilprozeßreform vor allem in Hinblick auf die Beteiligung von Laien, Gesetzgebungsfragen und kaufmännische Aspekte diskutierte. Diese Überlegungen bauen jedoch auf einer grundlegenden Recht und Rechtsfindung als rechtstheoretisches Problem reflektierenden Vorarbeit auf. *Börngen*, Jenaer Oberlandesgerichtspräsident und erster Präsident des Vereins, hat selbst diese Verknüpfung bezüglich der Juristenausbildung so beschrieben: „Das Recht ist nicht im Himmel geboren, steigt nicht aus dem Begriffshimmel zu uns herab, es ist von dieser Erde, von Menschen für Menschen gemacht....Stets muß nach neuer Lehrweise an das Lebende, Anschauliche, Nächstliegende angeknüpft werden, seminaristischer Betrieb des Unterrichts ist unentbehrlich."[27] Diese Aussage gibt zugleich ein Beispiel für die inhaltliche und zeitliche Interaktion verschiedener, oben beschriebener Diskussionsebenen. Die Reduzierung eines solch komplexen Sachverhaltes auf die Methodendiskussion rechtfertigt sich angesichts der Tatsache, daß sich der Verein als Sammelbecken gerade der hier vertretenen zahlreichen Meinungen verstand und sich zugleich selbst aus einer eigenen rechtstheoretischen Positionierung heraus konstituiert hat. Die vorliegende Arbeit soll dazu beitragen, den methodologischen Ausgangspunkt des Vereins, der in der zeitgenössischen Literatur durchaus wahrgenommen wurde,[28] zu klären und angesichts der bereits terminologischen Gegenüberstellung der Begriffe Recht und Wirtschaft die Programmatik des Vereins in die Methodendebatte einzuordnen.

---

[26] *Düringer*, DRiZ 1909 Sp. 48.

[27] *Börngen*, Reformbestrebungen im Rechtsleben und der Verein „Recht und Wirtschaft", S. 34.

[28] Vgl. *Schröder*, Rechtstheorie 19 (1988), S. 337 Fn. 54; ders., Die Richterschaft, in: FS Gmür, S. 210 f.; *Haney*, Neue Justiz 10 (1999), S. 509; *Lombardi Vallauri*, Geschichte des Freirechts, S. 42; *Wirth*, Adelbert Düringer – Jurist Zwischen Kaiserreich und Republik, S. 56 ff.; neuerdings *Depping*, Das BGB als Durchgangspunkt, S.24 ff.

# *B. Die Wissenschaft und das BGB*

## I. Reaktionen, Wertschätzung und Ausblicke um 1900

### 1. Die politische Dimension

Die mit der „üblichen Zurückhaltung“[29] zum Inkrafttreten des Bürgerlichen Gesetzbuches am 1.1.1900 gehaltenen Lobreden heben vor allem die Wirkungen eines einheitlichen deutschen Rechts hervor. So pointiert *Wildenbruch* in seinem bekannt gewordenen Gedicht „Das deutsche Recht“ die Gewißheit einer Stärkung der bereits erreichten politischen Einheit durch Reichsrecht: „O Deutschland, Du in Kampf vereint und Schlacht, und nun geeint durch Rechtes Friedensmacht,...“[30] Ebenso konstatiert *Zitelmann* eine Stärkung des vaterländischen Gefühls, für welches nicht allein die Einheit des Blutes und die politische Einheit entscheidend sei, sondern die Einheit des geistigen Besitzes.[31] Letzteres beschreibt eine Wechselwirkung zwischen Rechtseinheit und Identifikation eines Volkes durch Recht, wobei diese Verbundenheit nicht ausschließlich als politisches Moment, sondern mehr als Einheit im juristischen Denken begriffen wird.[32] *Sohm*, der die Gesetzgebungsgeschichte vom ersten Entwurf, der Kritik *Gierkes*, schließlich über den zweiten Entwurf und dessen Weg durch Bundesrat und Reichstag nachvollzieht, argumentiert ähnlich, hebt jedoch eine politische Motivation hervor. Er kommt zu dem Schluß, daß das nationale Interesse den Sieg über mannigfache Bedenken und widerstreitende Fraktionsinteressen davon getragen habe und betont: „Die Wucht des nationalen Gedankens war hinter dem Gesetzeswerk.“[33] Pointiert wird diese Erwartung in der Sonderbeilage zur

---

[29] So *Schwab*, ZNR 2000, S. 326.
[30] *Wildenbruch*, DJZ 1900, S. 1.
[31] *Zitelmann*, DJZ 1900, S. 3.
[32] *Zitelmann*, DJZ 1900, S. 3. Bereits die bekannte Kontroverse zwischen Thibaut und Savigny über die Notwendigkeit einer Vereinheitlichung des Rechtes verknüpfte die Frage nach dem Inhalt des zu schaffenden Rechts mit der nationalen Frage. Dazu *Koch*, Wege zur Rechtseinheit in der deutschen Geschichte, in: *Koch* (Hrsg.), 10 Jahre Deutsche Rechtseinheit, S. 235 f.
[33] *Sohm*, DJZ 1900, S. 8 f.; ähnlich auch *Kempner*, JW 1900, S. 1 ff., der als Herausgeber des Organs des deutschen Anwaltsvereins, die Aufgaben der Anwaltschaft mit Inkrafttreten des BGB formuliert und dabei die Bedeutung des BGB für das Nationalbewußtsein und die

Deutschen Juristen – Zeitung 1900 Nr. 1, wenn die Perspektive „Ein Volk Ein Reich Ein Recht!“ [34] herausgestellt wird.

Neben Zuversicht in Bezug auf die Stärkung des Nationalbewußtseins - einer insofern politischen Komponente - wurden Stimmen laut, die mit dem Gesetzbuch einer positiven Rechtsentwicklung auf normativer und gesellschaftlicher Ebene entgegenblickten.

## 2. Die „soziale“ Tendenz

Unmittelbar nach 1900 stehen Meinungen im Vordergrund, die dem Gesetzbuch eine immanente „soziale“ Komponente zuschreiben. So sind Aussagen zu finden, die eine „soziale Tendenz des Bürgerlichen Gesetzbuchs“[35] erkennen sowie dem „sozialen Privatrechte“[36], dem „Recht als Klasse der sozialen Normen“[37], sogar einem „sozialen Idealismus“[38] das Wort reden. Dieser Topos wird die gesamte Diskussion begleiten[39] und auch im „Jenenser Aufruf“[40] eine zentrale Rolle einnehmen. Kann darin die Fortführung der Auseinandersetzungen um die „soziale Frage“, die das politische und gesellschaftliche Klima im letzten Drittel des 19. Jahrhunderts wesentlich bestimmte, gesehen werden?

Vorangegangen war eine mehr als zwanzig Jahre dauernde Periode des Ringens nach einem Einheit verbürgenden Gesetzgebungswerk, das schließlich von überaus starker Kritik begleitet gegen die Stimmen der Sozialdemokraten

---

Rechtsentwicklung in Deutschland herausstellt. Die politische Dimension wird nicht zuletzt durch die Tatsache offenkundig, daß dem Reichstag am Vorabend des 25. Gedenktages der Reichseinheit die Vorlage des BGB zur Beratung und Verabschiedung überreicht wurde.

[34] Zitiert nach *Schulte-Nölke*, Das Reichsjustizamt und die Entstehung des Bürgerlichen Gesetzbuchs, Abbildung 8.

[35] So ein gleichlautender Aufsatz von *Planck*, DJZ 1899, S. 181 ff.; auch *Crome*, System des Deutschen Bürgerlichen Rechts, I, § 11, S. 54.

[36] *Endemann*, Einführung in das Studium des Bürgerlichen Gesetzbuchs, S. 6.

[37] *Sternberg*, Allgemeine Rechtslehre, I, S. 18.

[38] *Stammler*, Die Bedeutung des deutschen bürgerlichen Gesetzbuches für den Fortschritt der Kultur, S. 12.

[39] *Stammler*, Wirtschaft und Recht nach der materialistischen Geschichtsauffassung, Anmerkungen, S. 634 Fn. 64: „In den Schriften der Juristen und Nationalökonomen, der Gelehrten und Ungelehrten, der Politiker in Staat und Gemeinde, in den Parlamenten und Zeitungen, öffentlichen Vorträgen und interessierten Dialogen – überall gibt es in unserer Zeit kaum ein zweites Wort, das so unzähligemal wiederkehrt, so unendlich oft hin und her fliegt, als das ‚sozial‘...“

[40] *Börngen*, DJZ 1911, S. 178 ff.

verabschiedet wurde.[41] Angriffspunkte im Entstehungsprozeß waren neben materiellrechtlichen Ausgestaltungen einzelner Rechtsgebiete und -institute Forderungen, die als „soziale Frage“ insbesondere durch die Schriften *Gierkes*[42] in die Geschichte eingegangen sind. Deutschland hatte sich von einem agrarisch-industriellen zu einem Industriestaat entwickelt, der zunächst mit tradierten beruflichen Tätigkeitsfeldern und Bevölkerungsstrukturen brach sowie zu grundlegenden Veränderungen in den bisherigen Lebensweisen der Menschen führte. So bildete sich der „vierte Stand“, der Arbeiterstand heraus, dessen große Armut nicht mehr durch traditionelle Mechanismen, wie die Armenpflege aufgefangen werden konnte.[43] Die soziale Frage erfaßte auch andere privatrechtliche Materien, wie das Mietrecht und das Familienrecht. Der Ruf nach staatlicher, d.h. legislativer Einflußnahme wurde an Regierungen und Parlamente herangetragen[44] – die soziale Frage formulierte schließlich die Forderung nach legislativer Gestaltung akzeptabler gesellschaftlicher Zustände. Diese Tendenz der zunehmenden staatlichen Steuerung im letzten Drittel des 19. Jahrhunderts ist mit dem Begriff des Interventionsstaates belegt. Nach *Stolleis* bedeutet Intervention die „gezielte, zweckgeleitete Einflußnahme durch Recht“[45]. Dieses Phänomen manifestierte sich vornehmlich im Wachstum des öffentlichen Rechts im Wege zunehmender verwaltungsrechtlicher Ordnung der technischen Neuerungen, der rechtlichen Bewältigung der Bevölkerungsvermehrung und der Wanderung in die industriellen und städtischen Zentren, der Bewältigung der sozialen Frage mit Hilfe einer neuen Großbürokratie und des hinauswachsenden Industriekapitalismus.[46]

---

[41] Dazu *Schulte-Nölke,* Das Reichsjustizamt und die Entstehung des Bürgerlichen Gesetzbuchs, S. 223, 225; *Koch*, Wege zur Rechtseinheit in der deutschen Geschichte, in: *Koch* (Hrsg.) 10 Jahre Deutsche Rechtseinheit, S. 229, 235 f.; eine Übersicht zu der zahlreichen Kritik am ersten Entwurf findet sich in der „Zusammenstellung der gutachterlichen Äußerungen zu dem Entwurf eines Bürgerlichen Gesetzbuchs“, 1891, Neudruck 1967.

[42] *Gierke*, Der Entwurf eines bürgerlichen Gesetzbuches und das deutsche Recht, 1889; ders., Die soziale Aufgabe des Privatrechts, 1889.

[43] *Pohl* (Hrsg.), Sozialgeschichtliche Probleme in der Zeit der Hochindustrialisierung (1870-1914), 1979; *Nipperdey*, Deutsche Geschichte, I, S. 335 ff.

[44] Dazu ausführlich *Hattenhauer*, Europäische Rechtsgeschichte, S. 594 ff.; *Repgen*, ZNR 2000, S. 420 f.

[45] *Stolleis*, ZNR 1989, S. 140; schon *Reichel*, Gesetz und Richterspruch, S. 21 m.w.N. zeigt den Interventionismus als eine mögliche Ursache des neuen methodologischen Denkens: „In den letzten Dezennien hat sich der Staat in immer steigendem Masse zum Kultur- und Wohlfahrtsstaat entwickelt. Die manchesterlichen Ideale des blossen Rechtsstaates (sog. Nachtwächterstaates) sind aufgegeben; man knüpft vielmehr wieder an den Gedanken des Polizeistaates an.“

[46] *Stolleis*, ZNR 1989, S. 138.

Auch im Privatrecht bricht sich unter dem Eindruck sozialer Spannungen in der Gesellschaft die Vorstellung Bahn, die Kodifikation des Bürgerlichen Rechts aktiv als Steuerungsinstrument zu entwickeln. So ist für *Gierke*, um einen herausragenden Akteur zu benennen, die Kodifikation in der Hauptsache eine „sociale Angelegenheit“, deren Rechtfertigung sich nicht aus einer äußeren Einheit, sondern aus dem „inneren Werte dessen, was an die Stelle der Mannigfaltigkeit treten soll“, erschließt.[47] Ein Gesetzgeber, „der eine Neuordnung des Privatrechts unternimmt, ohne zu begreifen, daß er hiermit eine sociale That vollziehen, daß er ein gutes Stück der Verantwortung für die künftige Gestaltung der sittlichen und wirtschaftlichen Zustände auf sich laden soll“... verwirkliche, so *Gierke*, eine „individualistische und einseitige kapitalistische Tendenz des reinsten Manchestertums, es wäre jene gemeinschaftsfeindliche, auf die Stärkung des Starken gegen den Schwachen zielende, in Wahrheit antisociale Richtung“.[48] Dieser Anspruch an die Kodifikation des Privatrechts wird an die inhaltliche[49], legislative Ausgestaltung des BGB herangetragen und findet hier zahlreiche Kritikpunkte. Ausdruck finden diese Vorwürfe beispielsweise in den „Übertreibungen des Eigentumsbegriffs, der Vertragsfreiheit, des Formalismus der abstrakten Rechtsgeschäfte und des Grundbuchwesens“.[50] Der „Tropfen sozialistischen Oeles“[51], der dem Bürgerlichen Gesetzbuch fehle, besteht für *Gierke* im Gemeinschaftsgedanken, der Ausdruck des Gegensatzes zwischen römischem, das heißt individualistischem, kapitalistischem, gemeinschaftswidrigem Recht und deutschem Privatrecht ist und die Kluft zwischen Individualrecht und Sozialrecht „organisch“ verknüpfen sollte.[52] In diesem Sinne bezieht *Gierke* Position in Richtung einer begrenzten Freiheit als Grundsatz des Privatrechts. Diese Einschätzung *Gierkes* reiht sich in einen weit differenzierteren Kanon kritischer Stimmen ein.[53]

---

[47] *Gierke*, Der Entwurf eines bürgerlichen Gesetzbuches und das deutsche Recht, S. 5.

[48] *Gierke*, Der Entwurf eines bürgerlichen Gesetzbuches und das deutsche Recht, S. 3.

[49] *Gierke* selbst sieht die Problematik der sozialen Frage als eine Frage des Inhalts der vorgeschlagenen Rechtsordnung an. *Gierke*, Der Entwurf eines bürgerlichen Gesetzbuches und das deutsche Recht, S. 23.

[50] *Gierke*, Der Entwurf eines bürgerlichen Gesetzbuches und das deutsche Recht, S. 24.

[51] *Gierke*, Die soziale Aufgabe des Privatrechts, S. 13.

[52] *Gierke*, Der Entwurf eines bürgerlichen Gesetzbuches und das deutsche Recht, S. 6. *Gierke* führt zur Verdeutlichung des genannten Gegensatzes zwischen römischem und deutschem Privatrecht verschiedene materiell-rechtliche Regelungen an, z.B. den römischen Satz „Kauf bricht Miete“ (S. 74 ff.) und den „römischen Eigentumsbegriff“ (S. 101 ff.).

[53] *Repgen*, ZNR 2000, S. 406 ff. weist überzeugend darauf hin, daß der Begriff „soziale Frage“ um 1900 ein breiteres Bedeutungsspektrum inne hatte, als heute überwiegend angenommen wird. Vgl. *Repgen*, ZNR 2000, S. 416 ff. unter Hinweis auf *Planck*, AcP 75 (1889), S. 327 – 429, der die individuellen Interessen des Schwächeren gegenüber dem wirtschaftlich Stärkeren berücksichtigt wissen will. Ein ähnlicher Ansatzpunkt findet sich, so

Unmittelbar mit Inkrafttreten des BGB scheinen die dargestellten Bedenken nicht mehr zu tragen. Feststellbar ist vielmehr eine „soziale“ Wertschätzung der Kodifikation. Der Schwerpunkt der Argumentation aber liegt nicht auf dem Gebiet legislativer, mithin materieller Inhalte, sondern auf methodologischer Ebene.[54] Die, um mit *Damm* zu reden, „seit der Jahrhundertwende geradezu in Flammen stehende Szene juristischer Methodik“[55] zeigt deutlich, daß nunmehr Fragen der Rechtsanwendung zentrale Anliegen darstellen. Die soziale Aufgabe, die noch *Planck*[56] dem Bürgerlichen Gesetzbuch absprach, gestaltet sich nunmehr als Auftrag an die Judikative. Die Wertschätzung, die dem Gesetz unmittelbar nach dessen Inkrafttreten entgegengebracht wird, glaubt man nahezu ausschließlich im Zusammenhang mit einer entsprechenden „Rechtsanwendungskunst“[57] abgesichert, denn, so *Zitelmann*, das BGB wird zur „Grundlage auch für die soziale Weiterarbeit“[58].

Ist es jene Forderung nach wohlfahrtsstaatlicher Einflußnahme durch Recht, die eine vermehrte Normproduktion im öffentlichen Recht nach sich zog und nun auch im Privatrecht eingeklagt wird? Der Gedanke einer „sozialen Weiterarbeit“ durch eine Reform der richterlichen Methode der Fallentscheidung jedenfalls impliziert einen Machtverlust des staatlichen Gesetzgebers. Er ist Ausdruck einer ausdrücklich sozialen Funktionsbestimmung des Rechts. Rechtstheoretische Vorarbeit leistete hier *Jhering*, der

---

*Repgen*, ZNR 2000, S. 417 f., bei *Menger*, Archiv für soziale Gesetzgebung und Statistik 2 (1889), S. 1 ff., 419 ff. *Menger* wolle vorwiegend dem Stand der besitzlosen Volksklassen unmittelbare Teilhabe am Rechtsleben zukommen lassen, plädiere darüber hinaus aber für eine sozialistische Gesellschaftsordnung. *Repgen* macht weiterhin eine dritte Gruppe aus, die unter der sozialen Aufgabe des Privatrechts eine besondere Spielart der Freiheit verstand. Dazu *Repgen*, ZNR 2000, S. 418 f. unter Hinweis auf *Baron*, Das römische Vermögensrecht und die sociale Aufgabe, in: Jahrbücher für Nationalökonomie und Statistik, NF 53 (1889), S. 225 – 248, 231 f.; umfassend *Hofer*, Freiheit ohne Grenzen, 2001.

[54] Umfassend dazu *Honsell*, Historische Argumente im Zivilrecht, S. 22 ff.

[55] *Damm*, Rechtstheorie 7/ 8 (1976), S. 222 und Fn. 53.

[56] *Planck*, AcP 75 (1889), S. 405 ff.

[57] Die „Kunst“ der Rechtsanwendung wird zu einem zentralen Topos vor allem nach 1900. Der Begriff „Kunst“ beinhaltet eine ästhetische und subjektive, gleichwohl von der Gesellschaft geprägte Komponente, die auf die Rechtsanwendung bezogen die Entscheidungsfindung nicht als bloße vernunftmäßige Subsumtion erscheinen läßt. Vgl. *Börngen*, Reformbestrebungen im Rechtsleben und der Verein „Recht und Wirtschaft“, S. 10 („juris prudentia est ars boni et aequi“); *Leonhard*, Das neue Gesetzbuch als Wendepunkt der Privatrechtswissenschaft, S. 21 („Rechtsanwendungskunst“); Zitelmann, DJZ 1900, S. 5 („soziale Kunst“); *Ehrlich*, Grundlegung der Soziologie des Rechts, S. 168 spricht vom Richter als „Gerechtigkeitskünstler“. Zur richterlichen Rechtsfindung als „Kunst“ oder „Methode“ vgl. *Gröschner*, JZ 1983, S. 944 ff.

[58] *Zitelmann*, DJZ 1900, S. 3.

das Recht im Dienste kausaler, gesellschaftlicher[59] Zwecke deutete und damit einem logischen, zweckfreien Rechtsbegriff entgegen trat. In seinem Spätwerk „Der Zweck im Recht“ ging es ihm darum, die Rechtsentstehung nicht aus einem in der Vernunft verankerten formalen Wollen, sondern aus praktischen Ursachen abzuleiten.[60] Das ermöglichte ihm, Recht als relative Größe zu begreifen, das sich „dem Zustand des Volks, seiner Culturstufe, den Bedürfnissen der Zeit“ anpaßt.[61] Eine damit verbundene relative, je unterschiedlich streng konzipierte Emanzipation des Rechtsanwenders vom gesetzten Recht führt zum Einbruch sozialer, gleichsam gesellschaftspolitischer Stellungnahmen in Bereiche, die vormals nur zum gesetzgeberischen Betätigungsfeld gehörten.[62] Bereits *Windscheid* hatte festgestellt, daß ein Gesetzbuch „sein wahres Leben erst durch das Nachdenken einer ihm zur Seite stehenden Jurisprudenz empfängt, welche bescheiden achtet die Grenzen, die ihr gesetzt sind, welche aber auch weiß, was sie soll und was sie kann“[63]. Und an anderer Stelle: „Wir wissen, daß die Rechtswissenschaft dazu da ist, um mitzuwirken, daß ein Recht vorhanden sei und ein Recht gesprochen werde, welches menschliche Interessen und Bedürfnisse, wie sie nun zu dieser Zeit und an diesem Ort begriffen werden, zu befriedigen imstande ist.“[64] Das Recht als Mittel zur Bedürfnisbefriedigung und die Wertschätzung einer diesem Recht zur Geltung helfenden Methode kann schon in der Pandektenwissenschaft nachgewiesen werden. Während aber die Rechtstheorie des 19. Jahrhunderts vom Bewußtsein einer Trennung der Aufgaben von politisch motivierter Gesetzgebung und technischer, in den Grenzen des

---

[59] *Jhering*, Der Zweck im Recht, I, S. 66 f.: „Unser ganzes Leben, unser ganzer Verkehr ist in diesem tatsächlichen unjuristischen Sinn eine Gesellschaft: ein Zusammenwirken für gemeinsame Zwecke, bei dem jeder, indem er für andere, auch für sich, und indem er für sich, auch für andere handelt. Auf dieser gegenseitigen Förderung der Zwecke beruht meines Erachtens der Begriff der Gesellschaft... Es ergibt sich hieraus, daß der Begriff der Gesellschaft zum Teil mit dem des Staates zusammenfällt. Aber auch nur zum Teil; soweit nämlich, als der Gesellschaftszweck zu seiner Realisierung der Vermittlung durch äußeren Zwang bedarf.“

[60] Dazu *Jhering*, Der Zweck im Recht, I, S. 55 ff., 57, der in Entgegensetzung zu *Kant*'s kategorischem Imperativ vom Willen als von einem „realen Wesen“ spricht, der nur mit Hilfe eines „realen Drucks“, den er bereits als Interesse bezeichnet, hervorgerufen werde.

[61] *Jhering*, Der Zweck im Recht, I, S. 431.

[62] Das besondere Verdienst *Jherings* um ein neues Verständnis des Rechtsfindungsprozesses kann hier nur angedeutet werden. Ausführlicher hingegen *Wolf*, Große Rechtsdenker der deutschen Geistesgeschichte, S. 589 ff.; *Larenz*, Methodenlehre der Rechtswissenschaft, S. 43 ff.; *Fikentscher*, Methoden des Rechts, III, S. 101 ff.; *Ogorek*, Richterkönig oder Subsumtionsautomat, S. 221 ff.

[63] *Windscheid*, Die geschichtliche Schule der Rechtswissenschaft, in: Kleine Schriften, Reden und Rezensionen, II, S. 225.

[64] *Windscheid*, Die Aufgaben der Rechtswissenschaft, in: Gesammelte Reden und Abhandlungen, S. 106.

wissenschaftlichen Systems gleichwohl innovativer Wissenschaft beherrscht war, Rechtsprechung vornehmlich in Rechtsanwendung aufging,[65] übernimmt sie nunmehr gesellschaftliche Funktionen, die eine veränderte methodologische Mittelbetrachtung nach sich zieht. *Heck* formuliert diesen Zusammenhang später so: „Der Richterspruch ist es in erster Linie, der dem Rechte die Wirkung auf das Leben verschafft. Er bringt erst lebendiges Recht."[66]

Eine gezielte Steuerung gesellschaftlicher Zustände durch Recht wird damit jedoch nicht aufgegeben. Gerade eine flexible Rechtsordnung durch Etablierung eines neuen, nämlich nicht mehr verantwortungsneutralen Richterbildes zeigt den Richter als Teil der Staatsgewalt und beläßt ihm die Mittlerrolle zwischen Norm und Wirklichkeit.[67] Das Vordringen des Zweckmoments in die Rechtsanwendung kann sonach als zweckhafte Steuerung des Individuums durch technische, soziale und politische Rahmenbedingungen gesehen werden. Insoweit sind das Auftauchen des Zweckgedankens und die Umorientierung des Richterbildes sichere Indizien für den Interventionsstaat, der eine flexibel steuerbare Rechtsordnung brauchte.[68] In dieser Absage an eine justizfreie Lösung gesellschaftlicher Probleme besteht der Grundkonsens aller, gerade nach 1900 vertretenen Positionen. Insofern übernimmt die Methodenlehre mit ihrem je eigenen Begriff von Recht die Funktion, die der Kodifikation in der Auseinandersetzung um die soziale Frage zugedacht war – sie wird nunmehr zum aktiven Gestaltungsmittel erträglicher Zustände.

Neben einer Verlagerung der den Topos „sozial" verwendenden Argumentation von der legislativen auf die methodologische und damit judikative Ebene ist hingegen inhaltlich ein Bedeutungswandel festzustellen. Die terminologische Verwendung des Begriffs „sozial" baut zwar auf einer nunmehr erkannten legislativen Tendenz auf, die *Crome* etwa als „Schutz des wirthschaftlich Schwachen gegen den Starken"[69] definiert und damit in Abkehr vom *Gierkeschen* Gemeinschaftsgedanken auf ein weiteres Bedeutungsspektrum der Diskussion um die „soziale Frage" Bezug nimmt.[70] Überwiegend aber fehlt eine solche unmittelbare Bezugnahme. In der Methodendebatte ist von der Theorie die Rede, die allgemein „dem Leben" und „den wechselnden

---

[65] Dazu *Jakobs*, Wissenschaft und Gesetzgebung im bürgerlichen Recht, S. 110 ff., 116.

[66] *Heck*, Das Problem der Rechtsgewinnung, S. 30.

[67] Vgl. *Ogorek*, Richterkönig oder Subsumtionsautomat, S. 257 ff.

[68] *Stolleis*, ZNR 1989, S. 136, 140. *Stolleis* vermutet hierin auch den Grund für den Übergang von der subjektiven zur objektiven Auslegungslehre.

[69] *Crome*, System des Deutschen Bürgerlichen Rechts, I, § 11, S. 54, nennt beispielsweise die Bestimmungen gegen den Wucher, das allgemeine Schikaneverbot, die Schutzvorschriften für den Mieter, Schutz von Treu und Glauben u.a..

[70] Siehe S. 10 Fn. 53.

Bedürfnissen der Gegenwart“ verständnisvoll entgegenzukommen habe.[71] Deutlich wird insofern *Fuchs*, der einen Mangel sicheren sozialen Empfindens konstatiert, das Wort „sozial“ gleichwohl nicht im sozialistischen Sinne verwendet wissen will.[72] Auch *Düringer* fordert von der Rechtspflege sozialen Sinn und soziales Verständnis, betont aber zugleich, daß der Terminus „sozial“ nicht im parteipolitischen, auch nicht im kathedersozialistischen Sinne gebraucht werde.[73] Eine soziale Rechtsanwendung verlange vielmehr eine Methode, die den Schwerpunkt auf die Kenntnis und Erkenntnis des täglichen Lebens, der wirtschaftlichen Erscheinungen und der im Leben maßgebenden realen Werte legt.[74] Zwar war bereits bei *Gierke* der Lebensbezug nicht nur eine Frage des materiellen Inhalts der Kodifikation, sondern findet sich in der Auseinandersetzung zwischen deutschen und römischen sowie zwischen Volksrecht und Juristenrecht wieder. So bezeichnet er das Gesetzbuch als ein in „Gesetzesparagraphen gegossenes Pandektenkompendium“[75], welches „mit dem Rüstzeug gläubig hingenommener juristischer Dogmen, die man aus dem römischen Recht schöpft oder zu schöpfen vermeint, das Leben zu meistern unternimmt“ und das sich anmaße, durch logische Ableitung aus abstrakten Begriffen eine lebendige und allumfassende Rechtsordnung zu gebären[76]. Der Vorwurf richtete sich sowohl gegen die den nationalen Geist nicht verbürgende gemeinrechtliche, mithin römisch-rechtlich dominierte Grundlage des Entwurfs als auch gegen das juristische Denken, das eine volkstümliche Rechtsbildung nicht zulasse. Glaubt man hier einer von der sozialen Frage der Gemeinschaftsbindung lösgelösten Kritik zu begegnen, so stellt *Gierke* selbst einen Zusammenhang her. Das Gesetzbuch habe, da es das deutsche Recht nicht zu beseitigen vermochte, auch den sozialen Charakter unseres Privatrechts nicht ausgetilgt. Denn das sei vielleicht der innerste Gegensatz zwischen dem römischen und dem germanischen Privatrecht, daß der Gedanke der Gemeinschaft aus jenem verbannt sei, dieses durchdringe. Aus dem gemeinen Recht ziehe doch die Privatrechtswissenschaft ihre geistige Nahrung, aus ihm bilde die civilistische Theorie ihre Begriffe, an ihm messe die Praxis der ordentliche Gerichte die bunten Vorgänge des Lebens, von ihm empfange

---

[71] *Crome*, System des Deutschen Bürgerlichen Rechts, I, § 11, S. 55.

[72] *Fuchs*, Schreibjustiz und Richterkönigtum, S. 83.

[73] *Düringer*, DRiZ 1911, Sp. 111 Fn. 1. Schon *Max Weber* stellte 1904 fest, „daß der Begriff des ‚Sozialen‘, der einen ganz allgemeinen Sinn zu haben scheint, sobald man ihn auf seine Verwendung hin kontrolliert, stets eine durchaus besondere, spezifisch gefärbte, wenn auch meist unbestimmte, Bedeutung an sich trägt“; *Max Weber*, Die „Objektivität“ sozialwissenschaftlicher und sozialpolitischer Erkenntnis, in: Gesammelte Aufsätze zur Wissenschaftslehre, S. 166.

[74] *Düringer*, DRiZ 1911, Sp. 111.

[75] *Gierke*, Der Entwurf eines bürgerlichen Gesetzbuches und das deutsche Recht, S. 2.

[76] *Gierke*, Der Entwurf eines bürgerlichen Gesetzbuches und das deutsche Recht, S. 23.

die Jugend im Rechtsunterricht den Kern und die Richtung des juristischen Denkens.[77] Die angesprochene Verbindung von juristischer Denkart und sozialer Frage findet ihren Ausgangspunkt wiederum in einem spezifischen, am Gemeinschaftsgedanken orientierten Gedankengebäude. Von einer Transformation der „sozialen Frage" auf eine wissenschaftstheoretische Ebene kann also nur im Zusammenhang mit einem jeweils spezifischen Bedeutungshintergrund die Rede sein. In der Methodendebatte ist eine inhaltliche Bezugnahme zu den verschiedenen Bedeutungsspektren, die die soziale Frage originär betraf, jedoch nur bei wenigen feststellbar.[78] Die Reformansätze abstrahieren vielmehr von inhaltlichen Themen. Zum Synonym einer „sozialen Methode" und zum Topos all derer, die nach 1900 die Methodendebatte mit tragen, avanciert ein Bedeutungsinhalt, der das Recht allgemein von der Wirklichkeit her denkt, der Rechtsanwendung als Reflexion sich ändernder gesellschaftlicher Auffassungen und Zusammenhänge begreift und instrumentalisiert. Diese methodisch geleitete Verarbeitung ökonomischer und gesellschaftlicher Bedürfnisse manifestiert richterliche Wertungskompetenzen, ist damit freilich Ausdruck einer kritikfähigen Gesamtkonzeption. Eine bewußte rechtspolitische Stellungnahme durch Methode findet sich hingegen nicht.

Die Meinungen all derer, die sich um eine solche „soziale Rechtsfindungslehre" bemühen, gehen schließlich dort auseinander, wo spezifische Lösungsvorschläge im Hinblick auf die Integration des „Lebens" [79], der „Bedürfnisse des Lebens"[80] angestrengt werden. Die Kritik an der herkömmlichen Methode der Pandektenwissenschaft zeichnet eine grundlegend verantwortungsneutrale Rechtsanwendungslehre, die „ausschließlich im Wege mechanisch-logischer Subsumtion des konkreten Falls unter die abstrakte Gesetzesnorm"[81] eine Entscheidung finden zu können glaubte. Eine Methode also, die sich dem „Zwange aneinander geleimter Buchstaben"[82] verpflichtet

---

[77] *Gierke*, Der Entwurf eines bürgerlichen Gesetzbuches und das deutsche Recht, S. 11 (Hervorhebung nicht im Original).

[78] Vgl. *Haney*, ARSP 1991, Beiheft 43, S. 29 ff., der einen Zusammenhang zwischen der sozialen Frage und der Etablierung einer soziologischen Rechtswissenschaft Anfang des 20. Jahrhunderts für Eugen Ehrlich und Max Weber feststellen kann.

[79] Statt vieler *Ehrlich*, Freie Rechtsfindung und freie Rechtswissenschaft, in: *Rehbinder*, Recht und Leben, S. 199; *Fuchs*, Die Gemeinschädlichkeit der konstruktiven Jurisprudenz, S. 2; ders., DRiZ 1910, Sp. 305.

[80] *Kantorowicz*, Der Kampf um die Rechtswissenschaft, S. 25; *Stampe*, DJZ 1905, Sp. 1017; *Fuchs*, Recht und Wirtschaft 1919, S. 172.

[81] *Boehmer*, Grundlagen der bürgerlichen Rechtsordnung, II/ 1, S. 126.

[82] So rückschauend *Hedemann*, Werden und Wachsen im Bürgerlichen Recht, S. 18.

fühlte und auf dem Standpunkt einer „logischen Geschlossenheit des Rechts"[83] beharrte, konnte, so die Kritik, diese neue Aufgabenzuweisung nicht befriedigend erfüllen und avancierte zum Angriffsobjekt der neuen Bewegung. Auch wenn dieses Bild, das noch die ersten Jahre nach Inkrafttreten des BGB als gesetzespositivistische Periode brandmarkt, durch neuere Ansichten in der Literatur[84] relativiert wird, ist die Methodendebatte nur im Hinblick auf diese exaltierten Abgrenzungen darzustellen. Tatsache ist, daß die oben beschriebene optimistische Grundstimmung, die das neue Gesetzbuch zu stimulieren schien, bereits in den ersten Jahren seines Wirkens nachließ. *Schwering* beschreibt stellvertretend für eine Vielzahl seiner Zeitgenossen seine Eindrücke rückwirkend so: „Der 1. Januar 1900 war ein Markstein im Rechtsleben der deutschen Nation... Ein neuer Frühling schien anzubrechen, die volle Versöhnung zwischen Volk und Recht in Erfüllung zu gehen. Selten sind kühne Erwartungen so vollständig getäuscht worden. Gerade in den letzten Jahrzehnten erweiterte sich die Kluft zwischen dem Volksempfinden und seinem Recht, immer lauter und schärfer wurden die Anklagen, die sich gleichmässig gegen die Gesetzgebung und die Rechtsprechung kehrten... Den Richter schilt man als weltfremd, als einen Mann, der die Dinge wie durch ein Fernglas sieht und seine Stärke darin sucht, Entscheidungen zu fällen, die den

---

[83] So der gleichnamige Titel eines Aufsatzes von *Erich Jung* (1900), mit dem er geltend macht, daß eine Subsumtion in den meisten Fällen eine teleologische Erwägung, also die Vorstellung einer angemessenen Regelung voraussetzt.

[84] So wird bereits für die Auslegungslehre des 19. Jahrhunderts das Bild eines logisch-mechanisch operierenden Richters abgelehnt. Vgl. *Ogorek*, Richterkönig oder Subsumtionsautomat, S. 139, 197 f., 273 f.; *Falk*, Ein Gelehrter wie Windscheid, S. 137 f., 215 f.; *Honsell*, Historische Argumente im Zivilrecht, S. 30 f.; *Pauly*, Der Methodenwandel im deutschen Spätkonstitutionalismus, S. 188 ff., der für das Staatsrecht *Labands* eine differenziertere Betrachtung fordert. Andere Stimmen - *Schröder*, Gesetzesauslegung und Gesetzumgehung, S. 49 f.; andeutungsweise auch *Coing*, Europäisches Privatrecht, S. 41, 48, 51; *Hagg*, Die Stellung des 19. Jahrhunderts zum Wegfall des Gesetzesgrundes, S. 76 f. - differenzieren insoweit zwischen der Interpretationslehre in der frühen und späten Epoche. Die Ablösung der subjektiven durch die objektive Lehre im letzten Drittel des 19. Jahrhunderts stellt danach eine Zäsur für die richterliche Entscheidungsfindung dar. Auch im Bereich der judiziellen Forschung konnten neuere Ansichten im Vergleich der Vorkriegsjudikatur zu der in der Weimarer Zeit eine Kontinuität feststellen. So *Rückert*, Richterrecht seit Weimar, in: FS Gagnér, S. 213; ders., Richtertum als Organ des Rechtsgeistes, in: *Nörr/ Schefold/ Tenbruck*, Geisteswissenschaften, S. 294 f.; *Klemmer*, Gesetzesbindung und Richterfreiheit, S. 437 f. Reichsgerichtliche Urteile um 1918 zeigen danach keinen expliziten Einfluß freirechtlichen Gedankengutes. Vielmehr hätten sich die Richter immer schon als „schöpferische Positivisten" begriffen. Ebenso wird eine „ewige Billigkeitsrolle" der Rechtsprechung konstatiert. Vgl. auch neue Erkenntnisse in *Falk/ Mohnhaupt*, Das Bürgerliche Gesetzbuch und seine Richter.

Bedürfnissen und Forderungen des Lebens zuwiderlaufen."[85] Die Hoffnung auf eine, auch innerhalb der eher konservativen Lehrbuchliteratur geforderte soziale Rechtsanwendung hat sich nach dieser repräsentativen Ansicht nicht bestätigt. Die Ursache dafür wird einheitlich darin gesehen, daß „die erstaunliche, ungeahnte Entwicklung unseres Verkehrslebens, unseres Handeln, unserer Industrie, unseres Verhältnisses, auch die Entwicklung anderer Wissenschaften, die noch so junge Einheitsgesetzgebung bereits überholt hatte", die Richter zudem in begriffsjuristischen Denkmustern gefangen waren, die eine angemessene Reaktion nicht möglich machten.[86] Die Begriffsjurisprudenz wird (erneut)[87] Gegenstand einer Methodenreformbewegung.

## II. Das Rechtsanwendungsproblem

### 1. Jherings Angriff auf die Begriffsjurisprudenz

Als Angriffspunkt agiert einheitlich eine Wissenschaft, die die historische Erforschung des Rechtsstoffs isoliert von den Bedürfnissen des Lebens verfolgt. Diese Isolation äußert sich in einer Methode, die *Jhering* bereits in seinen 1861 veröffentlichten „Briefen eines Unbekannten"[88] sowie im dritten Band seines „Geist des römischen Rechts"[89] 1865 beklagt und für die er in seiner Schrift „Scherz und Ernst in der Jurisprudenz"[90] wohl erstmals den

---

[85] *Schwering*, ARW 1911, Beiheft 10, S. 3; ähnlich *Fuchs*, Die Gemeinschädlichkeit der konstruktiven Jurisprudenz, S. 85; *Hedemann*, Werden und Wachsen im Bürgerlichen Recht, Vorwort. Eine Zusammenstellung kritischer Stimmen gegen die Rechtsprechung liefert *Schröder*, Die Richterschaft, in: FS Gmür, S. 204 ff.

[86] *Düringer*, DRiZ 1911, Sp. 110 ff.

[87] Bereits im letzten Drittel des 19. Jahrhunderts mehren sich Stimmen, die die Methode der Pandektenwissenschaft angreifen. Vgl. statt vieler *Ehrlich*, Über Lücken im Rechte, in: *Rehbinder*, Recht und Leben, S.80 ff.; *Jhering*, Vertrauliche Briefe über die heutige Jurisprudenz. Von einem Unbekannten. Später zusammengefaßt in: Scherz und Ernst in der Jurisprudenz, S. 3 ff.; *Bülow*, Gesetz und Richteramt, 1885.

[88] *Jhering*, Scherz und Ernst in der Jurisprudenz, S. 3 - 117.

[89] *Jhering*, Geist des römischen Rechts, III, 1. Auflage, 1865. Hier wird die 2. Auflage, 1871 zitiert.

[90] *Jhering*, Scherz und Ernst in der Jurisprudenz, 1884. Hier wird die 10. Auflage, 1909 zitiert.

Terminus „Begriffsjurisprudenz“[91] prägt. Nach 1900 übernahm die sich auf breiter Basis konstituierende Methodenreformbewegung dieses Feindbild nicht nur terminologisch, sondern auch inhaltlich. Um das *Jheringsche* Angriffsmuster und die Schlußfolgerungen für die Reformbewegungen deutlich zu machen, ist zunächst auf *Jherings* eigenes „vorkritisches“ Methodenverständnis einzugehen. Seine Vorstellung von Begriffsjurisprudenz gestaltet sich nicht nur in der terminologischen Bezugnahme[92] als eine Methodenlehre, die er vormals als „höhere Jurisprudenz“ oder „naturhistorische Methode“[93] selbst entwickelte. Im Gegensatz zur „niederen Jurisprudenz“, die sich mit der Interpretation der Rechtssätze, einer ausschließlich rezeptiven Tätigkeit beschäftigt, hat die „juristische Construktion“[94] nicht die Rechtssätze zum Gegenstand.[95] Ihr Ziel ist es vielmehr, aus dem vorhandenen Rechtsstoff, Rechtsinstitute bzw. Rechtsbegriffe zu abstrahieren, diese mithin in einen „höheren Aggregatzustand“[96] zu versetzen. Dabei geht der juristischen Konstruktion die „juristische Analyse“ und die „logische Concentration“ voraus.[97] Ersteres bezeichnet ein Verfahren, mittels dessen das positive Recht auf seine Grundelemente zurückgeführt wird.[98] Dies erfolgt im Wege der Abstraktion des Allgemeinen aus einzelnen Rechtsregeln. *Jhering* nennt beispielsweise den abstrakten Gedanken des Irrtums, der als solcher in verschiedenen konkreten Rechtssätzen auftrat und nunmehr durch Abstraktion aus diesen Rechtssätzen sowohl für den Kaufvertrag als auch für den Tausch- und Mietkontrakt gewonnen wurde.[99] Diese Abstraktionen sind bedingt durch den vorgegebenen Stoff: „Die Jurisprudenz kann das Allgemeine nur

---

[91] *Jhering*, Scherz und Ernst in der Jurisprudenz, S. 337; ders., Geist des römischen Rechts, III/ 1, § 59, S. 310 Fn. 429, sieht den namhaftesten Repräsentanten dieser Richtung in *Puchta*.

[92] So spricht *Jhering* im Geist des römischen Rechts, II/ 2, § 41, S. 365, vom „Constructionsapparat“, auf den er „Im juristischen Begriffshimmel. Ein Phantasiebild“, in: Scherz und Ernst in der Jurisprudenz, S. 260 Bezug nimmt.

[93] *Jhering*, Geist des römischen Rechts, II/ 2, § 41, S. 341 ff.

[94] *Jhering*, Geist des römischen Rechts, II/ 2, § 41, S. 340 ff.

[95] Bereits *Puchta*, Pandekten, § 16, S. 27 unterschied zwischen rezeptiver und produktiver Tätigkeit der Wissenschaft.

[96] *Jhering*, Geist des römischen Rechts, II/ 2, § 41, S. 344.

[97] *Jhering*, Geist des römischen Rechts, II/ 2, § 39, S. 317 ff.

[98] *Jhering*, Geist des römischen Rechts, II/ 2, § 39, S. 318 vergleicht und erläutert das Verfahren der juristischen Analyse an Hand des Alphabets. So beruhe die Idee des Alphabets auf Zersetzung, Zurückführung des Zusammengesetzten auf seine Elemente. Das Alphabet sei aus der Beobachtung hervorgegangen, daß die Sprache ihren ganzen Reichtum an Worten durch Kombination gewisser Grundlaute gebildet habe, und daß die Entdeckung und Bezeichnung dieser Grundlaute ausreiche, um mit und aus ihnen jedes beliebige Wort zusammenzusetzen.

[99] *Jhering*, Geist des römischen Rechts, II/ 2, § 39, S. 319.

*abstrahiren* d.h. es herausholen, wo es ist, aber sie kann es nicht *schaffen.*"[100] Mit dieser Argumentation wird die analoge Ausdehnung, mit deren Hilfe das Allgemeine, der legislative Gedanke von seiner „localen historischen Erscheinungsform" geschieden wird, um diesen Gedanken auf andere nicht unmittelbar geregelte Verhältnisse auszudehnen, zu einem Akt der Erkenntnis bereits angelegten Rechts. Die logische Konzentration hingegen verfolgt die „Abstraction eines Princips aus gegebenen Einzelheiten"[101]. Während es also vorher um die Zerlegung des Rechtsstoffes in konkrete und abstrakte Bestandteile ging, steht nunmehr die Aufdeckung der den einzelnen Rechtssätzen immanenten Prinzipien im Mittelpunkt. Dabei werde es auch möglich, einem einzelnen Rechtssatz die Qualität einer Regel oder Ausnahme zuzusprechen, wobei, so *Jhering*, „mit dieser Ausnahme nur das bisherige Princip modificirt worden ist"[102].

Juristische Analyse und Konzentration führen mit *Jhering* vornehmlich zu einer „quantitativen Vereinfachung" des Rechts. Die daran anschließende[103] Konstruktion gewährleistet zudem eine „qualitative", der materiellen Erkenntnis fähige Darstellung des positiven Rechts.[104] Dies erreicht sie dadurch, daß sie die gefundenen Begriffe zu juristischen Körpern erhebt, die ihr „logisches ‚Für sich sein'" durch einen sie definierenden Begriff erlangen.[105] Hier handelt es sich um mehr als bloße Verallgemeinerungen; die Begriffe sind „Existenzen, logische Individualitäten, juristische Wesen"[106]. Definiert wird ein Begriff nach seiner Struktur, „seinen anatomischen Momenten".[107] Ziel ist es nun, diese Rechtskörper zu einem System zusammen zu fügen, welches die Jurisprudenz vom „Zufall des unmittelbaren Bedürfnisses"[108] emanzipiert und eine „unversiegbare Quelle neuen Stoffs"[109] darstellt: „Haben wir einmal die Vorstellung der Rechtskörper adoptirt, die Idee des individuellen Seins und

---

[100] *Jhering*, Geist des römischen Rechts, II/ 2, § 39, S. 321.
[101] *Jhering*, Geist des römischen Rechts, II/ 2, § 40, S. 335.
[102] *Jhering*, Geist des römischen Rechts, II/ 2, § 40, S. 339.
[103] *Jhering*, Geist des römischen Rechts, II/ 2, § 39, S. 316 f. stellt klar, daß die drei dargestellten Operationen vielfach ineinander übergreifen, sich ergänzen.
[104] *Jhering*, Geist des römischen Rechts, II/ 2, § 39, S. 313 f., 316.
[105] *Jhering*, Geist des römischen Rechts, II/ 2, § 41, S. 347. Die Frage, wie das Verfahren der Konstruktion mit Hilfe von Begriffen gedacht werden kann, wird von *Jhering* nicht beantwortet. Unklar bleibt in diesem Zusammenhang, wie das Verhältnis von künstlerischer Schöpfung und Logik zu bestimmen ist. Kritisch dazu *Wieacker*, Rudolph von Jhering, S. 25 ff.
[106] *Jhering*, Geist des römischen Rechts, II/ 2, § 41, S. 343.
[107] *Jhering*, Geist des römischen Rechts, II/ 2, § 41, S. 349 ff. nennt z.B. Subjekt, Objekt, Inhalt, Wirkung, Klage, Akzessionsverhältnis der Rechte untereinander, Teilbarkeit und Unteilbarkeit der Rechte.
[108] *Jhering*, Geist des römischen Rechts, II/ 2, § 41, S. 369.
[109] *Jhering*, Geist des römischen Rechts, II/ 2, § 41, S. 369.

Lebens auf den gegebenen positiven Stoff angewandt, so müssen wir dieser Idee auch da treu bleiben, wo der positive Stoff uns im Stich läßt... Das Material... gewährt uns theils der einzelne Körper selbst, seine Natur und innere Dialektik, theils die allgemeine Theorie der juristischen Körper."[110] Die Jurisprudenz bedient sich dabei verschiedener „Constructionsmittel, wie dem Scheingeschäft, der Fiktion, der künstlichen Erweiterung von Begriffen. Überwiegend aber erfolge die Fallösung durch „richtige Erfassung des Begriffs, durch Entdeckung und Benutzung begrifflicher Unterschiede, durch Vereinigung des an sich Verschiedenen unter einen höhern Gesichtspunkt, kurz auf dem Wege einer logischen Zersetzung und Durchdringung des Stoffs"[111].

Die nunmehr einsetzende *Jheringsche* Kritik an der geschilderten Methode setzt daran an, eine ausschließlich innersystematische, gleichwohl angemessene Fortbildung des Rechts durch die Verwertung der Rechtsbegriffe gewährleisten zu wollen. Begriffsjurisprudenz ist danach eine Methode, bei der die Begriffe, deren sich die Jurisprudenz durchaus notwendig bedienen muß,[112] „die Geltung unumstößlicher logischer Wahrheiten beanspruchen". Rechtsbegriffe, *Jhering* nennt u.a. den Begriff des Pfandrechts[113], sind danach unveränderliche, formale und damit autonome Kategorien. Psychologische, praktische, ethische und historische Einflüsse werden geleugnet. Die „Begriffswelt" ist vielmehr das „Reich der abstrakten Gedanken und Begriffe, die unabhängig von der realen Welt, auf dem Wege der logischen generatio aequivoca, sich aus sich selber heraus gebildet haben, und die darum jede Berührung mit der irdischen Welt scheuen."[114] Damit verbunden ist eine besondere Form der Rechterkenntnis. *Jhering* zufolge hat der Rechtsanwender „sich mit voller, rückhaltloser Hingebung in sie (die Begriffe – S.H.) zu vertiefen und die Fülle des Inhalts, der in ihnen beschlossen liegt, für die Erkenntnis zu Tage zu fördern".[115] Hier ist der Vorwurf einer „Dialektik des Begriffs"[116] angesprochen, die eine Rechtsfortbildung im System mit Hilfe des

---

[110] *Jhering*, Geist des römischen Rechts, II/ 2, § 41, S. 371.

[111] *Jhering*, Geist des römischen Rechts, II/ 2, § 41, S. 366.

[112] *Jhering*, Scherz und Ernst in der Jurisprudenz, S. 347.

[113] Bereits die Römer kannten, so *Jhering*, ein Pfandrecht an Rechten. Ein Begriffsjurist würde hier einwenden, das Pfandrechte jura in re sind, mithin nur res begrifflich voraussetzen und damit zugleich die Unfähigkeit zu praktisch notwendigem Handeln offenbaren; *Jhering*, Wieder auf Erden. Wie soll es besser werden?, in: Scherz und Ernst in der Jurisprudenz, S. 343 f.

[114] *Jhering*, Im juristischen Begriffshimmel. Ein Phantasiebild, in: Scherz und Ernst in der Jurisprudenz, S. 253.

[115] *Jhering*, Im juristischen Begriffshimmel. Ein Phantasiebild, in: Scherz und Ernst in der Jurisprudenz, S. 287.

[116] *Jhering*, Geist des römischen Rechts, III/ 1, § 59, S. 309.

„Konstruktionsapparates"[117] gewährleistet. Die Ableitung von Rechtssätzen aus Begriffen bzw. aus dem Begriffssystem legitimiert sich nicht aus historischen, praktischen oder ethischen Überlegungen, sondern aus der „logische(n) Nothwendigkeit desselben".[118] *Jhering* prägt insofern den Terminus des „Cultus des Logischen", der die Jurisprudenz zu einer Mathematik des Rechts hinaufzuschrauben gedenke.[119] In diesem Sinne ist Begriffsjurisprudenz das Absehen von lebensnaher, praktischer Brauchbarkeit derjenigen Rechtssätze, die durch abstrakte Begriffsentwicklung und logische Deduktion[120] gewonnen wurden.[121] Der Angriff richtet sich aber nicht nur gegen eine Lehre, deren Wert, nunmehr im Sinne zweckmäßiger Rechtsanwendung, sich nur als „Tummelplatz für die Fanatiker scholastischer Spitzfindigkeit"[122], als „Arena für logische Evolutionen, für die Gymnastik des Geistes"[123] darstellt. An dieser Stelle wird der Gegensatz von Theorie und Praxis angemahnt und die Überwindung dieser Kluft durch eine praktische Wissenschaft vorgezeichnet.[124] Zugleich legt er offen, daß „die juristische Dialektik selbst in der Richtung, wo sie scheinbar völlige Selbständigkeit genoß, nämlich wo sie die Consequenzen der gegebenen Begriffe und Prinzipien aufzudecken hatte, sich wesentlich durch die praktische Angemessenheit des Resultats hat leiten lassen."[125] Jhering geht es vorliegend um das Offenlegen nur scheinlogischer Deduktionen, mithin um die Demonstration nicht ausschließlich verstandesmäßiger Subsumtion. Dafür wird der Hinweis auf das „praktische Bedürfnis oder das Rechtsgefühl" angeführt, die letztlich das Resultat im Rechtsfindungsprozeß leiten.[126]

Die Vorstellung, die richterliche Entscheidungstätigkeit erschöpfe sich mittels Denkgesetzen in einer reinen Subsumtion eines Sachverhalts unter eine

---

[117] *Jhering*, Im juristischen Begriffshimmel. Ein Phantasiebild, in: Scherz und Ernst in der Jurisprudenz, S. 260.

[118] *Jhering*, Geist des römischen Rechts, III/ 1, § 59, S. 309. Zum Logikbegriff *Jherings* vgl. *Ogorek*, Richterkönig oder Subsumtionsautomat, S. 226, wonach die Logik im Sinne formaler Ableitungen *Jherings* juristischer Phantasie keine Anknüpfungspunkte geboten habe.

[119] *Jhering*, Geist des römischen Rechts, III/ 1, § 59, S. 311 f.

[120] *Jhering*, ebd., verwendet den Begriff der „Konsequenz".

[121] *Jhering*, Wieder auf Erden. Wie soll es besser werden? in: Scherz und Ernst in der Jurisprudenz, S. 363.

[122] *Jhering*, Geist des römischen Rechts, III/ 1, § 59, S. 309.

[123] *Jhering*, Wieder auf Erden. Wie soll es besser werden? in: Scherz und Ernst in der Jurisprudenz, S. 347.

[124] *Jhering*, Wieder auf Erden. Wie soll es besser werden? in: Scherz und Ernst in der Jurisprudenz, S. 347 ff., 353.

[125] *Jhering*, Geist des römischen Rechts, III/ 1, § 59, S. 315.

[126] *Jhering*, Geist des römischen Rechts, III/ 1, § 59, S. 314: „...das praktische Bedürfnis oder das Rechtsgefühl hat den Ausschlag gegeben, und die Logik hat sich gefügt." Dieser Vorwurf wird insbesondere von *Fuchs*, einem der späteren Protagonisten der Freirechtsbewegung, als „Kryptosoziologie" publik gemacht.

Norm, begann schon im letzten Drittel des 19. Jahrhunderts zu wanken. So finden sich in den Schriften *Bährs* und *Bülows* Aussagen, die die Urteilsfindung als „freies geistiges Schaffen“ oder „schöpferische Thätigkeit“ qualifizieren.[127] Auch hat *Rümelin* bereits 1881 nachzuweisen versucht, daß es sich im juristischen Denken „vielfach nicht um rein logische Operationen, sondern um Zweckmäßigkeitserwägungen oder sonstige Werturteile handelt, bei denen häufig zweifellose und sichere Entscheidungen nicht möglich sind.“[128] Die Feststellung des anzuwendenden Rechts kann, so *Rümelin*, durch Willensentscheidungen erfolgen, die denen gesetzgeberischen Handelns durchaus nahe stehen. Am Beispiel der Wortlautinterpretation zeigt er, daß diese verschiedene sprachliche Deutungsmuster zulassen kann, deren Auswahl und Berücksichtigung im konkreten Fall ergebnisorientiert, also wertend abläuft.[129] Ebenso wird die Ableitung eines Rechtssatzes aus allgemeinen Prinzipien nicht als logisches Verfahren angesehen. Zum gleichen Ergebnis kommt *Rümelin*, wenn er die Ausdehnung eines Rechtssatzes auf einen ähnlichen Fall im Wege der Analogie untersucht und feststellt, daß dieser Ähnlichkeitsschluß wiederum auf einem Werturteil beruht.

Für die hier interessierende Frage einer Handlungsanweisung für den Rechtsanwender läßt sich Begriffsjurisprudenz mit *Jhering* verstehen als eine Methodenlehre, deren Rechtsfortbildungskonzept auf formalen, nicht entwicklungsfähigen Rechtsbegriffen basiert, die aus vorhandenen Rechtssätzen abstrahiert wurden und aus denen mit den Mitteln einer juristischen Scheinlogik Rechtssätze, die dadurch einen größeres Anwendungsgebiet erfahren, für die Rechtsanwendung deduziert werden.
Der Vorwurf geht also in drei Richtungen:

- Rechtsbegriffe existieren nicht als absolute, unumstößliche Wahrheiten unabhängig von den sie konstituierenden relativen, von praktischen Lebensbedürfnissen hervorgerufenen Rechtssätzen. Das Verhältnis von Rechtsbegriff und Rechtssatz darf bei der Normenschaffung nicht zugunsten des Begriffs bestimmt werden.
- Eine praktische, gleichsam angemessene und zweckmäßige Rechtsfindung kann ein logisches Verfahren überwiegend nicht leisten.
- So wie die Begriffe selbst keine, praktische, ethische und historische Gründe ausschließenden, logischen Kategorien darstellen, ist auch der

---

[127] Dazu *Schröder*, Gesetzesauslegung und Gesetzumgehung, S. 75 ff. unter Hinweis auf *Bähr*, Der Rechtsstaat. Eine publicistische Skizze, 1864 (Neudruck 1961), S. 13 f. und *Bülow*, Civilprozessualische Fiktionen und Wahrheiten, in: AcP 62 (1879), S. 93 und 94 Fn. 72.

[128] *Rümelin*, Werturteile und Willensentscheidungen im Civilrecht, S. 29. Vgl. die unmittelbare Bezugnahme *Zitelmanns* auf *Rümelin* in: *Planitz*, Die Rechtswissenschaft in Selbstdarstellungen, S. 25.

[129] *Rümelin*, Werturteile und Willensentscheidungen im Civilrecht, S. 30 f.

Rechtssatz regelmäßig nicht logische Konsequenz aus dem übergeordneten Begriff. Dieses Verfahren stellt sich regelmäßig nicht als Schlußform aus dem Begriff selbst dar, sondern ist geprägt durch Überlegungen, die die Angemessenheit des Resultats im Blick haben.

### 2. Konsequenzen für eine neue Methode der richterlichen Fallentscheidung

Die Methodendebatte nahm sich der Kritik *Jherings* an und führte sie, insbesondere in den Schriften des Freirechtlers *Fuchs*[130], auf der geschilderten polemischen Ebene weiter. Für die Freirechtsbewegung war *Jhering* als geistiger Urheber der Kritik ausgemacht.[131] *Kantorowicz* stellte fest: „Wir bekämpfen die ‚Begriffsjurisprudenz' genau in dem Sinn, in dem Ihering das Wort geprägt hat. D.h.: wir bekämpfen eine Jurisprudenz, die ihre Begriffe ohne Erwägung der Konsequenzen ins Blaue hinein konstruiert und bei Entscheidung einer Rechtsfrage die nunmehr vorhandenen Rechtsbegriffe ohne Rücksicht auf die Brauchbarkeit des Ergebnisses anwendet."[132] Schlagwortartig wird nunmehr die Vorstellung bekämpft, den neuen Erfordernissen des Lebens durch eine ausschließlich dogmatisch - wissenschaftliche Behandlung des Rechts gerecht werden zu können. In der Gegnerschaft zur Rechtsfortbildungsmethode der „höheren Jurisprudenz" mittels juristischer Konstruktion, treffen sich *Jheringsche* Argumentationsmuster mit denen der neuen Bewegung.[133] Hier erfährt die Forderung nach einem die Wirklichkeit integrierenden Recht ihren methodologischen Ausgangs- und Angriffspunkt, denn die „Gesamtwirkung der technischen Begriffsjurisprudenz" besteht, um mit *Heck* zu reden, in der „Abkehr der Jurisprudenz vom Leben, wie sie heute

---

[130] Zu *Fuchs* siehe S. 107 ff.

[131] *Kantorowicz*, DRiZ 1914, S. 84 ff.

[132] *Kantorowicz*, DRiZ 1911, Sp. 351; vgl. auch *Stampe*, der in seiner Schrift ‚Die Freirechtsbewegung' (1911) einen seit 25 Jahren geführten Kampf zwischen der Richtung *Windscheid - Savigny* und der Reformbewegung seit *Jhering*, *Adickes*, *Bülow* feststellt.

[133] Vgl. statt vieler führender Vertreter aus der Interessenjurisprudenz und der Freirechtsbewegung: *Heck*, DJZ 1909, Sp. 1458, nach dem diejenige Richtung der Jurisprudenz gemeint sei, welche die allgemeinen Gebotsbegriffe als Grundlage derselben Rechtssätze behandelt, durch deren Zusammenfassung sie tatsächlich entstanden sind. Damit verweist er auf die „höhere Jurisprudenz" *Jheringscher* Prägung. Mit *Ehrlich*, Freie Rechtsfindung und freie Rechtswissenschaft, in: *Rehbinder*, Recht und Leben, S. 196 entfällt nunmehr jeder Anlaß, „um mit Hilfe der Haarspaltmaschine und der hydraulischen Presse aus dem Gesetze Entscheidungen herauszudestillieren, die nicht darin enthalten sind".

den Sondergerichten und der Freirechtsbewegung Wind in die Segel gegeben hat".[134] Dieser Vorwurf der Lebensabgewandtheit, der die gesamte Diskussion durchzieht, zeitigt auf methodologischer Ebene verschiedene Anknüpfungspunkte, die nunmehr genannt werden sollen.[135]

### *a. Rechtserkenntnisquellen*

Die Absage an eine wissenschaftliche Methode, die die Ergänzung lückenhaften Gesetzesrechts mittels eines durch Abstraktion gewonnenen, geschlossenen, logischen Systems von Begriffen erstrebt, muß Wesen und Wert von Rechtsbegriffen neu formulieren. Wenngleich eine Lehre der Begriffsbildung nachhaltig erst Anfang der 30er Jahre des neuen Jahrhunderts unter Federführung *Hecks* entwickelt wurde,[136] nimmt die Diskussion eine Neubestimmung des Verhältnisses Rechtsbegriff – Norm – Sachverhalt vor. Ausgehend und in Übereinstimmung mit *Jherings* Erkenntnis der Relativität der Rechtsbegriffe[137] verschwindet der Glaube an einen immanenten, weil logischen, a priori gegebenen Gerechtigkeitswert des begrifflichen Systems. Rechtsbegriffen kommt nunmehr überwiegend die Funktion der Darstellung und Vereinfachung rechtlicher Sollensvorstellungen zu.[138] Sie sind mithin nicht mehr die Grundlage der Rechtserkenntnis. Das rief neue Rechtserkenntnisquellen auf den Plan, die der Forderung an eine realitäts- und damit wertintegrierende Methode der Fallentscheidung und zugleich dem Postulat der Rechtssicherheit genügen mußten. Die Lösungsansätze reichen von formalen Methoden, die Bedingungen sachlicher Richtigkeit formulieren über psychologisch argumentierende Lehren bis hin zu jenen, die aus einem Wertesystem schöpfen oder aber an außergesetzlichen, rechtstatsächlichen Maßstäben orientiert sind.

---

[134] *Heck*, DJZ 1909, Sp. 1461.

[135] Ohne den Anspruch auf Vollständigkeit zu erheben, sollen im folgenden die für die Methodendiskussion wesentlichen methodologischen Konsequenzen aufgezeigt werden.

[136] *Heck*, Begriffsbildung und Interessenjurisprudenz, 1932; *Isay*, Rechtsnorm und Entscheidung, 1929; *Stoll*, Begriff und Konstruktion in der Lehre der Interessenjurisprudenz, in: Festgabe Heck/ Rümelin/ Schmidt, S. 60 – 117; *Hönigswald*, AcP 138 (1934), S. 1-16.

[137] Vgl. *Müller-Erzbach*, Jherings Jahrbücher 61 (1912), S. 343 ff.; dagegen hält *Endemann* am Vorhandensein allgemeingültiger, absoluter Begriffe fest. Dazu *Hofer*, Zwischen Gesetzestreue und Juristenrecht, S. 140 ff.

[138] *Müller-Erzbach*, Jherings Jahrbücher 61 (1912), S. 383 Fn. 1; *Heck*, DJZ 1909, Sp. 1462, lehnt dagegen die Konstruktion als Darstellungsmittel ab.

### *b. Der Charakter richterlicher Entscheidungsfindung*

Mit der Übernahme des Scheinlogikarguments *Jherings* innerhalb der Methodendebatte mußte der Charakter der richterlichen Fallentscheidung neu überdacht werden. Der Vorwurf, bei der Anwendung begriffsjuristischer Methoden handele es sich vielfach nicht um eine ausschließlich logisch–subsumierende Verstandestätigkeit, kann Konsequenzen sowohl auf der Ebene des Schlußverfahrens, als auch auf der ihr methodisch vorgelagerten Ebene der Gewinnung der Prämissen nach sich ziehen.[139] *Jherings* Anliegen jedenfalls, nach dem häufig praktische Bedürfnisse oder das Rechtsgefühl das Resultat im Rechtsfindungsprozeß leiten, lenkte den Blick auf die Konstituierung des Obersatzes im Wege interpretativer Verfahren. Danach konnte der juristische Denkvorgang nicht mehr nur als ein „Erkennen" gedeutet werden. Im Zusammenhang dazu mußte auch der Anspruch auf Richtigkeit juristischer Urteile überprüft werden.

Auch die Methodendebatte siedelt die Scheinlogikargumentation nahezu ausschließlich in diesem Bereich an, wenn sie einer bewußten, das Leben integrierenden Rechtsfindung das Wort redet. Rechtsfortbildung als Gestaltung eines subsumierbaren Obersatzes hat nunmehr die Qualität eines geistig-schöpferischen Aktes. Die Mitwirkung irrationaler Momente im Prozeß der Entscheidungsfindung wird nunmehr offen artikuliert und somit auch die Gefahr subjektiver Willkür allgemein bewußt. Im 19. Jahrhundert wurde die Frage diskutiert, ob das Rechtsgefühl naturgegeben, dem Menschen mithin angeboren oder, wie es *Jhering* vertrat, abhängig von den realen Tatsachen, die sich in der Geschichte verwirklicht haben, mithin „Product der Rechtsordnung" ist.[140] Die Diskutanten nach Inkrafttreten des BGB besorgte diese Problematik in Fortführung der Überlegungen *Jherings* nunmehr in der Weise, als das Bestreben erkennbar wird, Irrationalität methodologisch aufzuwerten, es als Bestandteil eines professionellen Umgangs mit dem positiven Recht zu etablieren.

Ging es *Jhering* vorwiegend um die Aufdeckung schöpferischer Akte gerade der „höheren Jurisprudenz", gleichsam derjenigen, die die Erzeugung neuen juristischen Stoffs aus der Produktivität der Begriffe in Anspruch nahmen, ging es den oben dargestellten Autoren, oft unter ausdrücklicher Bezugnahme auf *Rümelin*[141], mehr noch um die richterliche Entscheidung als solche. Nicht nur die bewußte Ergänzung positiven Rechts hat danach eine schöpferische Komponente, auch bereits die bloße Auslegung, die *Jhering* als

[139] Überzeugend dazu *Schröder*, Gesetzesauslegung und Gesetzesumgehung, S. 72 ff.
[140] *Jhering*, Über die Entstehung des Rechtsgefühls, S. 7 ff., 45.
[141] Zu *Rümelin* siehe S. 22.

methodisches Mittel der „niederen Jurisprudenz“ nicht weiter interessierte, stellt sich nicht mehr als Vernunftschluß dar. Während es also *Jhering* primär darum ging, die Möglichkeit eines rein logischen Rechtsfortbildungsprozesses in Frage zu stellen und insofern dessen Scheinlogik aufzudecken, betreffen die vorhergehenden Darlegungen das gesamte richterliche Schlußverfahren. Die Methodendebatte nach 1900 übernimmt dieses umfassende Angriffsmuster. So finden sich Aussagen, die bereits in der Wahl des jeweiligen methodischen Mittels subjektive Einflüsse aufzeigen.[142] Einen Schwerpunkt der Argumentation bilden die Aussagen gleichwohl nicht. Die Akteure konzentrieren sich vielmehr auf die Struktur richterlicher Entscheidungstätigkeit im Falle der Ergänzung positiven Rechts.

### c. *Lückenlosigkeit des Gesetzes und logische Geschlossenheit des Rechts*

Die Vorstellung, Lücken durch Konstruktion von Kausalbegriffen und anschließender Deduktion zu schließen, ermöglichte es, von einem logischen geschlossenen System auszugehen. Die Lückenergänzung stellt sich bei einer deduktiven Ableitungslogik als ein Erkenntnisprozeß, mithin als „Auslegung aus dem Systeme“[143] dar. Mit dem Bewußtsein einer in Wahrheit nicht ausschließlich anzutreffenden formalen Ableitungsgewißheit des Rechtsanwenders rückt folglich die Lückenproblematik in den Blickpunkt der Kritik. Sie beinhaltet zugleich die Prämissen, daß das Recht nicht alle Erscheinungen des Lebens erfassen kann, zudem, daß die bisherige Methode der Konstruktion im Falle von Lücken nicht zu befriedigenden Lösungen führen konnte. Zwar offenbart die Methode der Konstruktion gerade auch in der herkömmlichen Lehre das Bewußtsein der Existenz ergänzungsbedürftiger Gesetze,[144]

---

[142] Statt vieler *Wurzel*, Das juristische Denken, S. 5 Fn. 11: „Die Wahl einer Methode bei Erforschung eines Gegenstandes ist der Ausdruck einer (gewissermaßen vorgefaßten) Meinung von der Natur des Gegenstandes selbst.“ *Radbruch*, Archiv für Sozialwissenschaft und Sozialpolitik 22 (1906), S. 365: „Das Resultat, seine praktische Widersinnigkeit oder Erwünschtheit bestimmt also, ob wir uns für strikte, restriktive oder extensive Interpretation, für Analogie oder argumentum a contrario zu entscheiden haben.“

[143] *Heck*, Begriffsbildung und Interessenjurisprudenz, S. 166.

[144] Von einer „Entdeckung der Lücken“, wie sie *Heck*, AcP 112 (1914), S. 21 für die Reformbewegung proklamierte, kann mithin nur gesprochen werden, wenn der logische Zusammenhang, gleichsam die wissenschaftliche Methode selbst als Angriffspunkt fungiert. Zu recht stellt *Brütt*, Die Kunst der Rechtsanwendung, S. 74 fest, es sei niemals bestritten gewesen, daß es Lücken im positiven Recht gebe. Gegensätzliche Meinungen bestehen hingegen dort, wo Rechtslücken, also Lücken im Rechtssystem als Ganzes geleugnet werden. Auch das Reichsgericht, RGZ 24, 49 hat die Tatsache erkannt, daß der Gesetzgeber

mißverständlich wird jedoch von der Kritik an der Lückenlosigkeit *des Gesetzes* gesprochen.[145] Damalige Akteure tragen zu eben diesem Bild bei, in dem eine terminologische Differenzierung zwischen „Lücken im Recht" und „Lücken im Gesetz" nicht stringent durchgehalten wird. Das Dogma von der Positivität allen Rechts, das die herkömmliche Methode lehre, bewirke, so *Reichel*, daß das Gesetz als lückenlos erkannt würde.[146] Ebenso argumentieren all jene, die die „Lückenlosigkeit der Rechtsordnung" in Frage stellen, darunter aber lediglich das legislative Gesetz verstehen.[147] Für *Zitelmann* ist dies nicht viel mehr als ein Ausdrucksstreit.[148] Es sei aber anerkannt, daß das Recht so, wie es zunächst erscheint – also kürzer: das Gesetz, Lücken habe.[149] Auch bei *Jung* finden sich terminologische Ungenauigkeiten, in dem er seinem 1900 erschienen Aufsatz „Von der logischen Geschlossenheit des Rechts" folgendes Zitat voranstellt: „Ein Recht ist etwas allemal in lückenloser Ganzheit dastehendes; ... es ist jeden Augenblick voll, weil seine innere Fruchtbarkeit, seine logische Expansionskraft im eigenen Bereich jeden Augenblick den ganzen Bedarf an Rechtsurteilen deckt."[150] Wenn *Jung* dann weiter ausführt, daß dies bekanntlich nicht dem, was gewöhnlich gelehrt wird, entspricht und Lücken des Rechts und die Art ihrer Ausfüllung einen stehenden Abschnitt selbst in den Lehrbüchern des neuen bürgerlichen Rechts bilden, verkennt er freilich, daß *Bergbohm* ausschließlich Lücken im Recht, nicht aber Gesetzeslücken leugnet. Während das positive Recht nach *Bergbohm* „überhaupt keine Lücken" aufweist,[151] sei kein Gesetzbuch ohne Lücken,

---

nicht in der Lage ist, für jedes sich gestaltende Rechtsverhältnis eine besondere Norm zu setzen. Hier sei es Aufgabe der Wissenschaft, Grundprinzipien des Gesetzes zutage zu fördern, um gesetzlich nicht geregelte Fälle anwenden zu können.

[145] Mißverständlich auch die heutige Literatur zur Methodenreformbewegung vgl. *Lombardi Vallauri*, Geschichte des Freirechts, S.54 ff.; differenzierter dagegen *Wieacker*, Privatrechtsgeschichte der Neuzeit, S. 436: „Wohl aber gestattet der Stellenwert der Begriffe in der Begriffspyramide und der logische Systemzusammenhang stets eine folgerechte Füllung positiver Gesetzeslücken durch ‚produktive Konstruktion'." (Hervorhebung im Original).

[146] Vgl. *Reichel*, Gesetz und Richterspruch, S. 12; *Radbruch*, Archiv für Sozialwissenschaft und Sozialpolitik 22 (1906), S. 366 ff.; *Börngen*, Reformbestrebungen im Rechtsleben und der Verein „Recht und Wirtschaft", S. 9.

[147] Beispielsweise *Stampe*, DJZ 1905, Sp. 1018; ders., DJZ 1905, Sp. 713.

[148] *Zitelmann*, Lücken im Recht, in: *Gängel/ Mollnau*, Gesetzesbindung und Richterfreiheit, S. 40.

[149] *Zitelmann*, Lücken im Recht, in: *Gängel/ Mollnau*, Gesetzesbindung und Richterfreiheit, S. 41 f.

[150] *Bergbohm*, Jurisprudenz und Rechtsphilosophie (1892), S. 384, zitiert nach *Jung*, Von der logischen Geschlossenheit des Rechts, in: *Gängel/ Mollnau*, Gesetzesbindung und Richterfreiheit, S.1.

[151] *Bergbohm*, Jurisprudenz und Rechtsphilosophie, S. 373.

keines sei erschöpfend.[152] Ausgangspunkt dieser Überlegung ist eine mit Hilfe eines systematischen Verfahrens erkannte Einheit des Rechts, gleichsam eine logische Ausbeute aus dem Begriffssystem, die Lücken im gesetzten Recht zu schließen vermag.[153] Hier setzt *Jung* im folgenden auch an, in dem er nun die „logische Geschlossenheit" des positiven Rechts anmahnt und die Logik als Erkenntnismittel ablehnt. Diese Auffassung wird spätestens ab Mitte der ersten Dekade des 20. Jahrhunderts zur herrschenden.[154] Die Meinungen gehen nunmehr insofern auseinander, als die Frage zu beantworten ist, wie diese „echten Systemlücken"[155], jener Bereich „zwischen Recht und Richter, zwischen Gesetz und Recht, zwischen Zwang und Freiheit, zwischen positivem Recht und Naturrecht"[156] zu schließen sind.

### *d. Differenzierung und Grenzverwischung von Rechtsanwendung und Rechtsfortbildung*

Schon *Jhering* hat in seiner Unterscheidung zwischen höherer und niederer Jurisprudenz deutlich werden lassen, daß es juristische Tätigkeiten gibt, die „nichts specifisch Anderes, Neues, sondern immer die ursprüngliche Rechtssubstanz" zu Tage fördern.[157] Die juristische Konstruktion der höheren Jurisprudenz hingegen gestalte ein System, daß eine „unversiegbare Quelle neuen Stoffs"[158] bilde. Innerhalb der Methodendiskussion war somit die Notwendigkeit beschreibender und produktiver Tätigkeit des Juristen nicht neu. Mit der Erkenntnis einer nicht (ausschließlich) logischen Ableitungsgewißheit konnte zwangsläufig der Prozeß der richterlichen Entscheidungsfindung nicht mehr nur als interpretatives Verfahren gedeutet werden. Die „Entdeckung der Lücken"[159], jener Raum also, der dem Rechtsanwender ein schöpferisches und wertendes Schaffen, jedenfalls eine schwächere Bindung an das Gesetz

---

[152] *Bergbohm*, Jurisprudenz und Rechtsphilosophie, S. 375.

[153] Vgl. *Heck*, Begriffsjurisprudenz und Interessenjurisprudenz, in: *Ellscheid/ Hassemer*, Interessenjurisprudenz, S. 93; ebenso *Riebschläger*, Die Freirechtsbewegung, S. 23.

[154] Vgl. *Brütt*, Die Kunst der Rechtsanwendung, S. 100 Fn. 1 m.w.N.

[155] *Brütt*, Die Kunst der Rechtsanwendung, S. 100.

[156] *Zitelmann*, Lücken im Recht, in: *Gängel/ Mollnau*, Gesetzesbindung und Richterfreiheit, S. 38.

[157] *Jhering*, Geist des römischen Rechts auf den verschiedenen Stufen seiner Entwicklung, II/ 2, § 41, S. 342.

[158] *Jhering*, Geist des römischen Rechts auf den verschiedenen Stufen seiner Entwicklung, II/ 2, § 41, S. 369.

[159] Siehe dazu S. 27 Fn. 144.

eröffnete, avancierte zu einem rechtstheoretischen Problem ersten Ranges[160], das genuin juristische Materien wie das Verhältnis von Gesetzesbindung und Freiheit betraf. Zu klären war zunächst die Frage, was unter einer Lücke zu verstehen ist. Eine Theorie zur Feststellung von Lücken hat als einer der ersten *Zitelmann* in seiner Rektoratsrede „Lücken im Recht“[161] vorgelegt. Seine Unterscheidung von echten und unechten Lücken wurde von vielen Autoren rezipiert[162], von anderen abgelehnt[163]. Meist wurde die Frage der Lückenfeststellung mit der Frage der Lückenausfüllung verbunden bzw. von dieser verdrängt.[164]

Die Aufdeckung irrationaler Bestandteile im Prozeß der Entscheidungsfindung veranlaßte einen Teil der Diskutanten, einen latenten Gesetzeswillen aufzugeben, das positive Recht als lückenhaft, den Prozeß der Rechtsfindung insgesamt als schöpferisch zu qualifizieren, was jedoch an das Erfordernis objektiver Entscheidungsfindung erhöhte Anforderungen stellte. Ein anderer Teil bemühte sich darum, die Grenzen abzustecken, bis zu der eine „(ehrliche) Interpretation“[165], mithin der Bereich bloßer Rechtsanwendung reicht. Zentral ging es um eine Theorie der Auslegung, die von Aufgaben und Kriterien der Auslegung handelte und jenen Bereich weitgehender Bindung des Rechtsanwenders an das Gesetz beschrieb. Auch für die Frage der rechtsmethodischen Einordnung unbestimmter Rechtsbegriffe und Generalklauseln war diese Vorfrage konstitutiv.

Von der Auslegung eines Rechtssatzes zu unterscheiden war, letzterer Ansicht folgend, der Bereich der Lücken. Hier war das methodologische Instrumentarium und der (formelle oder materielle) Maßstab bei der Lückenergänzung festzulegen. Damit verbunden war außerdem die Frage der Grenzziehung und Legitimation von richterlicher Lückenergänzung und der Rechtsfindung contra legem.

---

[160] So *Gängel/ Mollnau*, Gesetzesbindung und Richterfreiheit, S. 299.

[161] Abgedruckt in *Gängel/ Mollnau*, Gesetzesbindung und Richterfreiheit, S. 37 – 68.

[162] Statt vieler *Rumpf*, Gesetz und Richter, S. 151 ff.; *Canaris*, Die Feststellung von Lücken im Gesetz, S. 131 Fn. 14 m.w.N.

[163] Statt vieler *Fuchs*, Die Gemeinschädlichkeit der konstruktiven Jurisprudenz, S. 75; *Brütt*, Die Kunst der Rechtsanwendung, S. 75 ff., 77; *Canaris*, Die Feststellung von Lücken im Gesetz, S. 132 Fn. 19 m.w.N.

[164] Zum Verhältnis von Lückenfeststellung und Lückenschließung heute *Canaris*, Die Feststellung von Lücken im Gesetz, S. 144 ff.

[165] *Sternberg*, Die Rechtsfindung, in: *Rehbinder*, Zur Methodenfrage der Rechtswissenschaft und andere juristische Schriften, S. 30.

### e. *Richterrecht*

Fragen der Legitimation richterlicher Rechtsfortbildung waren zentrale Themen im 19. Jahrhundert. *Puchta* setzte sich mit ihr insofern auseinander, als er eine Theorie des Juristenrechts entwickelte, die den Gerichtsgebrauch nicht mehr als mögliche Unterart des Gewohnheitsrechts qualifizierte, sondern die wissenschaftliche Wahrheit als Legitimationsgrundlage ansah. Recht entsteht entsprechend der Volksgeistlehre *Savignys* aus der gemeinsamen Überzeugung des Volkes, das gleichsam in die Natur der Völker gelegt ist.[166] Im Zuge fortschreitender Differenzierung des Rechts tritt der Juristenstand als natürlicher Repräsentant hervor – ist gleichsam für das allgemeine Bewußtsein stellvertretend produktiv.[167] Im Unterschied zur Rechtsquellenlehre *Savignys* tritt bei *Puchta* neben dieses aus der allgemeinen Überzeugung stammende, auf äußerer Autorität beruhende Recht (Gewohnheitsrecht und Gesetzesrecht) das wissenschaftliche Recht, das innere Autorität genießt.[168] Im weiteren Verlauf treten Richterrechtskonzepte auf, deren Legitimation nicht auf wissenschaftlicher Wahrheit beruht, sondern den Richterspruch als institutionelle Verwirklichung des staatlichen Rechtsbildungswillens deuten.[169] Als einer der ersten artikulierte der Zivilrechtler *Kierulff* ein Rechtsverständnis, das im Recht keinen vorgegebenen Sollenswert erblickt, sondern die fortwährende Reaktion auf gesellschaftliche Bedürfnisse durch den Staat. Das wirkliche, geltende Recht ist danach erst das im Richterspruch angewandte Recht.[170] Ähnlich, wenn auch mit anderem Akzent,[171] argumentiert *Bülow*, der das richterliche Urteil als Rechtswillenserklärung des Staates qualifiziert. Der Richter ist Teil der Staatsgewalt, der Richterspruch gleichsam nicht mehr Schranke staatlicher

---

[166] *Puchta*, Pandektenvorlesungen, S. 25; ders., Das Gewohnheitsrecht, I, S. 141 ff.

[167] *Puchta*, Pandektenvorlesungen, S. 42; ders., Das Gewohnheitsrecht, I, S. 146 f.; *Wilhelm*, Zur juristischen Methodenlehre im 19. Jahrhundert, S. 74.

[168] *Puchta*, Pandektenvorlesungen, S. 42 ff.; zur Frage, inwieweit das konstruktive Element in *Puchtas* Methodenlehre die Sozialadäquanz gänzlich vernachlässigte *Ogorek*, Richterkönig oder Subsumtionsautomat, S. 207 ff., 230 f., die im Erkenntnismodell *Puchtas* die Forderung nach inhaltlicher, ergebnisorientierter Richtigkeit hervorhebt; im erklärten Gegensatz zu *Wilhelm*, Zur juristischen Methodenlehre im 19. Jahrhundert, S. 78 ff.; *Larenz*, Methodenlehre der Rechtswissenschaft, S. 22 Fn. 5.

[169] Dazu ausführlich *Ogorek*, Richterkönig oder Subsumtionsautomat, S. 232 ff., 255 m.w.N.

[170] *Ogorek*, Richterkönig oder Subsumtionsautomat, S. 232 ff. zu *Kierulff*, Theorie des gemeinen Civilrechts, Band 1, 1839.

[171] Nach *Ogorek*, Richterkönig oder Subsumtionsautomat, S. 257 ff. stand die Legitimation richterlicher Rechtssetzung nicht im Mittelpunkt seiner Theorie. Vielmehr sei es *Bülow*, Gesetz und Richteramt, 1885, darum gegangen, die Rechtsproduktion als die eigentliche Funktion des (praktischen) Juristen auszuweisen.

Eingriffe, sondern wesentliche Gestaltungsmacht. Richterliche Rechtsschöpfung wird somit als politisches Moment eingeführt.[172]

*Jherings* Kritik wie auch die sich ihr anschließende Reformdiskussion nimmt zur Legitimationsgrundlage erweiterter Rechtsfortbildungskompetenzen nicht Stellung.[173] Gleichwohl zielt die Kritik an der begriffsjuristischen Methode im Bereich rechtsanwendender, besonders aber rechtsfortbildender Tätigkeit auf eine (relative) Emanzipation von der kodifizierten Rechtsmaterie. Dieser Kompetenzzuwachs der dritten Gewalt thematisiert das Spannungsfeld zwischen Rechtsanwendungsmacht und Gesetzesbindungstheorem. Bleibt mithin zu untersuchen, ob die Methodendiskussion angesichts eines weithin geforderten richterlichen Gestaltungsspielraumes auf normative Vorgaben setzen konnte.

## III. Legislative Aussagen zum Verhältnis Richter - Gesetz

### 1. Die Reichsverfassung

Die Reichsverfassung von 1871[174] enthält sich, außer in Art. 4 Nr. 13, der die Gesetzgebungszuständigkeit des Reiches auch für das gerichtliche Verfahren statuiert, jeglicher Aussagen zur rechtsprechenden Gewalt. Während die zeitlich früheren konstitutionellen Verfassungen der deutschen Einzelstaaten[175] die Unabhängigkeit der Gerichte und deren Gesetzesunterworfenheit feststellen, ist dieser Grundsatz unmittelbar nach 1871 reichsverfassungsrechtlich nicht verankert. Vielmehr findet sich die dritte Gewalt in den Landesverfassungen und Landesgesetzen manifestiert. Erst mit Inkrafttreten der Reichsjustizgesetze 1877 konstituierte sich das Reich als Rechtsstaat, denn die einfachgesetzlichen Vorschriften hatten nunmehr den Status von materiellem Verfassungsrecht.[176]

---

172 *Ogorek*, Richterkönig oder Subsumtionsautomat, S. 257 ff. zu *Bülow*, Gesetz und Richteramt, 1885.

173 Eine Ausnahme bildet hier nur *Ehrlichs* konzeptioneller Ansatz – siehe S. 66 f.

174 *Arndt*, Die Verfassung des Deutschen Reichs, Berlin 1895.

175 Z.B. Art. 86 ff. der Preußischen Verfassungsurkunde von 1850: „Die richterliche Gewalt wird im Namen des Königs durch unabhängige, keiner anderen Autorität als der des Gesetzes unterworfene Gerichte ausgeübt.“; Titel VIII der Verfassungsurkunde für das Königreich Bayern von 1818.

176 *Huber*, Deutsche Verfassungsgeschichte seit 1789, III, S. 981 ff. Obwohl die Reichsjustizgesetze als einfachgesetzliche Vorschriften außerhalb des formellen

## 2. Das Gerichtsverfassungsgesetz und die Materialien

§1 des Gerichtsverfassungsgesetzes von 1877 legt fest:

> „Die richterliche Gewalt wird durch unabhängige, nur dem Gesetz unterworfene Gerichte ausgeübt."

Nachdem eine solche Bestimmung im Regierungsentwurf[177] nicht enthalten war, wurde sie als § a in der ersten Lesung der Gesetzgebungskommission einstimmig angenommen. Eine eingehende sachliche Debatte fand, im Gegensatz zu den weiteren §§ b - i, die sich mit Fragen der Befähigung zum Richteramte beschäftigten, nicht statt.[178] Die allgemeinen Erörterungen zu § a beschränken sich nahezu ausnahmslos auf Kompetenzfragen. So wird allgemein dargelegt, daß der Regierungsentwurf eine solche Vorschrift nicht zum Inhalt habe, weil diese in die Justizhoheit der Einzelstaaten im höheren Maße als notwendig und zur Zeit zweckmäßig eingreifen würde. Zudem gewährleisteten die Landesgesetze, „daß ein tüchtiger und unabhängiger Richterstand überall vorhanden sei".[179] Dem wird entgegengehalten, daß gemeinsame Bestimmungen über das Richteramt eine unentbehrliche Grundlage der einzelnen Prozeßordnungen darstellten und ein Eingriff in die Justizhoheit der Länder nicht weiter gehe, als durch das Gerichtsverfassungsgesetz in der bisherigen Fassung. Auch im weiteren Verlauf ist ein Diskussionsbedarf nicht zu konstatieren.[180] Im Gegensatz zur Reichsverfassung von 1871 normiert das Gerichtsverfassungsgesetz also die sachliche Unabhängigkeit der Gerichte als Institution. Zugleich wird dieser Unabhängigkeit die Bindung an das Gesetz entgegengehalten. Ob § 1 GVG die Problematik der richterlichen Fallentscheidung als verantwortungsneutrale Rechtsanwendung deutet oder darüber hinaus eine wie auch immer theoretisch fundierte Emanzipation vom gesetzten Recht ermöglicht, kann aus den Gesetzesmotiven nicht entnommen werden.[181] Auch enthält sich das

---

Verfassungsrechts standen, wurde ihnen der Rang materiellen Verfassungsrechts zuerkannt. Damit avancierten die rechtsstaatlichen Garantien der richterlichen Unabhängigkeit und des gesetzlichen Richters zu Fundamentalnormen für Staat und Gesellschaft.

[177] Abgedruckt in *Hahn*, Die gesamten Materialien zu den Reichs-Justizgesetzen, I, Abt. 1, S. 3 ff.

[178] *Hahn*, Die gesamten Materialien zu den Reichs-Justizgesetzen, I, Abt. 1, S. 371 ff., 374.

[179] *Vom Amsberg* (als Vertreter des Bundesrates), in *Hahn*, Die gesamten Materialien zu den Reichs-Justizgesetzen, I, Abt. 1, S. 373.

[180] Vgl. *Hahn*, Die gesamten Materialien zu den Reichs-Justizgesetzen, I, Abt. 1 und 2, S. 750 (zweite Lesung der Kommission), S. 1120 (zweite Lesung im Reichstag).

[181] Anders insoweit *Schmitt*, Gesetz und Urteil, S. 8, nach dem die historische Interpretation des § 1 GVG zu dem Ergebnis führe, daß sich die richterliche Tätigkeit in einer Subsumtion unter die Gesetzesnorm erschöpfen müsse.

Gerichtsverfassungsgesetz jeglicher Aussage zum Gesetzesbegriff. Andere Prozeßgesetze wie auch das Einführungsgesetz zum BGB haben Bestimmungen aufgenommen, nach denen unter Gesetz „jede Rechtsnorm" zu verstehen ist.[182] Rechtsprechung und Wissenschaft waren sich einig, daß Gesetzen im materiellen Sinne, mithin formellen Gesetzen, Rechtsverordnungen und Staatsverträgen diese Eigenschaft zukommt. Auch der Rechtsnormcharakter von Gewohnheitsrecht war grundsätzlich anerkannt.[183] Gleichwohl in den Beratungen zum Bürgerlichen Gesetzbuch die Frage des Verhältnisses von Gewohnheitsrecht zu gesetztem Recht sehr umstritten war, man unter Hinweis darauf, daß eine solche Frage der Macht des Gesetzgebers entrückt sei, die Aufnahme einer solchen Norm in das BGB sowie in das Einführungsgesetz zum BGB ablehnte, galt das Gewohnheitsrecht unbestritten als Rechtsnorm.[184] Dieser weite Gesetzesbegriff, der in der Anerkennung des Gewohnheitsrechts als Rechtsnorm über das geschriebene Recht hinausweist, wird in der zeitgenössischen Literatur auch auf den Gesetzesbegriff des Gerichtsverfassungsgesetzes übertragen.[185] Insofern eröffnet § 1 GVG durchaus einen Raum schöpferischer Rechtsfindung. Der Bindung des Richters an das „Gesetz" wird nicht die Vorstellung einer Identität von kodifizierter Rechtsmaterie und Recht zugrunde gelegt.[186]

---

[182] Vgl. § 7 EGStPO, § 12 EGZPO, Art. 2 EGBGB.

[183] Vgl. RGSt 6, 237; 46, 43; *Mugdan*, Materialien, I, Motive, S. 359: „Der Ausdruck („Gesetz") dient auch im Allgemeinen zur Bezeichnung einer jeden Rechtsnorm, ohne Rücksicht auf deren Entstehungs- und Erkenntnisquelle. In diesem weiteren Sinne ist der Ausdruck zur Anerkennung und Verwendung gelangt in den Reichsprozeßgesetzen." (Einfügung nicht im Original).

[184] *Mugdan*, Materialien, I, Protokolle, S.568 ff., 570; *Eck/ Leonhard*, Vorträge über das Recht des Bürgerlichen Gesetzbuchs, § 7, S. 21.

[185] *Heilfron/ Pick*, Lehrbuch des Civilprozeßrechts, § 8, S. 60 Fn. 3; *Reichel*, Gesetz und Richterspruch, S. 61 m.w.N.

[186] Einer Ablehnung jeder Fortbildungskompetenz, wie sie *Schröder*, Rechtstheorie 19 (1988), S. 351 für das GVG feststellt, kann also angesichts einer allgemeinen Verständigung auf einen weiten Gesetzesbegriff nicht zugestimmt werden. Auch *Wieacker*, Gesetz und Richterkunst, S. 6 erkennt – freilich in Art. 2 EGBGB („Gesetz im Sinne des Bürgerlichen Gesetzbuches und dieses Gesetzes ist jede Rechtsnorm.") - ein „verschämtes Zeugnis dieser Zugeständnisse". Gerade in der Anerkennung des Gewohnheitsrechts als Rechtsnorm habe der Positivismus kleine Reservationen ungeschriebenen Rechts bestehen lassen.

## 3. Das Bürgerliche Gesetzbuch und die Materialien

Das Bürgerliche Gesetzbuch enthält sich, anders als das vor allem von Vertretern der Freirechtsbewegung[187] argumentativ ins Spiel gebrachte Schweizerische Zivilgesetzbuch, jeglicher Äußerungen zu Fragen der Methodik und Fallentscheidung.

Im ersten Entwurf waren sich die Verfasser dahingehend einig, daß eine Auslegungsregel, „welche mehr nicht bezwecken würde, als anzuerkennen, daß der Auslegende nicht an dem Worte haften dürfe", überflüssig, weil selbstverständlich sei. Derartige gesetzgeberische Bestimmungen könnten nur leitende Gesichtspunkte zum Ausdruck bringen, deren Erforschung und Darlegung aber der Theorie angehöre.[188]

Angesichts des als durchaus lückenhaft erkannten Gesetzes stimmte man hingegen für die Aufnahme einer Norm in das BGB, die als § 1 an die Spitze der Kodifikation gestellt werden sollte:

> „Auf Verhältnisse, für welche das Gesetz keine Vorschrift enthält, finden die für rechtsähnliche Verhältnisse gegebenen Vorschriften entsprechende Anwendung. In Ermangelung solcher Vorschriften sind die aus dem Geiste der Rechtsordnung sich ergebenden Grundsätze massgebend."[189]

Ziel dieser Vorschrift war es, zu gewährleisten, daß das BGB „im Bedürfnißfalle"[190] aus dem in ihm enthaltenen Rechtssystem bzw. aus seinem eigenen Geiste heraus ergänzt werde. Objektivität der Entscheidungsfindung gerade auch im Prozeß der Fortbildung des Gesetzes war oberstes Prinzip. Deswegen war eine Methodik, deren Entscheidungsfindung sich (auch) auf außerpositive Gesichtspunkte stützte, als Naturrecht gebrandmarkt. In Übereinstimmung mit der herrschenden Lehre[191] sollte die Analogie die Möglichkeit eröffnen, Lücken zu schließen. Primär sollte die Ergänzung fehlender Rechtssätze im Wege der Gesetzesanalogie erfolgen, denn, so die Argumentation, das Gesetz sei ein organisches Gefüge innerlich zusammenhängender Normen, deren zugrundeliegende Prinzipien den Keim weiteren Ausbaus in sich trügen.[192] In den Fällen, in denen eine anwendbare Norm nicht

---

[187] Kritisch zur Interpretation dieser Norm durch die Freirechtsbewegung *Gmür*, Die Anwendung des Rechts nach Art. 1 des schweizerischen Zivilgesetzbuches, S. 102 Fn. 4.

[188] *Mugdan*, Materialien, I, Motive, S. 364 f.; dazu *Schröder*, Gesetzesauslegung und Gesetzesumgehung, S. 44 ff., der auf *Albert Gebhards* Vorentwürfe zum allgemeinen Teil hinweist, die zwei Auslegungsregeln enthielten.

[189] *Mugdan*, Materialien, I, Vergleichende Gegenüberstellung, S. LII.

[190] *Mugdan*, Materialien, I, Motive, S. 365.

[191] Vgl. *Windscheid*, Lehrbuch des Pandektenrechts, § 23, S. 90 ff.; *Crome*, System des Deutschen Bürgerlichen Rechts, I, § 21, S. 106 ff.

[192] *Mugdan*, Materialien, I, Motive, S. 365.

greifbar war, avancierte also die Rechtsanalogie zum methodischen Mittel. Unter Rückgriff auf die Gesamtheit der Rechtsordnung wird somit der „Geist der Rechtsordnung" zum Reservoir richterlicher, Objektivität verbürgender Rechtsfortbildung. Daneben wird die Argumentation aus der Natur der Sache angesprochen und als legitimes methodologisches Instrumentarium dann angesehen, wenn sich die Entscheidungsfindung „aus den allgemeinen, dem positiven Rechte zu Grunde liegenden Prinzipien und der in ihrer Eigenart erkannten thatsächlichen Gestaltung mit logischer Konsequenz ergiebt".[193] Mit Hilfe dieser methodischen Mittel könne auch die Begründung neuer oder die Änderung bestehender Lebensverhältnisse aufgefangen werden.[194]

Die zweite Kommission lehnte die Aufnahme einer solchen Methodenregel ersatzlos ab. Ursache dafür waren, so die Protokolle, nicht inhaltliche Diskrepanzen, sondern die Ansicht, daß eine gesetzliche Ermächtigung analogischer Verfahren im Falle der Fortbildung des Rechts selbstverständlich sei. Weiterhin wurde betont, daß die Gefahr naturrechtlicher Argumentationsmuster auch durch eine Normierung des § 1 nicht ausgeschlossen werden könne. Im übrigen sei die Fassung der Vorschrift nicht einwandfrei und es erscheine besonders schwer, eine allseitig befriedigende Fassung zu finden, die keinen doktrinären Anstrich habe.[195]

Eine positiv rechtliche Bestimmung, die den Rechtsanwender an Methodenregeln band, wurde in das BGB nicht aufgenommen. Einig war sich das Schrifttum darin, daß der Gesetzgeber diese nunmehr ungeregelten Fragen der Auslegung und Analogie der Wissenschaft überlassen hatte. Das schuf freilich Gelegenheit, über methodologische Instrumentarien und den Grad der Bindung des Rechtsanwenders an das Gesetz gerade im Falle von Lücken frei zu argumentieren.[196] Diese Freiheit der wissenschaftlichen Erörterung, die Absage an doktrinäre Vorgaben, zeigt, daß die bereits in der methodologischen Literatur vor Inkrafttreten des BGB problematisierte Freiheit des Rechtsanwenders auf legislativer Ebene zu einer diese Freiheit zumindest tolerierenden Zurückhaltung geführt hatte.[197]

---

[193] *Mugdan*, Materialien, I, Motive, S. 366.
[194] *Mugdan*, Materialien, I, Motive, S. 365.
[195] *Mugdan*, Materialien, I, Protokolle, S. 568.
[196] So *Ehrlich*, Freie Rechtsfindung und freie Rechtswissenschaft, in: *Rehbinder*, Recht und Leben, S. 190.
[197] So auch *Schröder*, Gesetzesauslegung und Gesetzesumgehung, S. 44.

# *C. Die Methodendebatte 1900 bis 1909*

## I. 1900 – Der richterliche Rechtsfindungsprozeß im Urteil der Lehrbuchliteratur

### 1. Friedrich Endemanns[198] „selbstbewußte Auslegung“ und „freies richterliches Ermessen“

Für *Endemann* ist das Bürgerliche Gesetzbuch kein Ort großer sozialer Umwälzungen, gleichwohl aber ein Produkt der sozialen Bewegung. Es sei ein Verdienst der neueren Bestrebungen, gegenüber der formalen gesetzlichen Gleichmacherei auf eine stärkere Berücksichtigung der Wirkung der Gesetze und damit der Erreichung wahrhaft gerechter Zustände aufmerksam gemacht zu haben. Rechtsordnungen seien nicht Selbstzweck und wie ein Ding an sich mathematisch oder philosophisch konstruierbar. Ihnen erwachse Wert und Berechtigung „durch ihre Wirkung auf die Wohlfahrt und die Verwirklichung des Gerechten und Sittlichen im Volksleben“. Die Anwendung des BGB habe sonach den Boden zu erforschen, auf dem es gewachsen ist und den heutigen Rechtsbedürfnissen zu dienen sowie zu ihrer gerechten Befriedigung beizutragen.[199]

In dieser Richtung bietet sein methodisches Programm zunächst das Verfahren der Auslegung an, das den Sinn und die Tragweite der gesetzlichen Normen zu ergründen habe.[200] Als methodische Mittel werden die Wortlautinterpretation und die systematische Auslegung genannt. Auch befürwortet *Endemann* die Heranziehung entstehungsgeschichtlicher Argumente, jedoch nur als „Hilfsmittel“ der Auslegung. Eine Bindung an die Gesetzesmaterialien lehnt er unter Hinweis auf die Gefahr einer

---

[198] Friedrich Endemann (1857–1936) studierte zwischen 1877 und 1880 in Jena, Bonn und Berlin und besuchte Vorlesungen u.a. bei Muther, Stintzing und Wendt. Nach seiner Habilitation 1886 übernahm er eine ordentliche, später außerordentliche Professur in Königsberg, anschließend in Halle. Von 1904 bis 1924 war er Ordinarius an der Heidelberger Ruprecht-Karls-Universität. Seinem Lehrbuch – vorliegend wird die 5. Auflage 1899 zitiert - war außergewöhnlicher Erfolg gerade bei Praktikern beschieden. Dazu *Hofer*, Zwischen Gesetzestreue und Juristenrecht, S. 31 ff. m.w.N.

[199] *Endemann*, Einführung in das Studium des Bürgerlichen Gesetzbuchs, S. 5 ff.

[200] *Endemann*, Einführung in das Studium des Bürgerlichen Gesetzbuchs, § 10, S. 41.

„unerträgliche(n) Unfreiheit“[201] für Wissenschaft und Praxis ab und bezieht somit Stellung in dem heftig geführten Streit um die Verwertbarkeit der Entstehungsgeschichte für die Auslegung des BGB.[202] Diese Problematik ist für *Endemann* eng verknüpft mit der Vorstellung eines subjektiven Gesetzgeberwillens, den es nach überkommener Ansicht zu ergründen gelte. Der Gesetzesinhalt sei aber unabhängig von dem, was ein Gesetzgeber damit beabsichtigt habe.[203] Ziel der Auslegung sei vielmehr die Ermittlung dessen, „was gerecht ist und der Wohlfahrt dient“. Dieses „Gemeinbewußtsein“, so *Endemann*, entwickelt sich angesichts neuer Verkehrsbedürfnisse aus dem Gesetz heraus. Es ist die objektive Auslegungslehre, der sich der Verfasser hier anschließt.[204] Bereits 1886 legte *Kohler* eine Auslegungslehre vor, die nicht auf die Ermittlung des Gesetzgeberwillens abzielt, sondern das Gesetz als ein Kulturerzeugnis, eine sich vom individuellen Gedankenkreis des Verfassers lösende Größe begreift.[205] Dieser Gedanke erhellt sich aus einem Vergleich des Gesetzes mit einem Kunstwerk. So liege in letzterem eine Überfülle geistigen Gehalts, welche der Schöpfer desselben gar nicht geahnt habe. Auch der geistige Gehalt eines Gesetzes decke sich nicht mit dem, was die gesetzgebenden Faktoren von ihm denken.[206] Recht als Kulturerscheinung, somit die Erkenntnis, daß die Normwissenschaft in gesellschaftliche Strukturen eingebettet ist, ist für die gesamte Methodendiskussion repräsentativ und hatte bereits im letzten Drittel des 19. Jahrhunderts eine breite Basis gefunden.[207] *Endemann* spricht in diesem Zusammenhang von einer „selbstbewußte(n) Auslegung“[208], die Raum für die zeitgemäße Verarbeitung latenten Gesetzesinhaltes eröffnet, dem Rechtsanwender mithin eine gewisse Interpretationsfreiheit zugesteht.

---

[201] *Endemann*, Einführung in das Studium des Bürgerlichen Gesetzbuchs, § 10, S. 43.
[202] Dazu umfassend *Honsell*, Historische Argumente im Zivilrecht, S. 47 ff. m.w.N.
[203] *Endemann*, Einführung in das Studium des Bürgerlichen Gesetzbuchs, § 10, S. 42.
[204] *Endemann*, Einführung in das Studium des Bürgerlichen Gesetzbuchs, § 10, S. 43; zum Eintreten Endemanns für die objektive Auslegungslehre *Hofer*, Zwischen Gesetzestreue und Juristenrecht, S. 56 ff.; *Honsell*, Historische Argumente im Zivilrecht, S. 49.
[205] *Kohler*, Zeitschrift für das Privat- und öffentliche Recht der Gegenwart 13 (1886), S. 50 f. Zum Zusammenhang zwischen der objektiven Auslegungslehre und einem neuen, „geisteswissenschaftlichen“ Wissenschaftsverständnis überzeugend *Schröder*, Gesetzesauslegung und Gesetzesumgehung, S. 49 ff.
[206] *Kohler*, Zeitschrift für das Privat- und öffentliche Recht der Gegenwart 13 (1886), S. 28 f.
[207] Vgl. *Kohler*, Das Recht als Kulturerscheinung, S. 5: „...jedes Kulturleben hat sein besonderes Recht, und jedes Recht wieder sein besonderes Kulturleben... Darum ist auch die Rechtsgeschichte nur als ein Theil der Kulturgeschichte gedeihlich, und eine Jurisprudenz, welche nicht in die Kulturverhältnisse der Periode eindringt, ist lediglich formaler Art.“ Vgl. auch *Rickert*, Kulturwissenschaft und Naturwissenschaft, 1899.
[208] *Endemann*, Einführung in das Studium des Bürgerlichen Gesetzbuchs, § 10, S. 43.

Verglichen mit dem Umfang, den Fragen der Auslegung in *Endemanns* Lehrbuch einnehmen, wird der methodische Umgang mit Gesetzeslücken nur marginal behandelt. Im Falle des Fehlens[209] einer Norm verweist *Endemann* auf die Rechtsanalogie, die einen allgemeinen Rechtsgedanken, der aus mehreren gesetzlichen Tatbeständen mit gleicher ratio abgeleitet wird, auf den zu beurteilenden Fall überträgt. Das analogische Verfahren stellt sich ihm somit als eine „doppelte logisch – juristische Ableitung" dar. Zugleich wird es als „Schöpferin neuen Rechtsinhalts und neuer Rechtswerthe" beschrieben.[210] *Endemann* lehnt es ausdrücklich ab, angesichts dieser Argumentation eine richterliche Rechtsetzungsbefugnis als weitere Rechtsquelle neben dem Gesetzes- und Gewohnheitsrecht[211] begründen zu wollen: „Die Analogie vermag nur die wissenschaftliche Wahrheit, nicht die staatliche Macht zur Normensetzung, als rechtfertigenden Grund ihrer Anwendung aufzuweisen."[212]

Gleichwohl könnte die genannte Verknüpfung logischer und schöpferischer Elemente ein verändertes methodisches Bewußtsein offenlegen, das sich schon im letzten Drittel des 19. Jahrhunderts ankündigte. Gemeint sind jene Überlegungen, die bereits die Konstituierung des subsumtionsfähigen Obersatzes als ein freies geistiges Schaffen deuten und damit von der Konzeption eines wissenschaftlich-abstrakten, rein verstandesmäßigen Verfahrens der Rechtsfindung abweichen.[213] Für *Endemann* jedenfalls ist die Analogie die Ausarbeitung der vom Gesetz gegebenen Vorzeichnungen und in diesem Sinne die Schöpferin neuen Rechtsinhaltes.[214] Der Hinweis auf gesetzliche Vorzeichnungen zeigt das analogische Verfahren traditionell als ein Erkenntnisverfahren schon angelegten Rechts, das sich einer wissenschaftlich-autonomen, nämlich auf wissenschaftlicher Wahrheit basierenden Erkenntnismethode verpflichtet fühlte. Analogie in diesem Sinne bleibt Anwendung von Rechtsnormen. Als „schöpferisch" qualifiziert *Endemann* nicht die richterliche Entscheidungstätigkeit selbst, sondern den im Wege der Abstraktion über den primären Inhalt einer Norm hinausgehenden Rechtssatz. Auch diesem Ansatz liegt kein gewandeltes Rechtsverständnis zugrunde. Schon die juristische Konstruktion nach *Jherings* naturhistorischer Methode[215] sah ihre höchste

---

[209] Die Frage nach der Feststellung von Gesetzeslücken wird von *Endemann* nicht gestellt.
[210] *Endemann*, Einführung in das Studium des Bürgerlichen Gesetzbuchs, § 10, S. 45 f.
[211] *Endemann*, Einführung in das Studium des Bürgerlichen Gesetzbuchs, § 10, S. 46 Fn. 8: „Die gewohnheitsrechtliche Interpretation ist dagegen eine bindende und zwingende Auslegung, die sich durch Schöpfung neuer Rechtsnormen vollzieht."
[212] *Endemann*, Einführung in das Studium des Bürgerlichen Gesetzbuchs, § 10, S. 46 Fn. 8.
[213] Die Vorstellung eines freien, geistigen Schaffens bei der Konstituierung des Obersatzes kündigte sich bereits ab Mitte des 19. Jahrhunderts in den Schriften Otto Bährs und Oskar Bülows an. Dazu *Schröder*, Gesetzesauslegung und Gesetzumgehung, S. 75 ff. m.w.N.
[214] *Endemann*, Einführung in das Studium des Bürgerlichen Gesetzbuchs, § 10, S. 46.
[215] Siehe S. 17 ff.

Aufgabe in der Produktion neuen Stoffs. „Jede Jurisprudenz", so ist dort nachzulesen, „producirt, selbst wenn sie sich dessen nicht bewußt ist..."[216]

Die Möglichkeit schöpferischer Entscheidungstätigkeit des Rechtsanwenders bietet sich *Endemann* erst angesichts elastischer Rechtsnormen. Indem das Gesetz es vermeide, Rechtsbegriffe, wie „Treu und Glauben", „gute Sitten", „billige Entschädigung", durch Definitionen in ihrer freien wissenschaftlichen Entwicklung zu beengen, könne der Richter nunmehr frei beurteilen, ob und inwieweit eine bestimmte Norm im gegebenen Fall Anwendung finde, ob also der Tatbestand unter eine bestimmte Norm zu subsumieren sei.[217] In diesem Zusammenhang spricht *Endemann* von einem „freien richterlichen Ermessen"[218], das mehr sei als bloße Auslegung und eine Teilnahme des Richters an der konkreten Rechtssetzung bedeute.[219] Die Legitimation dazu leitet er aus einer vom Gesetzgeber verliehenen Macht zur Rechtsbildung ab.[220] Diese delegierte Freiheit meint mithin keine, die die Urteilsfindung in das subjektive Belieben des Rechtsanwenders stellt.[221] Gleichwohl verlagert *Endemann* das schöpferische Moment, das er im Falle von Lücken dem methodologischen Mittel der Analogie zubilligt, nunmehr auf die personelle Ebene des Rechtsanwenders. So sei es die „rechtsschöpferische Aufgabe des Richters", den „Ausbau der Normen" vorzunehmen.[222] Auch sieht er eine zweckentsprechende Verarbeitung des Rechtsinhalts erst durch erprobte und fähige Richter gesichert.[223] Die Forderung nach „freie(r) Beurtheilung"[224] im Verfahren der Konkretisierung wertausfüllungsbedürftiger Begriffe lenkt den Blick auf die Person des Urteilenden und dessen Entscheidungsmacht. Den Einfluß richterlicher Wertungen und deren Charakterisierung als individuelles geistiges Schaffen bei der Vermittlung zwischen Norm und Sachverhalt verfolgt *Endemann* in letzter Konsequenz aber nicht.[225]

Ihm geht es vielmehr um die Konzeption objektiver im Gegensatz zu rein subjektiven und darum willkürlichen Grundlagen der richterlichen Entscheidungsfindung. So ist das BGB für *Endemann* gerade in der Normierung unbestimmter Rechtsbegriffe Ausdruck einer sozialen

---

[216] *Jhering*, Geist des römischen Rechts, II,/ 2, § 41, S. 371.
[217] *Endemann*, Einführung in das Studium des Bürgerlichen Gesetzbuchs, § 11, S. 47 ff.
[218] *Endemann*, Einführung in das Studium des Bürgerlichen Gesetzbuchs, § 11, S. 48: „Die dem Richter hiermit verliehene rechtsbildende Fähigkeit können wir zusammenfassen unter dem Namen: das *freie richterliche Ermessen*." (Hervorhebung im Original).
[219] *Endemann*, Einführung in das Studium des Bürgerlichen Gesetzbuchs, § 11, S. 47.
[220] *Endemann*, Einführung in das Studium des Bürgerlichen Gesetzbuchs, § 11, S. 48.
[221] *Endemann*, Einführung in das Studium des Bürgerlichen Gesetzbuchs, § 11, S. 46.
[222] *Endemann*, Einführung in das Studium des Bürgerlichen Gesetzbuchs, § 11, S. 48.
[223] *Endemann*, Einführung in das Studium des Bürgerlichen Gesetzbuchs, § 11, S. 46.
[224] *Endemann*, Einführung in das Studium des Bürgerlichen Gesetzbuchs, § 11, S. 47.
[225] Vgl. *Hofer*, Zwischen Gesetzestreue und Juristenrecht, S. 123 ff.

Gesetzgebung. In dieser Richtung sei dem Richter der „Ausbau der Normen anvertraut, die den sozialen Charakter des bürgerlichen Rechts begründen sollen".[226] Der Richter habe im Verfahren der Konkretisierung sozialen Forderungen nachzugehen und zur Grundlage seiner Entscheidung zu machen: „Entsprechend der Richtung, in der sich die Schäden und Gefahren der modernen Zustände am deutlichsten ausprägen, ist die Hauptsorge verwandt auf den Schutz des wirthschaftlich Schwachen gegen die Ausbeutung durch den Überlegenen."[227] Hier sei dem Richter, wie ehemals dem römischen Prätor, die „Ausführung" der Gesetze anvertraut: „Auch damals galt es, soziale Probleme zu lösen und soziale Gerechtigkeit zu fördern: und er hat es geleistet."[228] Während sich die Freiheit des Richters am gesetzesimmanenten Maßstab sozialer Gerechtigkeit zu orientieren habe, verweise etwa § 242 BGB auf einen „festen in unserer sittlichen Überzeugung ruhenden Maßstab".[229] In Kombination mit der „Verkehrssitte" war nunmehr eine Vermittlung zwischen den sittlichen Ansprüchen und der tatsächlichen Übung möglich.[230] Die „gute Verkehrsanschauung" sei dann eine allgemeingültige Norm, die in den positiv entwickelten, geltenden Verkehrsanschauungen wurzelt und nur noch einer Feststellung bedarf.[231] Damit formuliert *Endemann* einen objektiven[232] Maßstab, der außerhalb gesetzlicher Festlegung zu finden ist. Die richterliche Urteilsfindung gestaltet sich danach nicht, wie im Falle sozialer Normen, als Gesetzes-, gleichwohl aber als Rechtsanwendungsverfahren.[233]

---

[226] Unbestimmte Rechtsbegriffe, die Ausdruck es sozialen Charakters des Privatrechts sind, findet *Endemann*, Einführung in das Studium des Bürgerlichen Gesetzbuchs, § 11, S. 48 beispielsweise in §§ 626 BGB („aus wichtigen Gründen"), 343 BGB („auf den angemessenen Betrag"), 847 BGB („billige Entschädigung"), 226 BGB („Schikaneverbot").

[227] *Endemann*, Einführung in das Studium des Bürgerlichen Gesetzbuchs, § 1, S. 7.

[228] *Endemann*, Einführung in das Studium des Bürgerlichen Gesetzbuchs, § 11, S. 48 Fn. 4.

[229] *Endemann*, Einführung in das Studium des Bürgerlichen Gesetzbuchs, § 11, S. 49.

[230] *Endemann*, Einführung in das Studium des Bürgerlichen Gesetzbuchs, § 100, S. 423.

[231] *Endemann*, Einführung in das Studium des Bürgerlichen Gesetzbuchs, § 100, S. 423 Fn. 9.

[232] So auch ausdrücklich *Endemann*, Einführung in das Studium des Bürgerlichen Gesetzbuchs, § 100, S. 423 Fn. 9 und Fn. 11 a.

[233] Vgl. *Hofer*, Zwischen Gesetzestreue und Juristenrecht, S. 120 ff., 123.

## 2. Carl Crome[234] und das „objektiv vernünftige Ermessen der Allgemeinheit“

Das Bürgerliche Gesetzbuch stellt sich für *Crome* bewußtermaßen in den Dienst der Sozialpolitik.[235] So sieht er mit dem BGB die soziale Frage gelöst oder in wesentlichen Punkten der Lösung näher gebracht, in dem er, wie schon *Endemann* vor ihm, neben materiellrechtlichen Gewährleistungen, „elastische Rechtsnormen“ in Form von ausfüllungsbedürftigen Rechtsbegriffen hervorhebt und deren Fähigkeit herausstellt, neue Erscheinungen des Lebens aufzufangen.[236] In dieser Richtung habe auch eine Methode der Rechtsanwendung zu arbeiten. Der Rechtsanwender solle sich nicht in bloßer „Buchstabenjurisprudenz“ ergeben - jene Gefahr, die eine Kodifikation erfahrungsgemäß mit sich bringe[237] - ihm obliege es vielmehr, die Keime des neuen Rechts zu entwickeln, „welches sein wird ein Recht der Billigkeit und des sozialen Ausgleichs“. Hier, so ist bei *Crome* zu lesen, könne die Praxis eine „in Wahrheit rechtsschöpferische Thätigkeit entwickeln“.[238] Schon *Endemann* hat die Ausfüllung unbestimmter Rechtsbegriffe als schöpferische Aufgabe des Richters charakterisiert und damit den Aspekt subjektiver, nicht aber willkürlicher Entscheidungsfindung angedeutet.[239] *Crome* lehnt diese Demonstration richterlicher Entscheidungsmacht ab. So sei es unrichtig, in einem solchen Fall zu sagen, der Richter gebe die Norm oder baue sie aus. Wenn also das Gesetz „im Interesse der höheren Gerechtigkeit“ auf eine feste Norm verzichte, überlasse es die Ausfüllung dem „objektiven vernünftigen Ermessen der Allgemeinheit, die nöthigenfalls gegen den Widerspänstigen in autoritativerweise durch den Mund des Richters spricht.“[240] Zwar wurde auch

---

[234] Friedrich Theodor Carl Crome (1859–1931) studierte in Bonn und Leipzig bei Stintzing, Wach und Windscheid und erhielt nach seiner Habilitation 1895 eine außerordentliche Professur in Berlin. Von 1899 bis 1923 lehrte er als Ordinarius in Bonn. Sein „System des Deutschen Bürgerlichen Rechts“ gilt als das erste umfassende systematische Lehrbuch zum BGB.

[235] *Crome,* System des Deutschen Bürgerlichen Rechts, I, § 11, S. 54: „Zum ersten Mal wird von der positiven Gesetzgebung auch auf dem Gebiete des Privatrechts ein billiger Schutz des wirthschaftlich Schwachen gegen den Starken gewährleistet,....“

[236] *Crome,* System des Deutschen Bürgerlichen Rechts, I, § 13, S. 66 f. nennt Vorschriften, die die unbestimmte Formulierung „aus wichtigen Gründen“, „nach den Umständen des Falles“, „unthunlich“, „die guten Sitten“ u.a. aufgenommen haben.

[237] *Crome,* System des Deutschen Bürgerlichen Rechts, I, § 11, S. 55 f. unter Hinweis auf Zitelmann, Die Gefahren des Bürgerlichen Gesetzbuchs für die Rechtswissenschaft, 1896.

[238] *Crome,* System des Deutschen Bürgerlichen Rechts, I, § 11, S. 55.

[239] Zu *Endemann* siehe S. 40 ff.

[240] *Crome,* System des Deutschen Bürgerlichen Rechts, I, § 13, S. 67 und Fn. 12 unter ausdrücklicher Ablehnung der Postion *Endemanns.*

bei *Endemann* deutlich, daß sich die Freiheit des Richters innerhalb einer „sozialen" Gesetzesanwendung bewegt. Gleichwohl betont seine Konzeption die Macht des Richters, innerhalb dieser Grenzen zwischen Sachverhalt und Norm zu vermitteln. Für *Crome* ist es gerade nicht der Richter, der den konkreten Rechtsinhalt entwickelt. Es sei vielmehr die Allgemeinheit, „die hier Recht setzt, welches der Richter nur wie stets anzuwenden hat"[241]. Diese Aussage macht unmißverständlich deutlich, daß sich ihm das Verfahren der Konkretisierung ausfüllungsbedürftiger Rechtsbegriffe genauso darstellt, wie die richterliche Rechtsanwendung in Fällen der Auslegung und Analogie. Die Hauptsache, worauf es hierbei ankomme, so *Crome*, sei die richtige Subsumtion des Falles unter eine passende Rechtsvorschrift.[242] Der Anteil schöpferischen Schaffens schon bei der Herstellung der Entscheidungsnorm, wie er noch bei *Endemann* anklang, wird nunmehr von *Crome* unter Hinweis auf einen Vernunftschluß des Richters geleugnet.

Ein „Recht der Billigkeit und materiellen (nicht bloß formalen) Gerechtigkeit" sieht *Crome* auch im Grundsatz von Treu und Glauben, der die Rechtsordnung beherrsche, verwirklicht.[243] Einen Raum für persönliche Gerechtigkeitsvorstellungen eröffnet dieses Prinzip gleichwohl nicht: „Was ‚Treu und Glauben' ist, entnehmen wir dem *inneren*, in unserer sittlichen Überzeugung beruhenden Gesetz."[244] Dieser abstrakte, a priori gegebene Maßstab des „wahrhaft Edlen und Guten" wird zu einer nach Zeit und Ort verschiedenen, relativen Größe, sobald eine Rücksichtnahme auf die Verkehrssitte gesetzlich angeordnet ist.[245]

Während also elastischen, je nach den Umständen eines wechselnden Inhalts fähigen Rechtsnormen[246] die Aufgabe zuteil wird, einer sozialen Rechtsauffassung zum Durchbruch zu verhelfen, verweist *Crome* im übrigen auf die traditionellen methodologischen Denkfiguren der Auslegung und Analogie.

Ziel der Auslegung ist es, „den Willen des Gesetzes und seinen Inhalt im ganzen zu erforschen; also den Willen des Gesetzesgebers, soweit er in dem Gesetze seinen Ausdruck gefunden hat"[247]. Die Ausrichtung auf den „Willen

---

[241] *Crome*, System des Deutschen Bürgerlichen Rechts, I, § 13, S. 67.
[242] *Crome*, System des Deutschen Bürgerlichen Rechts, I, § 21, S. 106.
[243] *Crome*, System des Deutschen Bürgerlichen Rechts, I, § 13, S. 67.
[244] *Crome*, System des Deutschen Bürgerlichen Rechts, I, § 13, S. 67 Fn. 14 unter Hinweis auf Endemann (Hervorhebung im Original). Dieses nach *Kantschem* Vorbild konstruierte höchste Gebot der Sittlichkeit modifiziert *Crome*, ebd., § 13, S. 68 dahingehend, als das Prinzip von „Treu und Glauben mit Rücksicht auf die Verkehrssitte" nunmehr auch „die Handwerksmoral im gewöhnlichen Verkehr" berücksichtigen soll.
[245] *Crome*, System des Deutschen Bürgerlichen Rechts, I, § 13, S. 68.
[246] So die Definition von *Crome*, System des Deutschen Bürgerlichen Rechts, I, § 13, S. 69.
[247] *Crome*, System des Deutschen Bürgerlichen Rechts, I, § 20, S. 97.

des Gesetzgebers“ zeigt *Crome* zunächst als Anhänger der subjektiven Auslegungslehre, die sich um die Erkenntnis des historischen Gesetzgeberwillens bemühte.[248] Die intendierte enge Bindung des Rechtsanwenders an die konkrete historische Motivation des Autors modifiziert *Crome* jedoch dahingehend, daß der gesetzgeberische Wille im Gesetz selbst zum Ausdruck gekommen sein muß. So sei die sententia legis, nicht die sententia legislatoris zu erforschen.[249] *Crome* spricht in diesem Zusammenhang sogar von der Auslegung „nach dem Sinne“ des Gesetzes, die heutzutage als die Hauptaufgabe angesehen werde.[250] Eine solche Vorstellung könnte auf die objektive Auslegungslehre hindeuten, die das Gesetz als eine eigene, in den kulturellen Gesamtzusammenhang eingebettete, sinntragende Größe begreift und damit eine Reaktion auf veränderte Bedürfnisse möglich machte.[251] Die vorliegende Konzeption verlangt jedoch die Rückbindung der sententia legis an die im Gesetz zum Ausdruck gebrachte sententia legislatoris. Das Gesetz tritt sonach dem Verfasser nicht konsequent als ein vom Willen seines Urhebers losgelöstes „Neues, Drittes“[252] gegenüber. Kann *Crome* danach nicht als Vertreter der objektiven Auslegungslehre gelten, so sind objektivierende Tendenzen gleichwohl feststellbar.[253] Auch seine Argumentation um die Verwertbarkeit der Entstehungsgeschichte im Auslegungsverfahren, nach der die Materialien allenfalls einen unverbindlichen Ausdruck des Gesetzgeberwillens darstellen,[254] deutet auf eine, wenn auch nur annähernd so souveräne Stellung des Gesetzes gegenüber dem Gesetzgeberwillen hin, wie dies schon bei *Endemann*[255] ausgeprägt war.

Während die Auslegung auf die Ermittlung des Gesetzesinhalts abzielt, ermöglicht die Analogie bei *Crome* die Fortbildung desselben.[256] Sie kommt immer dann zur Anwendung, wenn die Rechtsordnung, die grundsätzlich lückenlos sei, dennoch keine auf den betreffenden Fall passende Vorschrift

---

[248] Im ersten Drittel des 19. Jahrhunderts bildete sich die subjektive Auslegungslehre heraus, die die Erforschung des Willens der historischen Gesetzgebungsorgane zum Interpretationsziel erklärte. Dazu *Schröder*, Gesetzesauslegung und Gesetzesumgehung, S. 36; zur „Paktentheorie“ siehe Schröder, ebd., S.36 unter Hinweis auf *Baden*, Zum Regelungsgehalt von Gesetzgebungsmaterialien, in: *Rödig* (Hrsg.), Studien zu einer Theorie der Gesetzgebung, 1976, S. 369-420.

[249] *Crome*, System des Deutschen Bürgerlichen Rechts, I, § 20, S. 97.

[250] *Crome*, System des Deutschen Bürgerlichen Rechts, I, § 20, S. 97.

[251] Zur objektiven Auslegungslehre siehe S. 38.

[252] *Kohler*, Zeitschrift für das Privat- und öffentliche Recht der Gegenwart 13 (1886), S. 3.

[253] Objektivierende Tendenzen weist *Schröder*, Gesetzesauslegung und Gesetzesumgehung, S. 32 ff. bereits für die Auslegungslehre Thibauts und Savignys nach.

[254] *Crome*, System des Deutschen Bürgerlichen Rechts, I, § 20, S. 101 f.

[255] Siehe S. 40 f.

[256] *Crome*, System des Deutschen Bürgerlichen Rechts, I, § 20, S. 103.

aufweise.[257] Hier habe der Richter seine Entscheidung nicht aus seinem subjektiven Empfinden, sondern aus dem Geist der Rechtsordnung abzuleiten. „Letztere soll sich da, wo sie Lücken zeigt, gewissermaßen selbst ergänzen."[258] Eine Rechtsordnung, die im Stande ist „sich zu ergänzen", erfährt somit eine systemimmanente Rechtsfortbildung, die den Anteil außerrechtlicher Aspekte ebenso leugnet wie den Anteil wertender Stellungnahmen des Rechtsanwenders.

### 3. Bernhard Windscheids[259] „ungedachter Gedanke des Gesetzgebers"

Die 8. Auflage des Lehrbuchs von *Windscheid/ Kipp* enthält sich, anders als die Darstellungen der genannten Autoren, jeglicher Äußerung über Wert und Gestaltung der Kodifikation.[260] Die unreflektierte[261] Übernahme des „Lehrbuches des Pandektenrechts" in die Zeit nach Inkrafttreten des BGB erschließt sich aus folgender Äußerung *Windscheids*: „Wenn irgend etwas sicher ist in menschlichen Dingen, so ist das sicher, daß die wissenschaftliche Bearbeitung des neuen Gesetzbuches anknüpfen wird an die Wissenschaft die vor demselben gewesen ist."[262] Nach *Windscheid* sei der wahre und volle Sinn der Sätze des Gesetzbuchs nur erfaßt durch Zurückgehen auf die Lehre der Pandektenwissenschaft. Dies sei nicht bloß wahr für die an Zahl weitaus überwiegenden Sätze, in denen der Gesetzgeber das vorhandene Recht in neuem Ausdruck reproduziere, sondern auch für die Sätze, in denen er in bewußtem Gegensatz zum vorhandenen Recht neues Recht aufstellen wollte,

---

[257] Lücken in diesem Sinne stellen sich beispielweise dann dar, wenn die Unklarheit nicht durch. ausdehnende oder einschränkende Interpretation zu heben seien. *Crome,* System des Deutschen Bürgerlichen Rechts, I, § 21, S. 106 Fn. 2.

[258] *Crome,* System des Deutschen Bürgerlichen Rechts, I, § 21, S. 106.

[259] Bernhard Windscheid (1817-1892) absolvierte sein rechtswissenschaftliches Studium in Berlin und Bonn. Zu seinen akademischen Lehrern gehörte u.a. Savigny. Neben seinen Professuren in Greifswald, München, Heidelberg und Leipzig war er maßgeblich an der Ausarbeitung des ersten Entwurfes des BGB als Kommissionsmitglied beteiligt. Sein Pandektenlehrbuch genoß in der zweiten Hälfte des 19. Jahrhunderts eine überragende Bedeutung in Wissenschaft und Praxis. Vgl. statt vieler *Kleinheyer/ Schröder*, Deutsche und Europäische Juristen aus neun Jahrhunderten, S. 442 ff.

[260] *Windscheid* hat sich bereits vorher explizit zum Gesetzbuch geäußert, vgl. *Windscheid,* Die geschichtliche Schule in der Rechtswissenschaft, in: Kleine Schriften, Reden und Rezensionen, II, S. 216 ff.

[261] Die Zusätze des Herausgebers *Kipp* sollen an gegebener Stelle Erörterung finden.

[262] *Windscheid/ Kipp*, Lehrbuch des Pandektenrechts, Vorrede des Herausgebers zur achten Auflage, S. IV.

weil auch dieses Recht gebildet sei mit den Begriffen der Lehre, in denen er erzogen worden sei. Indem das Bürgerliche Gesetzbuch als eine Stufe in der Entwicklung aufgefaßt wird, es zugleich Teil der Rechtsgegenwart, der Rechtsvergangenheit und Rechtszukunft ist, ist es notwendig lückenhaft. Der Wissenschaft obliege es, seinen Inhalt zu erkennen und zur Anwendung zu bringen. Bereits in seiner Rektoratsrede 1884 anläßlich des Rektoratswechsels an der Universität Leipzig ruft *Windscheid* zu einer praktischen Wissenschaft auf, die an der Interessen- und Bedürfnisbefriedigung mitwirkt. So sei es schön, sich im Äther reiner Erkenntnis zu wiegen; es sei schöner, für das Wohl der Menschheit zu arbeiten.[263] *Windscheid* fordert eine „gründliche und lebendige Jurisprudenz" und verweist hierfür explizit auf seine Lehre vom „ungedachten Gedanken des Gesetzgebers".[264]

Diese Lehre ist Teil einer Gesamtkonzeption, die zwischen „höherer" und „niederer" Auslegung unterscheidet,[265] im Grunde aber denjenigen Gesetzessinn zu erforschen habe, den der Gesetzgeber „mit den von ihm gebrauchten Worten verbunden hat"[266]. Erkenntnismittel jenes Gesetzgeberwillens, den *Windscheid* als Vertreter der subjektiven Auslegungslehre zeigt, sind neben der grammatischen Auslegung die logische Auslegung, die dadurch charakterisiert sei, daß sie über das durch Anwendung der Sprachgesetze gefundene Resultat hinausgehe.[267] So habe sich der Interpret in den damaligen Rechtszustand hineinzuversetzen. Zudem sei der legislatorische Zweck des

---

[263] *Windscheid*, Recht und Rechtswissenschaft, in: Kleine Schriften, Reden und Rezensionen, II, S. 437. Ders., Die geschichtliche Schule der Rechtswissenschaft, S. 52, in: Kleine Schriften, Reden und Rezensionen, II, S. 226: So sei für den Juristen ein reiches Maß von historischen und philologischen Kenntnissen zwingend, trotzdem er nicht zum Historiker oder Philologen avancieren dürfe. *Windscheid* führt hierfür den Begriff „Dogmaticist" ein, um ein Denken zu pointieren, daß sich in der Kenntnis historischer Zusammenhänge ergibt, den Blick für die Bedürfnisse des Lebens hingegen außer acht läßt.

[264] *Windscheid*, Die geschichtliche Schule in der Rechtswissenschaft, in: Kleine Schriften, Reden und Rezensionen, II, S. 224.

[265] *Windscheid/ Kipp*, Lehrbuch des Pandektenrechts, § 24, S. 93.

[266] *Windscheid/ Kipp*, Lehrbuch des Pandektenrechts, § 21, S. 82.

[267] *Windscheid/ Kipp*, Lehrbuch des Pandektenrechts, § 21, S. 86. Zum Grammatik-Logik-Schema in der Auslegungslehre des 19. Jahrhunderts *Ogorek*, Richterkönig oder Subsumtionsautomat, S. 102 ff., 368 f. Nach *Ogorek* war der Logikbegriff nicht als rein formale Ableitungslogik konzipiert. Hauptschauplatz freien Interpretationsermessens sei gerade die Kategorie der logischen Auslegung gewesen. Die Frage nach dem Sinn eines Gesetzes habe nach *Thibaut* eine Unterscheidung von voluntas legislatoris und ratio legis verlangt, wobei die ratio legis – Interpretation den Blick über einen Stabilitätsaspekt hinaus geöffnet habe zugunsten des Gesichtspunktes der Angemessenheit richterlicher Entscheidung.

Gesetzes zu erforschen.[268] Endlich sei auch auf den Wert des Resultats Rücksicht zu nehmen, „insofern nämlich angenommen werden kann, daß der Gesetzgeber eher etwas Bedeutendes und Angemessenes, als etwas Leeres und Unpassendes habe sagen wollen".[269] In letzter Konsequenz könne somit der unvollständige Ausdruck ergänzt und der unrichtige berichtigt werden.[270] Die Zulässigkeit ausdehnender und einschränkender Auslegung zur Erforschung des „wirklichen Gedankens" kann schon in der gemeinrechtlichen Lehre des frühen 19. Jahrhunderts nachgewiesen werden. Die ausdehnende Auslegung durfte aber, um vorliegend das Interpretationsmittel „Zweck des Gesetzes" herauszugreifen, bei *Savigny*[271] nur auf den nächsten Grund des Gesetzes gestützt werden. Solche Differenzierungen in zugelassene „specielle" und unzulässige „generelle" Gründe besorgen *Windscheid* nicht mehr. Dem Rechtsanwender, der sich anhand dieses Interpretationsmittels in die „Seele des Gesetzgebers"[272] hineinzudenken habe, wird ein vom konkreten historischen Gesetzgeber relativ emanzipierter, objektivierter Zugang gewährt.[273]

Dieser verdeckten richterlichen Gestaltungsmacht im Rahmen der „niederen Auslegung" stellt *Windscheid* die „höhere Auslegung" zur Seite, deren Leistungsfähigkeit er offen einer „gründlichen und lebendigen Jurisprudenz"[274] im Umgang mit dem Bürgerlichen Gesetzbuch nahelegt. Diese Auslegung habe nunmehr die Aufgabe, „hinter dem Sinne, welchen der Gesetzgeber hat ausdrücken wollen, dessen eigentlichen Gedanken hervorzuziehen". Es komme häufig vor, „daß der Gesetzgeber sich diesen Gedanken selbst nicht vollständig klar gemacht hat, daß er bei einer Erscheinungsform des Gedankens stehen geblieben ist, welche dessen wahren Gehalt nicht vollständig entspricht". Dann sei es die „höchste und edelste Aufgabe der Auslegung, in einem solchen Falle dem Gesetzgeber zu Hülfe zu kommen und dessen ausgedrücktem Willen gegenüber seinen eigentlichen zur Geltung zu

---

[268] Zur Frage terminologischer und inhaltlicher Übereinstimmungen zwischen Windscheids ratio legis – Interpretation und Jherings Zweck im Recht vgl. *Fikentscher*, Methoden des Rechts, III, S. 143.

[269] *Windscheid/ Kipp*, Lehrbuch des Pandektenrechts, § 21, S. 84.

[270] *Windscheid/ Kipp*, Lehrbuch des Pandektenrechts, § 21, S. 85.

[271] *Savigny*, System des heutigen römischen Rechts, I, § 34, S. 219. Danach stehe der „specielle" Grund des Gesetzes zu dessen Inhalt „in dem einfachen, rein logischen Verhältnis des Grundes zur Folge: dann erscheint der Gesetzesgrund als identisch mit dem Inhalt". Bei einem „generellen" Grund hingegen liegen, so *Savigny*, Grund und Inhalt des Gesetzes weit auseinander. Der Grundsatz der aequitas sei danach nur ein genereller, mithin unzulässiger Grund. *Savigny*, ebd., § 34, S. 219 Fn. c. Vgl. *Schröder*, Gesetzesauslegung und Gesetzesumgehung, S. 17 ff., 23 f.

[272] *Windscheid/ Kipp*, Lehrbuch des Pandektenrechts, § 21, S. 83.

[273] Vgl. *Falk*, Ein Gelehrter wie Windscheid, S. 142 ff.

[274] *Windscheid*, Die geschichtliche Schule in der Rechtswissenschaft, S. 50, in: Kleine Schriften, Reden und Rezensionen, II, S. 224.

bringen".[275] Nach *Windscheid* steht diese weite Interpretationsmacht, die noch *Savigny*[276] ausdrücklich verworfen hatte, im Einklang mit der Lehre von der voluntas legislatoris, denn „sie spricht nur aus, was derselbe selbst ausgesprochen haben würde, wenn er auf die Punkte, welche er sich nicht zum Bewußtsein gebracht hat, aufmerksam geworden wäre".[277] Das Abstellen auf eine spekulative Vernunft des Gesetzgebers eröffnet richterliche Handlungsspielräume, die *Windscheid* ausdrücklich in Form der Abänderung und Einschränkung des gesetzgeberischen Gedankens begrüßt. Gleichwohl sei das so gefundene Recht keinesfalls als neu erzeugtes gedacht. Auch hier handele es sich um Auslegung,[278] gleichsam Rechtsanwendung: „...es (das wirkliche Recht - S.H.) war schon früher vorhanden, es ist nur aufgedeckt worden."[279]

Auch im Falle von Lücken komme es darauf an, den eigentlichen Gedanken des Rechtsganzen zu erkennen, wie es sich zuvor um den eigentlichen Gedanken des einzelnen Rechtssatzes handelte.[280] *Windscheid* verweist in diesem Zusammenhang auf den Geist des Rechtsganzen, den es zu ergründen gelte. *Kipp*, einer der späteren Präsidenten des Vereins „Recht und Wirtschaft", führte das Lehrbuch nach dem Tode *Windscheids* in der 8. Auflage fort und fügt an dieser Stelle ein, daß Entscheidungen, die die Rechtsordnung selbst nicht gebe, aus demjenigen zu schöpfen seien, was im Verkehr als billig und gerecht angesehen werde. Zwar sei einer solchen Entscheidung Objektivität inhärent, eben weil beinahe alle Klagen actiones bonae fidei seien, in bestimmten Fällen sei der Richter jedoch auf seinen eigenen Gerechtigkeitssinn angewiesen.[281] Im Gegensatz dazu fordert *Windscheid* eine ausschließlich regelgeleitete Erforschung des Inhalts des positiven Rechts, die dem Rechtsanwender eine über den unmittelbaren Inhalt hinausgehende „unentbehrliche Freiheit der Bewegung" beläßt. Eine Entscheidung

---

[275] *Windscheid/ Kipp*, Lehrbuch des Pandektenrechts, § 22, S. 86. Vgl. *Savigny*, System des heutigen römischen Rechts, I, S. 321, 322, nach dem sich derjenige, der „nicht den bloßen Buchstaben, ..., sondern den wirklichen Inhalt desselben zu verbessern unternimmt", über den Gesetzgeber stelle.

[276] *Savigny*, System des heutigen römischen Rechts, I, § 37, S. 238 f.: „Denn diese Behandlung trägt schon ganz den Charakter einer von der Auslegung verschiedenen Fortbildung des Rechts an sich, da wir nicht fragen, was in dem Gedanken des Gesetzes enthalten ist, sondern was in denselben consequenterweise hätte aufgenommen werden müssen, wenn sich der Gesetzgeber dieses klar gemacht hätte."

[277] *Windscheid/ Kipp*, Lehrbuch des Pandektenrechts, § 22, S. 86. Vgl. die Kritik von *Dernburg*, Pandekten, I, S. 79 Fn. 11 an der von *Windscheid* auch weiterhin fixierten subjektiven Auslegungslehre.

[278] *Windscheid/ Kipp*, Lehrbuch des Pandektenrechts, § 22, S. 88.

[279] *Windscheid/ Kipp*, Lehrbuch des Pandektenrechts, § 16, S. 74 Fn. 8.

[280] *Windscheid/ Kipp*, Lehrbuch des Pandektenrechts, § 23, S. 90.

[281] *Windscheid/ Kipp*, Lehrbuch des Pandektenrechts, § 23, S. 92.

ausschließlich aus Billigkeitsaspekten wird mit dem Hinweis auf ein bloßes Idealrecht abgelehnt.[282] Nur hier also, in der Anerkennung eines nach dem Ideal der Billigkeit strebenden Rechts, treffen sich beide Ansichten.[283] *Kipp* betont demgegenüber, daß die aequitas nicht ausschließlich in der Anwendung, namentlich der Auslegung des geltenden Rechts, zum Ausdruck kommen, sondern vor allem dem Ziel der Rechtsfortbildung i.S. einer Anpassung des Gesetzes an den bürgerlichen Verkehr dienen soll.[284] Wie diese Anpassung rechtsmethodisch erfolgen soll, wird von *Kipp* nur insofern beantwortet, als sich die Fortbildung des Rechts über die bona fides als subsidiäre Rechtsquelle vollzieht.[285] Das so gefundene Recht wird, wenn es allgemeine Anerkennung erfährt, zu von Juristen durchgesetztem Gewohnheitsrecht.[286] Auch macht sich *Kipp* jene Auffassung zu eigen, die den Einfluß wertender Gesichtspunkte im Rechtsanwendungsprozeß anerkennt.[287] Unter Hinweis auf *Hartmann*, der vom Aequitätsprinzip als vom „wahren inneren", mithin nicht ausschließlich kraft Wissenschaftlichkeit legitimierten Recht spricht, sei der Richter keineswegs nur dazu berufen, gegebene Tatbestände unter juristische Regeln logisch zu subsumieren. Gerade auch das Finden und Fertigstellen der juristischen Regel angesichts des konkreten Tatbestandes seien freie geistige Operationen, wie die des Gesetzgebers beim Finden und Fertigstellen der Regel in abstracto.[288]

## 4. Zusammenfassung

### *a. Methode*

Für die in der Lehrbuchliteratur überwiegend vertretenen Methodenkonzeptionen dient das Bürgerliche Gesetzbuch als argumentativer Anknüpfungspunkt einer „sozialen Weiterarbeit" durch Methode, die den gegenwärtigen Bedürfnissen Rechnung zu tragen habe.

*Windscheids* Lehre vom „ungedachten Gedanken des Gesetzgebers" setzt zunächst auf ein tradiertes Argumentationsmuster der gemeinrechtlichen

---

[282] *Windscheid/ Kipp*, Lehrbuch des Pandektenrechts, § 28, S. 102 und Fn. 4.
[283] *Windscheid/ Kipp*, Lehrbuch des Pandektenrechts, § 28, S. 101, 103 Fn. 5.
[284] *Windscheid/ Kipp*, Lehrbuch des Pandektenrechts, § 28, S. 102 Fn. 4.
[285] *Windscheid/ Kipp*, Lehrbuch des Pandektenrechts, § 23, S. 92 Fn. 1 b.
[286] *Windscheid/ Kipp*, Lehrbuch des Pandektenrechts, § 28, S. 102 Fn. 4, S. 90 Fn. 8.
[287] Siehe zu *Rümelin*, S. 22.
[288] *Windscheid/ Kipp*, Lehrbuch des Pandektenrechts, § 28, S. 102 Fn. 4 unter Hinweis auf *Hartmann*, AcP 73 (1888), S. 312 ff.

Lehre - die Interpretation eines Rechtssatzes, die den Gesetzgeberwillen nachzuvollziehen hat. Diese tendenziell enge Bindung des Rechtsanwenders an das Gesetz wird aber durch die Konzeption eines hypothetischen Gesetzgeberwillen anstelle des historisch belegten Willens gelockert. Der richterliche Urteilsspielraum, der sich hier eröffnet, ist erkenntnistheoretisch weiterhin als Rechtsanwendungsverfahren latenten Rechts ausgestaltet.

Jenen Raum „unentbehrliche(r) Freiheit der Bewegung“[289] finden *Endemann* und *Crome* dagegen nicht mittels Auslegung eines jeden Rechtssatzes. Das methodologische Instrumentarium für eine an realen Bedürfnissen orientierte Rechtsfindung bilden bei ihnen vielmehr elastische Rechtssätze. Hier soll dem Richter eine Urteilsfindung nach Gesichtspunkten der Billigkeit und materiellen, „nicht blos formalen“[290] Gerechtigkeit möglich sein. Die Legitimationsgrundlage für eine solche weite richterliche Gestaltungsmacht, die als „frei“, bei *Endemann* sogar als „schöpferisch“ beschrieben wird, bildet die den Normen inhärente gesetzgeberische Delegation. Damit gestaltet sich der Rechtsfindungsprozeß weiterhin als Erkenntnisprozeß, in welchem der Rechtsanwender latente Keime mittels objektiver Vernunft zu entdecken hat. Dennoch wird bei *Endemann* das Bewußtsein offen artikuliert, der anzuwendende Rechtssatz konstituiere sich im Hinblick auf den konkreten Lebenssachverhalt durch ein freies richterliches Ermessen. Jedenfalls deutet seine Konzeption einen dahingehenden richterlichen Wertungshorizont an. Rechtsfindung ist bei ihm weniger Erkennen des Gesetzessinns, als Agieren und Reagieren.

Schon für das Verfahren der grammatisch – logischen Auslegung sind Ansätze nachweisbar, die einer zeitgemäßen Rechtspflege das Wort reden. So konnte festgestellt werden, daß bereits *Windscheids* „niedere“ Auslegung wie auch die sententia legis – Argumentation *Cromes* objektivierende Tendenzen beinhalten. *Endemann* erwies sich sogar als Vertreter der objektiven Lehre, die den Rechtsanwender ausdrücklich vom Gedankenkreis des historischen Gesetzgebers emanzipiert. Das Auslegungsverfahren gestaltet sich jedoch auch für seine „selbstbewußte Auslegung“ weiterhin als Erkenntnis latenten, vom urteilenden Subjekt unabhängigen Gesetzesinhalts.

---

[289] *Windscheid/ Kipp*, Lehrbuch des Pandektenrechts, § 28, S. 102 Fn. 4.

### *b. Lücken*

Die Lückenfrage hat in der Lehrbuchliteratur noch keine wirkliche rechtsmethodische Problematik inne. Einig ist man sich, daß das Gesetz notwendig, indes nicht planmäßig lückenhaft ist.[291] Die Frage, wann von einer Lücke gesprochen werden kann, wird aber nicht gestellt.[292] Die Lehrbücher bedienen sich neben einer gewohnheitsrechtlichen Lückenschließung, die jedoch nur in Ausnahmefällen eingreifen soll,[293] der Analogie. Diese hat die Aufgabe, durch sinngemäße Anwendung von Normen die fehlende Bestimmung, die Lücke, aus dem Geist des Rechtsganzen zu ergänzen. Was das Wesen einer Lücke ausmacht wird nur insofern beantwortet, als immer dann, wenn eine Unklarheit nicht im Wege der Auslegung zu beheben ist, die analoge Anwendung eines anderen Rechtssatzes oder eine Gesamtanalogie stattfindet. Einig ist man sich auch dahingehend, daß die Analogie das Gesetz fortbildet, die Vorschrift dabei aus der objektiven Rechtsordnung entnommen wird.[294] Auch wenn etwa *Crome*[295] den Schwerpunkt der richterlichen Entscheidungsfindung in der Auffindung der Entscheidungsnorm sieht, wird von einem schöpferischen Akt des Rechtsanwenders gleichwohl nicht ausgegangen. Auch bei *Windscheid* reiht sich die Denkfigur der Analogie in das Gesamtkonzept eines latenten Gesetzesinhalts ein, gleichwohl er die interpretative Freiheit des Rechtsanwenders hinsichtlich eines hypothetischen Gesetzgeberwillens ohne weiteres auf die Denkfigur der Rechtsanalogie übertragen will.[296]

*Kipp* geht einen anderen Weg. Er verweist auf Fälle, „in denen auch bei sachgemäßer Entwickelung der Consequenzen in ihr ausgesprochener Sätze und sachgemäßer Handhabung der Analogie“ die Rechtsordnung eine Entscheidung nicht gibt und läßt eine Entscheidungsfindung unmittelbar aus

---

[290] *Crome*, System des Deutschen Bürgerlichen Rechts, I, § 13, S. 67.

[291] Siehe z.B. *Crome*, System des Deutschen Bürgerlichen Rechts, I, § 21, S. 106, 107, nach dem die Rechtsordnung grundsätzlich lückenlos ist, dem Gesetzgeber es gleichwohl niemals gelingen wird, die ganze Vielgestaltigkeit des Lebens in seine Paragraphen einzufangen.

[292] So der Befund von *Zitelmann*, Lücken im Recht, in: *Gängel/ Mollnau*, Gesetzesbindung und Richterfreiheit, S. 38.

[293] *Endemann*, Einführung in das Studium des Bürgerlichen Gesetzbuchs, § 12, S. 52 und Fn. 6; *Crome*, System des Deutschen Bürgerlichen Rechts, I, § 17, S. 85; *Windscheid/ Kipp*, Lehrbuch des Pandektenrechts, § 15, S. 67 und Fn. 4.

[294] *Endemann*, Einführung in das Studium des Bürgerlichen Gesetzbuchs, § 10, S. 46; *Crome*, System des Deutschen Bürgerlichen Rechts, I, § 20, S. 103.

[295] *Crome*, System des Deutschen Bürgerlichen Rechts, I, § 21, S. 16 f.

[296] *Windscheid/ Kipp*, Lehrbuch des Pandektenrechts, § 23, S. 90 f.; vgl. *Falk*, Ein Gelehrter wie Windscheid, S. 156 f.

Billigkeitsaspekten folgen.[297] Nicht eine besondere gesetzgeberische Delegation ist Ausdruck und Legitimation der Ergänzungsbedürftigkeit des Gesetzes, sondern das Prinzip der bona fides, das das gesamte Recht umspannt. Doch auch diese Entscheidungsquelle schöpft aus einer objektiven, allgemeinen Vernunft, die der Rechtsanwender letztlich nur auszusprechen hat. Darüber hinaus weist *Kipp* unmißverständlich auf Fallgestaltungen hin, in denen eine Entscheidung nur auf den subjektiven Gerechtigkeitssinn des Richters zurückgeführt werden könne. Die Existenz richterlicher Wertungen im Prozeß der Urteilsfindung kommt bei den bisherigen Diskutanten, bei denen selbst die Ausfüllung von Gesetzeslücken als Vollzug des Gesetzes ausgestaltet war, in dieser Offenheit nicht zum Ausdruck. Es ist die Deutlichkeit dieser Aussage, die *Kipp* von den übrigen Lehrbuchautoren abhebt.[298]

### c. *Richterrecht*

So verwundert es nicht, daß Richterrecht, die Frage also, ob der Richter selbst Recht setzen kann, von keinem der Autoren auch nur annähernd problematisiert wird. Im Zuge der Kodifikation des bürgerlichen Rechts scheinen die bereits dargelegten Richterrechtskonzepte[299] an Einfluß verloren zu haben. Durchweg besteht Einigkeit darin, daß ein solches durch die Praxis gefundene Recht gewohnheitsrechtlicher Anerkennung bedarf, um Normqualität zu besitzen. Während dem Gewohnheitsrecht zugleich Rechtsproduktion als auch Rechtsquellencharakter zukommt, hat das wissenschaftlich gefundene Recht eine ausdrücklich rechtsgestaltende Funktion, als Rechtsquelle operiert es jedoch nicht.[300] Hierfür agiert weiterhin das Gewohnheitsrecht, das den Gerichtsgebrauch als eine Form des Gewohnheitsrechts zur selbständigen Rechtsquelle erhebt.[301]

---

[297] *Kipp* in *Windscheid/ Kipp*, Lehrbuch des Pandektenrechts, S. 91 f.

[298] Eine konzeptionelle Einbindung wertender Gesichtspunkte in eine Methode der Rechtsfindung findet sich bei *Kipp* gleichwohl nicht.

[299] Siehe S. 30 f.

[300] Eine Ursache dieser Rückbesinnung auf Gesetz und Gewohnheitsrecht als einzige Rechtsquellen liegt wohl vornehmlich in dem Konflikt zwischen richterlichem Rechtsverweigerungsverbot und fehlender, verfassungsrechtlich abgesicherter Legitimation von Richterrecht. Vgl. *Schröder*, Rechtstheorie 19 (1988), S. 336, 347 ff.; zur normativen Situation siehe S. 32 ff.

[301] Bei *Savigny* erhält das Gewohnheitsrecht eine überragende Stellung gegenüber den Rechtsquellen Gesetz und Wissenschaft, schöpft es doch seinen Geltungsgrund selbständig aus einem inneren Rechtsbewußtsein des Volkes, ist gleichsam unmittelbarer Ausdruck des Volksgeistes. *Savigny*, System des heutigen römischen Rechts, S. 34 ff. Im 19. Jahrhundert

Die Kritik, die vormals *Jhering* an der begriffsjuristischen Methode übte und damit ein Reservoir häufig verwendeter Argumente in die Methodendebatte einbrachte, findet sich in der Lehrbuchliteratur nur angedeutet. Gleichwohl wird im Ergebnis eine „gründliche und lebendige Jurisprudenz“[302] gefordert, die „wahrer Wohlfahrt“[303] zu dienen und ein „Recht der Billigkeit und des sozialen Ausgleichs“[304] zum Durchbruch zu verhelfen habe. Diese Gemeinsamkeit in der Zielstellung setzt sich trotz der im einzelnen so unterschiedlichen Methodenlehren im Grunde auch im methodologischen Rüstzeug fort. Es ist der gemeinsame Versuch, den (neuen) Anforderungen an eine gegenwartsbezogene Rechtsanwendung durch traditionelle Mechanismen der Interpretation von Rechtssätzen gerecht zu werden. Auch wenn das Verfahren der Auslegung den hypothetischen Gesetzgeberwillen nachzuvollziehen oder den Inhalt unbestimmter Rechtsbegriffe aufzudecken hatte, die Entscheidungsfindung also weiterhin als Vollzug des Gesetzes ausgestaltet war,[305] offenbaren diese Konzeptionen eine tendenziell selbstbewußte Stellung des Richters zum Gesetz. Eine ausdrücklich propagierte methodologische Neuorientierung, wie sie nach 1900 von zahlreichen Diskutanten der „Reformbewegung“ gefordert und praktiziert werden wird,[306] findet sich vorliegend jedoch nicht.[307]

---

erfährt diese Lehre eine Zurückdrängung insoweit, als das Richterrecht im Zuge der Kodifikationsbewegung nun einer gesetzgeberischen Legitimation bedarf. Vgl. Fn. 137; weiterführend auch *Jakobs*, Wissenschaft und Gesetzgebung im bürgerlichen Recht, S. 63 ff., 76.

[302] *Windscheid*, Die geschichtliche Schule in der Rechtswissenschaft, in: Kleine Schriften, Reden und Rezensionen, II, S. 224.

[303] *Endemann*, Einführung in das Studium des Bürgerlichen Gesetzbuchs, § 11, S. 46.

[304] *Crome*, System des Deutschen Bürgerlichen Rechts, I, § 11, S. 55.

[305] Eine Ausnahme bildet hier nur *Endemanns* Konzeption eines „freien richterlichen Ermessens“, siehe S. 40 f.

[306] Siehe dazu S. 54 ff.

[307] Nur in dieser Richtung ist *Bucher*, Was ist Begriffsjurisprudenz?, in *Krawietz*, Theorie und Technik der Begriffsjurisprudenz, S. 375 zuzustimmen, der eine bewußte methodische Neuorientierung in der von der Pandektistik geprägten Wissenschaft nach 1900 verneint. Dieser Ansicht kann vorliegend nur insoweit gefolgt werden, als die Denkmuster der Pandektenlehre – Interpretation, Analogie – meist übernommen wurden. Ihre im Kern objektivierenden Tendenzen dürfen aber nicht unberücksichtigt bleiben. Vgl. *Schröder*, Gesetzesauslegung und Gesetzesumgehung, S. 106 f.

## II. 1902 – Rudolf Stammler[308] und die Lehre vom richtigen Recht

Wenn *Radbruch* 1905 von „Stammlers Weckruf"[309] spricht, der vielfach Widerhall gefunden habe und zugleich konstatiert, daß der Kampf gegen den Positivismus[310] in der Rechtswissenschaft entbrannt sei, so ist zunächst ein Begriff eingeführt, der kurzer Erklärung bedarf. *Radbruch* - und hier befindet er sich im Einklang mit *Jherings*[311] kritischen Äußerungen zur herkömmlichen Rechtsfindungsmethode - versteht darunter „diejenige Richtung in der Rechtswissenschaft, die aus positivem Recht mit rein intellektuellen Mitteln ohne eigene Wertung die Antwort auf jede juristische Frage finden zu können meint"[312] und bezeichnet die hier angesprochene Problematik als die „heute brennendste *rechtsphilosophische* Frage"[313]. In der zeitgenössischen Literatur

---

[308] Rudolf Stammler (1856-1938) studierte Rechtswissenschaften in Leipzig und Gießen und wurde außerordentlicher Professor in Marburg, später ordentlicher Professor in Gießen, Halle und Berlin. Seine Werke behandeln überwiegend rechtsphilosophische Themen, die Anfang des 20. Jahrhunderts zu einer Erneuerung der Rechtsphilosophie beitrugen und zugleich Grundlagen für die rechtsmethodische Debatte legten. Vgl. *Kleinheyer/ Schröder*, Deutsche und Europäische Juristen aus neun Jahrhundereten, S. 386 ff.

[309] Zitiert nach *Gängel/ Mollnau*, Gesetzesbindung und Richterfreiheit, S. 302 unter Hinweis auf *Radbruch* in ZStW 25 (1905), S. 252.

[310] Der heutige Gebrauch des Positivismusbegriffs ist sowohl in seiner Eigenschaft als Geistesströmung als auch als Methodenprogramm ambivalent. Vgl. *Fikentscher,* Methoden des Rechts, III, S. 295 f. unter Hinweis auf *Wieacker*, Privatrechtsgeschichte der Neuzeit, S. 588 und *Larenz*, Methodenlehre der Rechtswissenschaft, S. 89 f.; *Schröder,* Rechtstheorie 19 (1988), S. 333, unter Hinweis auf *Kübler*, AcP 162 (1963), S. 108; *Ott*, Der Rechtspositivismus, S. 33 f., 116, der unter Hinweis auf die relativistische Tendenz des Positivismus die Einordnung der Begriffsjurisprudenz als positivistische Theorie ablehnt. Zur Abhängigkeit vom jeweiligen Definitionszusammenhang *Pauly*, Der Methodenwandel im deutschen Spätkonstitutionalismus, S. 75 Fn. 142.

[311] Zu *Jhering* siehe S. 20 ff.

[312] *Radbruch*, Vorschule der Rechtsphilosophie, S. 75, wobei die Definition um das Rechtschöpfungsverbot und das Rechtsverweigerungsverbot ergänzt und aus diesen Grundsätzen heraus erklärt wird. Aus dem Gesamtzusammenhang der Ausführungen *Radbruchs* ergibt sich, daß es ihm vornehmlich nicht um eine Kritik an unpraktischer Rechtsfindung geht. Der Mangel wertender Gesichtspunkte bei der Rechtsfindung ist mehr im Sinne eines geforderten Bekenntnisses zur richterlichen Rechtsschöpfung gemeint, die die Rechtsprechung schon immer betrieben habe. Dazu *Radbruch*, ebd., S. 76; ders., Archiv für Sozialwissenschaft und Sozialpolitik 22 (1906), S. 364 ff., 370: „Nur das aufrichtige Bekenntnis zur richterlichen Rechtsschöpfung vermag der ‚Entfremdung von Recht und Volk' abzuhelfen."

[313] *Radbruch*, ZStW 25 (1905), S. 253 (Hervorhebung nicht im Original).

wird die Konzeption *Stammlers*[314] auch im Hinblick auf einen philosophischen Neuanfang diskutiert und dem Neukantianismus zugeordnet, dessen Ansatz dahin ging, Gegenstand und Bedingungen der Aussagen über Sollenssätze formal zu bestimmen.[315]

Den Ausgangspunkt für *Stammlers* Lehre bildet die Unterscheidung zwischen technischer und theoretischer Rechtslehre. Die technische Rechtslehre sei um die Beherrschung der geschichtlich gegebenen Rechtsordnung bemüht und beschränke sich auf das „Erkennen des schon einmal Erkannten"[316]. Eine solche Erkenntnis sei aber in einem endlich begrenzten Stoff gefangen, der den „sachlichen Wert" des so gefundenen Inhalts nicht hinterfragt.[317] Die theoretische Rechtslehre habe dagegen aufzuzeigen, „in welcher Weise sich methodisch gesichert feststellen läßt, ob der Inhalt von bestimmten rechtlichen Satzungen *richtig* ist oder nicht; und welche andere Rechtsnorm statt dessen gerade in der besonderen Lage des gegebenen Falles der Forderung nach einer *objektiv begründeten* Anordnung entspricht"[318]. Für *Stammler* besteht die Aufgabe seiner theoretischen Rechtslehre somit darin, zu untersuchen, „unter welchen Bedingungen ein Rechtsinhalt das richtige Mittel zu rechtem Ziele sei".[319] Wenn, so der Verfasser, soziale oder wirtschaftliche Erscheinungen ohne äußere Regelung nicht gedacht werden können,[320] so bildet nur das geschichtlich gegebene Recht den Stoff seiner Lehre. Seine Konzeption baut auf der Unterscheidung von Stoff und Form auf und bestimmt deren Verhältnis als Unabhängigkeit der Bedingungen der Rechtserkenntnis von der konkreten Rechtsmaterie.[321] Das gesetzte Recht kann nur mittels bestimmter Formen des Denkens erfaßt werden; die Form erscheint somit als Bedingung des Stoffs.[322] *Stammler* geht es um eine reine

---

[314] Gemeint ist seine Schrift „Die Lehre von dem richtigen Rechte", 1902.

[315] Vgl. *Fikentscher*, Methoden des Rechts, III, S. 288; *Wieacker*, Privatrechtsgeschichte der Neuzeit, S. 587; *Coing*, Grundzüge der Rechtsphilosophie, S. 71.

[316] *Stammler*, Die Lehre von dem richtigen Rechte, S. 4 unter Hinweis auf *Böckh*, Encyclopädie und Methodologie der philologischen Wissenschaften, 1877, S. 10.

[317] *Stammler*, Die Lehre von dem richtigen Rechte, S. 13. *Stammler*, ebd., S. 7 spricht in diesem Zusammenhang von einer „formalistischen Gefahr": „Sobald einer nichts anderes gelernt hat, als nur Striche nach einem gegebenen Punkte zu ziehen, so wird er demjenigen beschränkt erscheinen, dessen Einsicht auf Geometrie überall geht." Daneben erwähnt *Stammler*, ebd., S. 34 auch die Tatsache, daß die herkömmliche Lehre in die Rechtsfindung auch wertende Gesichtspunkte hat einfließen lassen – dies allerdings nicht offen.

[318] *Stammler*, Die Lehre von dem richtigen Rechte, S. 14 (Hervorhebung im Original).

[319] *Stammler*, Die Lehre von dem richtigen Rechte, S.11.

[320] *Stammler*, Die Lehre von dem richtigen Rechte, S. 228 ff. Dieser Grundgedanke war auch Anlaß für *Stammlers* Werk, Wirtschaft und Recht nach der materialistischen Geschichtsauffassung, 1. Auflage, 1896. Vorliegend wird die 3. Auflage, 1914 zitiert.

[321] *Stammler*, Die Lehre von dem richtigen Rechte, S. 7 ff.

[322] Vgl. *Larenz*, Methodenlehre der Rechtswissenschaft, S. 86.

Wissenschaft, die in dieser Hinsicht „unbedingt ist und die Idee einer stofflich befreiten Vollkommenheit darstellt“[323], bei der die Durchdringung des „wirklichen Wollens“ nur als Vorstufe, mithin als „unumgängliche Bedingung des richtigen Rechts“ fungiert.[324] Im Gegensatz zu den Methodenkonzeptionen in der Lehrbuchliteratur bemüht sich *Stammler* also nicht um die Aufdeckung des Gesetzesinhalts. Die theoretische Rechtslehre geht über die technische insofern hinaus, als sie nicht nur den Inhalt rechtlicher Satzung erforscht, sondern diesen Inhalt einer kritischen Überprüfung auf seinen sachlichen Wert hin unterzieht. Richtiges Recht ist also ein „besonders geartetes gesetztes Recht“[325], ein Sollen, das es zu Erkennen gilt. Das Recht wird als „Zwangsversuch zum Richtigen“[326] hypostasiert, das auch die richterliche Rechtsfindung im Sinne des sachlich Gerechten leiten soll. Diese Methode muß, wenn sie einen Maßstab objektiver Richtigkeit abgeben will, selbst als eine allgemeingültige, unbedingte Art und Weise des Urteilens ausgestaltet sein. Das richtige Recht als zentrales Thema seiner Abhandlung sei dann dasjenige Recht, welches in einer besonderen Lage mit dem Grundgedanken des Rechts überhaupt zusammenstimme.[327] Diesen Grundgedanken erkennt *Stammler* im „Gedanken der ausgleichenden Gerechtigkeit“[328], den er als „soziales Ideal“[329] fixiert. Allgemeingültiges Element der Rechtssätze sei danach der Gedanke des Abwägens der Einzelwünsche im Sinne der Gemeinschaft nach den Grundsätzen des „Achtens“ und des „Teilnehmens“.[330]

Das richtige Recht ist allerdings nur im Falle von unbestimmten Rechtsbegriffen oder Lücken Maßstab zur Beurteilung des positiv gesetzten Rechts.[331] In beiden Fällen habe der Richter die Möglichkeit, den „richtigen“ Obersatz „in guter Erwägung“[332] zu finden. Ausgangspunkt der Subsumtion ist auch hier eine geschichtlich bedingte Norm („gute Sitten“, „Treu und Glauben“), die nach den Grundsätzen des Achtens und Teilnehmens unter

---

[323] *Stammler*, Die Lehre von dem richtigen Rechte, S. 5.
[324] *Stammler*, Die Lehre von dem richtigen Rechte, S. 15 f.
[325] *Stammler*, Die Lehre von dem richtigen Rechte, S. 22.
[326] *Stammler*, Die Bedeutung des deutschen bürgerlichen Gesetzbuches für den Fortschritt der Kultur, S. 36; ders., Die Lehre von dem richtigen Rechte, S. 27 ff.
[327] *Stammler*, Die Lehre von dem richtigen Rechte, S. 15.
[328] *Stammler*, Die Bedeutung des deutschen bürgerlichen Gesetzbuches für den Fortschritt der Kultur, S. 13.
[329] *Stammler*, Die Lehre von dem richtigen Rechte, S. 196 ff. konkretisiert dieses soziale Ideal als ein „Abwägen von Einzelzwecken nach einem Endzwecke der Gemeinschaft“.
[330] *Stammler*, Die Lehre von dem richtigen Rechte, S. 196, 208 ff.
[331] *Stammler*, Die Lehre von dem richtigen Rechte, S. 313; dazu *Larenz*, Methodenlehre der Rechtswissenschaft, S. 99, der die fehlende Bezugnahme auf die Rechtsidee bei der Auslegung des gesetzten Rechts damit begründet, daß *Stammlers* Rechtsidee nur als Beurteilungsmaßstab, nicht aber als konstitutives Element des positiven Rechts gedacht war.
[332] *Stammler*, Das gesamte Deutsche Recht, I, S. 77.

möglichen anderen Rechtssätzen als Obersatz ausgewählt wurde: „Das Aufsuchen und Feststellen des richtigen Rechtes muß nach der grundlegenden Gesetzmäßigkeit der rechtlichen Ordnung überhaupt für den angezweifelten Fall geschehen. Denn nicht eine Norm von eigenem Stoffe in besonderem empirischen Bestande will das richtige Recht sein, sondern nur ein Recht mit bestimmter formaler Eigenschaft."[333] Ähnlich gestaltet sich die Rechtsfindung bei Lücken im Recht. Ausgehend von der Prämissen, daß der Inhalt jeden Rechts notwendig begrenzt ist, auch eine Analogie im Rahmen der technischen Lehre nicht in jedem Fall zu einem Ergebnis führen kann, „ist die geforderte Norm im Sinne des richtigen Rechtes zu suchen", das Recht nur auf Grund dessen lückenlos.[334]

Zusammenfassend ist festzustellen, daß „Stammlers Weckruf", wie ihn *Radbruch* für die Methodendebatte zu Beginn des 20. Jahrhunderts zeichnet, gerade nicht für die Integration überpositiver Werturteile in die Rechtsfindung streitet. Zwar wendet sich *Stammler* gegen eine Methode, die die Erkenntnis von dem, was Recht ist, ausschließlich aus dem gegebenen geschichtlichen Stoff ableiten zu können glaubte. Relativität der Rechtsordnung und eine damit verbundene teleologische Komponente in der Rechtsfindung werden ebenso festgestellt, wie eine daraus resultierende Lückenhaftigkeit gesetzten Rechts. Grundlegend verschieden von den bisherigen methodologischen Lösungsansätzen gestalten sich hingegen *Stammlers* Folgerungen. Die Einbeziehung von Werten in den Prozeß der Rechtsfindung baut gerade nicht, wie die bisherigen Lehren, auf eine interpretationsfähige und -offene Rechtsordnung. Das Anwendungsfeld seines wissenschaftlichen Programms (unbestimmte Rechtsbegriffe, Generalklauseln und Lücken) reiht sich freilich einem bereits bekannten Denkschema der Lehrbuchliteratur ein. Im Vordergrund steht jedoch die Erkenntnis des sachlich Richtigen im Prozeß der Entscheidungsfindung. Seiner formalen Methode kann Überpositivität jedenfalls nur in Form der Geltung der Bedingungen sachlicher Richtigkeit zugesprochen werden. Ein etwa in der naturrechtlichen Tradition stehendes absolutes Recht, welches dem gesetzten Recht gegenübergestellt würde, anerkennt *Stammler* nicht.[335] Den Inhalt dessen also, was richtiges Recht sein soll, findet *Stammlers* Lehre, die nur die Bedingungen der Möglichkeit reiner Erkenntnis analysiert, im positiven Recht selbst.[336] Seine methodologische

[333] *Stammler*, Die Lehre von dem richtigen Rechte, S. 48.
[334] *Stammler*, Die Lehre von dem richtigen Rechte, S. 273.
[335] *Stammler*, Die Lehre von dem richtigen Rechte, S. 139, 175. Unzutreffend daher *Honsell*, Historische Argumente im Zivilrecht, S. 25.
[336] In diese Richtung geht die Kritik von *Kantorowicz*, ARW II (1908/ 1909), S. 62: „..., wenn ich auch hier ihm entgegenzutreten nicht umhin kann und behaupte, dass die Fragestellung nach dem ‚Objektiven' im Reiche des Sollens auf einen keine Realität besitzenden Gegenstand geht."

Lösung steht damit der im 19. Jahrhundert, vor allem von *Jhering* in Opposition zur herrschenden Lehre entwickelten Zweckjurisprudenz insoweit entgegen, als letztere Recht nur dann als Recht gelten lassen will, wenn es gesellschaftliche Zwecke erfüllt. Zwar setzt *Stammler* die Zweckgerichtetheit rechtlicher Regelungen ebenso voraus wie den weiteren Schluß, der normativen Satzungen die Eigenschaft eines Mittels zu „rechtem Ziele" verleiht. Eine empirische, auf das Sein gerichtete Methode verfolgte *Stammler* aber nicht.[337] Die Kluft zwischen empirisch bedingtem, mithin begrenztem Recht und realen Bedürfnissen soll mittels einer Objektivität verbürgenden Methode überwunden werden, die deren Verhältnis nicht als Wechselwirkung begreift. Konkrete Zwecke, wie etwa wirtschaftliche Tendenzen, existieren nicht a priori, sondern setzen eine äußere Regelung voraus, die der Rechtsanwender als sachgemäß erst erkennt. Zwecke sind gleichsam gedankliche, bedingte Einheiten, die *einem* Maßstab unterworfen werden.[338] So ist es nach *Stammler* „methodisch nicht angängig, wiederum das Recht als ein selbständiges Wesen zu einem gewählten Eingreifen vorzustellen."[339] Eine bedingungslos dienende Funktion des Rechts wird abgelehnt. „Sonderzwecke des Wünschens und Strebens", wie eine bestimmte, wenn auch allgemein akzeptierte ökonomische Entwicklung[340] oder der Gesichtspunkt der praktischen Brauchbarkeit[341] stellen keine leitenden Grundsätze für die Entscheidungsfindung. Auch ein freies richterliches Ermessen, der je subjektive Gerechtigkeitssinn des Urteilenden können keinen Maßstab richtigen Rechts abgeben. Ein objektiv richtiges Urteil sei ein „Wahrspruch", nicht ein „persönlicher Entscheid".[342]

Seine metaphysische[343] Betrachtung, die er selbst als „sozialen Idealismus"[344] verstanden wissen will, integriert somit Begriffe wie Interesse, Bedürfnis, Billigkeit, Angemessenheit als gedankliche Elemente in das Recht selbst. Damit war es möglich, den Einfluß empirisch bedingter Phänomene, entgegen einer im Vordringen befindlichen Ansicht, zu relativieren und so zu einer „Verfeinerung des Gerechtigkeitsgewissens"[345] beizutragen. Nicht reale Interessen, gleichsam Kausalfaktoren leiten die Rechtsfindung, sondern

---

[337] Vgl. *Larenz*, Methodenlehre der Rechtswissenschaft, S. 87.
[338] *Stammler*, Die Lehre von dem richtigen Rechte, S. 184 (Hervorhebung im Original).
[339] *Stammler*, Die Lehre von dem richtigen Rechte, S. 605.
[340] *Stammler*, Die Lehre von dem richtigen Rechte, S. 196 f.
[341] *Stammler*, Die Lehre von dem richtigen Rechte, S. 16 f.
[342] *Stammler*, Die Lehre von dem richtigen Rechte, S. 160 ff., 162.
[343] Hier ist der Begriff der Metaphysik im Sinne Kantischer Erkenntniskritik gemeint.
[344] *Stammler*, Die Bedeutung des deutschen bürgerlichen Gesetzbuches für den Fortschritt der Kultur, S. 12.
[345] So die Einschätzung von *Reichel*, Gesetz und Richterspruch, S. 32.

Zwecke, die als Bewußtseinsinhalte nach der Idee des richtigen Rechts gerichtet werden.[346]

*Stammlers* Konzeption kann also als Beitrag innerhalb der Methodendiskussion nicht als antipositivistisch verstanden werden. Zwar fordert auch sie, wie gesehen, die Aufnahme überpositiver, mithin wertender und produktiver Aspekte in den Prozeß der Entscheidungsfindung. Diese Aspekte werden aber als dem gesetzten Recht inhärent angesehen, die mittels der formalen Methode erkannt werden können. Nur die Prämisse also, daß es formale, dem Bereich des Sollens entnommene Bedingungen sachlicher Richtigkeit gibt, kann als überpositive, weil transzendentale Erscheinung gedeutet werden. *Stammlers* Lehre beschreibt dann wohl eher einen „transzendentalen Positivismus".

## III. 1903 - Eugen Ehrlich[347] und die Methode der freien Rechtsfindung

Der von *Ehrlich* vor der juristischen Gesellschaft in Wien am 4. März 1903 gehaltene Vortrag „Freie Rechtsfindung und freie Rechtswissenschaft"[348] gilt in der zeitgenössischen wie in der heutigen Literatur als die Schrift, die der freirechtlichen Bewegung, die später durch deren Exponenten Kantorowicz, Fuchs u.a. in Erscheinung trat, ihren Namen und ihr Programm gegeben hat.[349] An dieser Stelle soll nicht geklärt werden, ob Ehrlich tatsächlich als erster Vertreter der Freirechtsschule angesehen werden kann, zumal sich diese Bewegung in ihren Grundrichtungen und Methoden eher heterogen gestaltet.[350] Ziel ist vielmehr, das grundlegend Neue gegenüber den bisher formulierten methodologischen Überlegungen herauszuarbeiten, ohne eine Klassifizierung

---

[346] *Larenz,* Methodenlehre der Rechtswissenschaft, S. 92.

[347] Eugen Ehrlich (1862-1922) arbeitete nach Studium und akademischen Anfangsjahren als ordentlicher Professor für Römisches Recht in Czernowitz. Die „Tatsachen des Lebens", die Diskrepanz also zwischen Recht und Wirklichkeit, um die seine methodologischen Überlegungen konzentrisch kreisen, ließen ihn vor allem durch sein „Seminar für lebendes Recht" bekannt werden. Ehrlich galt als einer der Begründer der Rechtssoziologie. Vgl. *Heldrich* in: *Heinrichs/ Franzki/ Schmalz/ Stolleis,* Deutsche Juristen jüdischer Herkunft, S. 469 ff.

[348] *Ehrlich,* Freie Rechtsfindung und freie Rechtswissenschaft, in: *Rehbinder,* Recht und Leben, S. 170 – 202.

[349] Vgl. statt vieler *Reichel,* Gesetz und Richterspruch, S. 34 f.; *Fuchs,* JW 1919, S. 81; *Rehbinder,* Die Begründung der Rechtssoziologie durch Eugen Ehrlich, S. 21 f.; *Gängel/ Mollnau,* Gesetzesbindung und Richterfreiheit, S. 301.

[350] Vgl. *Kanigs,* 25 Jahre Freirechtsbewegung, S. 3 f.

der einzelnen Lehren etwa in Begriffsjurisprudenz, Interessenjurisprudenz und Freirecht vorzunehmen.

Der Vortrag enthält im wesentlichen drei Schwerpunkte, die sich jedoch jeweils nur als Ansätze einer noch zu entwickelnden Lehre erweisen: Grundlegung einer neuen Methode der Rechtsfindung, Begründung einer wirklichkeitsbezogenen, kausalwissenschaftlich erklärenden Wissenschaft vom Recht und Einordnung des Richterrechts als Rechtsquelle. Für die hier gestellte Frage nach methodologischen Lösungsvorschlägen einer den realen Bedürfnissen nicht entsprechend empfundenen Rechtsanwendungslehre interessiert ein neues Wissenschaftsverständnis nur insoweit, als es für die Rechtsfindungslehre selbst von Bedeutung ist. Ehrlich entwirft dafür das Bild einer Wissenschaft, „für die es nicht bloß darauf ankommt, was ein Rechtssatz bedeutet, sondern wie er lebt, wie er wirkt, wie er sich in verschiedenen Verhältnissen bricht, wie sie ihm ausweichen und wie er sie verfolgt“.[351] Diese neue „dynamische“ Wissenschaft zeigt Wirkungen von Rechtssätzen auf und kann dadurch, gleichsam rückwirkend Einfluß auf die Rechtspflege ausüben. Sie wird dadurch aber nicht zwingend zu einem Bestandteil einer Rechtsfindungslehre, zumal sich das jeweilige Erkenntnisinteresse unterschiedlich gestaltet. Während die Rechtsprechung, was noch zu zeigen sein wird, Resultante verschiedener auf den Richter einwirkender Kräfte ist, der Richter also Wertungen treffen muß, hat die Wissenschaft die Aufgabe, diese Bestrebungen auf ihren Ursprung, ihre Wirkung usw. zu prüfen, mithin ein Bild des Istzustandes zu entwerfen.[352] Auf das neue Wissenschaftsmodell braucht somit nicht näher eingegangen zu werden. Festzuhalten sei an dieser Stelle nur, daß *Ehrlichs* Methode der freien Rechtsfindung angesichts der Trennung von theoretischer, reiner Wissenschaft und empirisch beeinflußter praktischer Jurisprudenz nicht auf einem dogmatischen Wissenschaftsverständnis basiert, das nunmehr durch die Einbeziehung praktischer Erwägungen das Recht an die Bedürfnisse der Zeit anpassen soll.

Für *Ehrlich*, und insofern befindet er sich im Einklang mit den bereits aufgezeigten Lehren, bildet das Gesetz seiner Natur nach kein geschlossenes, vollständiges System abstrakter Rechtssätze.[353] Bereits in einer früheren Schrift „Über Lücken im Rechte“[354] hat *Ehrlich* dargelegt, daß das Recht bloß solche

[351] *Ehrlich*, Freie Rechtsfindung und freie Rechtswissenschaft, in: *Rehbinder*, Recht und Leben, S. 197.
[352] *Ehrlich*, Freie Rechtsfindung und freie Rechtswissenschaft, in: *Rehbinder*, Recht und Leben, S. 198.
[353] *Ehrlich*, Freie Rechtsfindung und freie Rechtswissenschaft, in: *Rehbinder*, Recht und Leben, S. 170.
[354] *Ehrlich*, Über Lücken im Rechte, in: *Rehbinder*, Recht und Leben, S. 80 – 169.

Verhältnisse erfassen kann, für welche es entstanden ist.[355] Das Gesetz ist gleichsam die Manifestation von Einzelentscheidungen, so daß dessen Anwendbarkeit auf den konkret zu beurteilenden Fall stets neu zu bestimmen ist.[356] Dieser methodische Ansatz widerspricht einer vorausgesetzten systematischen oder logischen Einheit des Rechts, die der Jurist nur noch aufzudecken hat. Der Grundsatz der Lückenlosigkeit der Rechtsordnung als ganzer wird damit aber nicht zurückgewiesen. Vorliegend wendet sich Ehrlich gegen eine „raffinierte juristische Technik", die es verstand, „durch eine Reihe von Fiktionen und Konstruktionen aus den römischen Rechtsbüchern das Recht abzuleiten, dessen die Rechtsprechung bedurfte, um die freie Rechtsfindung ganz zu verdrängen." So war das Lückenlosigkeitsdogma nie etwas anderes als ein „Scheingebilde der juristischen Technik".[357] *Ehrlich* will also eine Methode überwinden, die zwar der Rechtssicherheit, gleichsam einer sicheren, voraussehbaren und unparteiischen Rechtsfindung das Wort redet, die wahren Gründe im Prozeß der Entscheidungsfindung jedoch verschleiert.

Um nun *Ehrlichs* Konzept der „freien Rechtsfindung" darstellen zu können, müssen zunächst verschiedene argumentative Ansatzpunkte unterschieden werden. Zum einen macht Ehrlich deutlich, daß die herkömmliche Methode der Rechtsfindung gegenüber der freien Rechtsfindung insofern keine Vorteile hat, als die Ebene der Deutung der richterlichen Entscheidungstätigkeit betroffen ist.[358] Für ihn steht es fest, daß jede Anwendung einer allgemeinen Regel auf den einzelnen Fall als notwendig durch eine Persönlichkeit hindurch gehend charakterisiert werden muß,[359] der Ausleger eines Rechtssatzes in diesem Sinne nicht nur Erkennender, sondern auch als im Geist seiner Zeit Tätiger wahrzunehmen ist.[360] Eine dahingehende

---

[355] *Ehrlich*, Über Lücken im Rechte, in: *Rehbinder*, Recht und Leben, S. 86. Zugleich legt *Ehrlich*, ebd., S. 104 f. dar, daß Rechtsprechung und Lehre die Begriffe „Treu und Glauben", „Natur der Sache" u.ä. bewußt als Katalysator der Rechtsentwicklung benutzen. Mangels Rechtsnormcharakter dieser Begriffe wird insofern der eigene Anspruch, alles Recht aus dem System heraus zu finden, aufgegeben.

[356] *Ehrlich*, Freie Rechtsfindung und freie Rechtswissenschaft, in: *Rehbinder*, Recht und Leben, S. 174.

[357] *Ehrlich*, Freie Rechtsfindung und freie Rechtswissenschaft, in: *Rehbinder*, Recht und Leben, S. 176.

[358] *Ehrlich*, Freie Rechtsfindung und freie Rechtswissenschaft, in: *Rehbinder*, Recht und Leben, S. 172, 194 m.w.N.; ders., Die richterliche Rechtsfindung auf Grund des Rechtssatzes, in: *Rehbinder*, Recht und Leben, S. 251.

[359] *Ehrlich*, Freie Rechtsfindung und freie Rechtswissenschaft, in: *Rehbinder*, Recht und Leben, S. 194.

[360] *Ehrlich*, Freie Rechtsfindung und freie Rechtswissenschaft, in: *Rehbinder*, Recht und Leben, S. 177, 185.

Deutung sieht Ehrlich bereits als gesichertes Wissen seiner Zeit an.[361] Eine Rechtsanwendung ohne Rechtsschöpfung kann mit seiner Lehre ebensowenig begründet werden, wie eine exklusive Gleichsetzung der Termini „schöpferisch" und „freie Rechtsfindung".[362] Das, was *Ehrlich* als freie Rechtsfindung verstanden wissen will, ist vielmehr als Gegenpol zur Methode der interpretativen Rechtsanwendung zu begreifen, betrifft gleichsam eine andere Ebene. Freie Rechtsfindung ist danach eine Methodenlehre, die dann zum Tragen kommt, wenn sich Lücken im Recht zeigen. Argumentativer Anknüpfungspunkt ist § 1 des ersten Entwurfes des BGB. Hier wird auf Verhältnisse, für welche das Gesetz keine Vorschrift enthält, eine analoge Anwendung auf rechtsähnliche Verhältnisse bestimmt, ansonsten ist eine Entscheidung aus dem Geiste der Rechtsordnung zu fällen. Mit der Streichung dieser Bestimmung im zweiten Entwurf steht es für Ehrlich fest, daß Richter und Wissenschaft in der Ausfüllung von Lücken frei sind.[363] Lücken bestehen für *Ehrlich* immer dann, wenn keine bzw. eine unklare Regel, jedenfalls „unbestimmbare" Begriffe[364] im geltenden Recht existieren, die nicht im Wege der Auslegung zu schließen sind.[365] Als Beleg und Lösungsvorschlag zieht *Ehrlich* nunmehr Artikel 1 des Vorentwurfs des schweizerischen

---

[361] Vgl. *Ehrlich*, Freie Rechtsfindung und freie Rechtswissenschaft, in: *Rehbinder*, Recht und Leben, S. 187 unter Hinweis auf *Rümelin*, Werturteile und Willensentscheidungen im Civilrecht (1881), nach dem bei jeder Analogie und Konstruktion notwendig Werturteile mitwirken, die ein Ermessen des Richters im Hinblick auf die Angemessenheit des Ergebnisses ermöglichen. So sei es auch ein Mißverständnis, *Bülow*, Gesetz und Richteramt (1885) zu den Anhängern der freien Rechtsfindung zu zählen. Dieser habe nur versucht darzulegen, daß die richterliche Tätigkeit, selbst wenn sie in der bloßen Rechtsanwendung bestehe, schon ihrer Natur nach schöpferisch sei. *Ehrlich*, Freie Rechtsfindung und freie Rechtswissenschaft, in: *Rehbinder*, Recht und Leben, S. 172, 194; ders., Die richterliche Rechtsfindung auf Grund des Rechtssatzes, in: *Rehbinder*, Recht und Leben, S. 251.

[362] Entgegen *Rehbinder*, Die Begründung der Rechtssoziologie durch Eugen Ehrlich, S. 95 unter Hinweis auf *Ehrlich*, Die richterliche Rechtsfindung auf Grund des Rechtssatzes, in: *Rehbinder*, Recht und Leben, S. 236, der eine „Rechtsanwendung ohne Rechtsschöpfung" bei der Anwendbarkeit der historischen Auslegung gegeben sieht. Zur Unstetigkeit in den verwendeten Termini bei Ehrlich vgl. *Ehrlich*, Die Neuordnung der Gerichtsverfassung, in: *Rehbinder*, Gesetz und lebendes Recht, S. 177.

[363] *Ehrlich*, Freie Rechtsfindung und freie Rechtswissenschaft, in: *Rehbinder*, Recht und Leben, S. 190; vgl. *Mugdan*, Materialien, Vergleichende Gegenüberstellung, S. LII, 360 ff., 568 ff.

[364] *Ehrlich*, Freie Rechtsfindung und freie Rechtswissenschaft, in: *Rehbinder*, Recht und Leben, S. 191 nennt insoweit die Natur der Sache, die stillschweigende Willenserklärung, das Prinzip von Treu und Glauben, die Gewohnheit des Verkehrs.

[365] *Ehrlich*, Freie Rechtsfindung und freie Rechtswissenschaft, in: *Rehbinder*, Recht und Leben, S. 170 f., 187, 191. Vgl. *Ehrlich*, Die richterliche Rechtsfindung auf Grund des Rechtssatzes, in: *Rehbinder*, Recht und Leben, S. 219, in welcher *Ehrlich* den Wandel seines Lückenbegriffs im Hinblick auf seine Frühschrift „Über Lücken im Rechte" darlegt. Dieser Wandel kommt in der hier vorliegenden Schrift bereits deutlich zum Ausdruck.

Zivilgesetzbuches heran, wonach der Richter zunächst nach Wortlaut und Auslegung, dann nach Gewohnheitsrecht zu entscheiden und wo auch ein solches fehlt, nach der Regel zu sprechen hat, die er als Gesetzgeber aufstellen würde. Dabei hat er bewährter Lehre und Überlieferung zu folgen. Was *Ehrlich* unter Auslegung versteht, wird in dem hier interessierenden Aufsatz nur angedeutet. Er verlangt eine wissenschaftliche Auslegung, die freilich nicht am Wortlaut des Gesetzes haften soll. Das Wort sei ein höchst unvollkommenes Werkzeug des Gedankens, und es sei noch niemandem gelungen, mittels der Worte die Dinge zu beherrschen.[366] Auslegung ist indes Ermittlung des verborgenen Sinnes des Rechtssatzes, wobei eine ausschließlich auf die historische Absicht des Gesetzgebers abstellende Lehre, wie sie in späteren Schriften *Ehrlichs*[367] dargelegt wird, sich vorliegend (noch) nicht feststellen läßt.[368] *Ehrlich* geht es hier vornehmlich um die Artikulation einer nicht ausschließlich mit den Mitteln der juristischen Technik bewirkten, sich letztlich nicht in bloßer Subsumtion ergebenden Rechtsfindung. So kommt er zu dem Schluß: „In dem Augenblicke, wo anerkannt wird, daß im Gesetze nur das entschieden ist, was darin entschieden ist, daß das, was darin nicht entschieden ist, darin eben nicht entschieden ist, entfällt wohl auch jeder Anlaß, um mit Hilfe der Haarspaltmaschine und der hydraulischen Presse aus dem Gesetze Entscheidungen herauszudestillieren, die nicht darin enthalten sind."[369] Hier also setzt freie Rechtsfindung ein. Angesichts des weiten Lückenbegriffs tritt an die Stelle einer Interpretation des Rechtssatzes die Individualität des Richters, die „nicht als etwas Unvermeidliches zu ertragen, sondern freudig zu begrüßen ist"[370]. Die freie Rechtsfindung ist, so *Ehrlich*, nicht eine Frage des materiellen Rechts, sondern der Auswahl der zum Richteramte berufenen Personen, also in letzter Linie die Frage einer Gerichtsorganisation, die starke Persönlichkeiten zur Geltung kommen läßt.[371] *Ehrlich* geht damit über gewohnte Denkformen der bereits dargestellten Lehren hinaus. Die Problematik der Anpassung geltenden Rechts an die Bedürfnisse der Zeit wird gerade nicht mittels einer weiten Interpretationsmacht zu lösen versucht. In

[366] *Ehrlich*, Freie Rechtsfindung und freie Rechtswissenschaft, in: *Rehbinder*, Recht und Leben, S. 192.

[367] *Ehrlich*, Die richterliche Rechtsfindung auf Grund des Rechtssatzes, in: *Rehbinder*, Recht und Leben, S. 210 ff.; ders., Die juristische Logik, S. 137 ff.

[368] *Ehrlich*, Freie Rechtsfindung und freie Rechtswissenschaft, in: *Rehbinder*, Recht und Leben, S. 186 spricht von der Auslegung nach dem Willen des Gesetzgebers als von der „allergewöhnlichsten" Auslegung.

[369] *Ehrlich*, Freie Rechtsfindung und freie Rechtswissenschaft, in: *Rehbinder*, Recht und Leben, S. 196.

[370] *Ehrlich*, Freie Rechtsfindung und freie Rechtswissenschaft, in: *Rehbinder*, Recht und Leben, S. 194.

[371] *Ehrlich*, Freie Rechtsfindung und freie Rechtswissenschaft, in: *Rehbinder*, Recht und Leben, S. 195.

Anbetracht des weiten Lückenbegriffs bilden unbestimmte Rechtsbegriffe nicht mehr zentrale Orte bewußt schöpferischer Rechtsfindung. Der Prozeß der Rechtsfindung orientiert sich zwar am Gesetz als der vorherrschenden Form des Rechts, erschöpft sich aber nicht darin. Das gesamte Recht besteht für *Ehrlich* in einem Normenkomplex, der staatliches Recht, gesellschaftliches Recht und Juristenrecht umfaßt.[372] Insofern paßt es durchaus in *Ehrlichs* Konzept, wenn die Existenz von Lücken im Gesetz als notwendig erkannt, gleichzeitig von der Lückenlosigkeit der Rechtsordnung als solcher ausgegangen wird.[373] Rechtssätze, gleichsam Sollensbegriffe, erscheinen nicht als Ergebnis einer logischen Gesetzmäßigkeit reiner Denkformen, sondern erfahren einen den Bedürfnissen der Zeit angepaßten Inhalt. Der Richter ist, wenn die Auslegung versagt, nunmehr berufen, sein Urteil wie ein Gesetzgeber zu sprechen, gleichsam politische, gesellschaftliche und wirtschaftliche Belange gegeneinander abzuwägen. Er ist sowohl als Subjekt Teil gesellschaftlicher Strömungen, als auch berufen, in der Gesellschaft existierende Interessengegensätze zu lösen. Dafür muß er notwendig das Wesen gesellschaftlicher Vorgänge erkennen und ein Empfinden für die Bedürfnisse der Gegenwart haben.[374] An die Stelle einer deduktiven Ableitung einer konkreten Aussage aus einer allgemeinen Norm tritt ein überwiegend induktives Verfahren, das aus der Betrachtung und Wertung konkreter gesellschaftlicher Interessenlagen den Inhalt von juristischen Begriffen und Entscheidungsnormen bestimmt. Gesellschaftliche Erscheinungen konstituieren faktisch die Entscheidungsfindung. Die Frage, wie *Ehrlich* die Kluft zwischen dem Recht als induktiv zu erfassenden Teil der Wirklichkeit und einem notwendig wertenden Aspekt bei der Normenfindung überwindet, wird im übrigen nicht geklärt.[375] Dennoch stellt *Ehrlich* Berührungspunkte mit der formalen Lehre *Stammlers* insofern fest, als jede freie Rechtsfindung dem *Stammlerschen* „richtigen Rechte" zustrebe, mithin an einem objektiven Ideal

---

[372] Dazu *Ehrlich*, Freie Rechtsfindung und freie Rechtswissenschaft, in: *Rehbinder*, Recht und Leben, S. 178 ff.

[373] Vgl. *Ehrlich*, Freie Rechtsfindung und freie Rechtswissenschaft, in: *Rehbinder*, Recht und Leben, S. 191. *Larenz*, Methodenlehre der Rechtswissenschaft, S. 189 stellt hingegen für die Freirechtsbewegung fest, daß das Dogma von der „logischen Geschlossenheit" der Rechtsordnung bekämpft wurde. Dies kann, wie vorliegend gezeigt, für *Ehrlich*, der allgemein als Repräsentant der Freirechtsbewegung gilt, nur im Hinblick auf einen logischen Zusammenhang bestätigt werden. Im übrigen wird einer Lückenlosigkeit der Rechtsordnung durchaus vorausgesetzt.

[374] *Ehrlich*, Freie Rechtsfindung und freie Rechtswissenschaft, in: *Rehbinder*, Recht und Leben, S. 196.

[375] Siehe dazu die Auseinandersetzung mit *Kelsen* in: *Paulson*, Hans Kelsen und die Rechtssoziologie, S. 839 ff.

ausgerichtet sei.[376] Der methodologische Ansatz ist aber ein anderer. Während *Stammler* eine formale wissenschaftliche Methode konzipiert, bei der er reine Formen des Denkens notwendig von einem als relativ erkannten Inhalt abstrahiert, entwickelt *Ehrlich* eine Lehre, die materielle, auf Erfahrung beruhende und praktische Zwecke in den Mittelpunkt rückt. Zudem erschließt die Verwendung des Terminus „Richtiges Recht" keine wissenschaftliche Methode, sondern gibt lediglich eine Grenze, bis zu der die Freiheit des Richters reicht. In Anlehnung an Artikel 1 des Vorentwurfs zum schweizerischen Zivilgesetzbuch wird von der „Lehre und Überlieferung"[377] als notwendiger Begrenzung und Richtschnur richterlichen Handelns gesprochen. Die Hervorhebung eines auf der Individualität des Richters basierenden Urteils wird infolge der Bindung an Lehre und Überlieferung, mithin an die Judikatur[378] relativiert und führt so zu graduellen Unterschieden zwischen der Tätigkeit des Rechtsanwenders und des Gesetzgebers.

Nicht unberücksichtigt bleiben darf im weiteren eine Überlegung *Ehrlichs*, die zur Legitimation richterlicher Rechtsfortbildungskompetenz Stellung nimmt. Wie bereits dargelegt, spielt die Frage der Legitimation von Richterrecht in den Methodenlehren um 1900 keine Rolle. Bei *Ehrlich* aber wird diese Problematik, allerdings nur ansatzweise, aufgegriffen und wie folgt argumentiert: „Es steckt ein gutes Stück altliberalen Mißtrauens gegen den im Dienste des Staates stehenden Beamtenrichter, daß man ihn verpflichten will, seine Rechtsüberzeugung immer auf ein Gesetzeswort zu gründen, und es wird auch recht lange dauern, bis man sich an den Gedanken gewöhnen wird daran, daß dem Staate nicht jede Rechtserzeugung, sondern nur die Gesetzgebung vorbehalten ist."[379] *Ehrlich* stellt vorliegend einen Zusammenhang zwischen der kritisierten engen Interpretationslehre und der Gewaltenteilungslehre her, ohne diesen Zusammenhang näher zu begründen.[380] Aus den vorangehenden

[376] *Ehrlich*, Freie Rechtsfindung und freie Rechtswissenschaft, in: *Rehbinder*, Recht und Leben, S. 193.

[377] Den Begriff der Überlieferung sieht *Ehrlich* in der Methode der gemeinrechtlichen Wissenschaft verankert, die durch die „stetige Fühlung mit dem geschichtlich Gewordenen" die „überlieferte Weisheit der Jahrhunderte", mithin Systematik, Terminologie u.a. in die Gegenwart transportiert und beherrscht. *Ehrlich*, Freie Rechtsfindung und freie Rechtswissenschaft, in: *Rehbinder*, Recht und Leben, S. 193, 195 f.

[378] Vgl. *Koschaker*, Europa und das Römische Recht, S. 195.

[379] *Ehrlich*, Freie Rechtsfindung und freie Rechtswissenschaft, in: *Rehbinder*, Recht und Leben, S. 196.

[380] Eine ähnliche Argumentation findet sich auch bei *Radbruch*, Archiv für Sozialwissenschaft und Sozialpolitik 22 (1906), S. 358 ff., der das Verbot der Vereinigung von Rechtsbildung und Rechtsprechung in einer Person auf die Rezeption von *Montesquieus* „De l'esprit des loix" zurückführt. Vgl. zu diesem Problemkreis auch *Schröder*, Gesetzesauslegung und Gesetzesumgehung, S. 69 ff.; *Ogorek*, Rechtshistorisches Journal 2 (1983), S. 277 ff.

Ausführungen erhellt sich *Ehrlichs* Bild des verbeamteten Richters, für den das Recht nichts als ein Befehl des Staates ist. Infolge der Trennung der Gewalten in Legislative, Judikative und Exekutive und der Tatsache, daß die Rechtssetzungskompetenz allein dem Staate[381] zukam, erscheint der Richter nur als Ausführungsorgan des staatlichen Gesetzesbefehls.[382] Derartige Einsichten lassen sich jedoch mit *Ehrlichs* genetischer Rechtsquellenlehre nicht überein bringen. Der herkömmlichen Rechtsquellenlehre, die neben dem Gesetz nur das Gewohnheitsrecht kannte[383], wird nunmehr das Juristenrecht und das gesellschaftliche Recht hinzugefügt, wobei schließlich die gesellschaftliche Verbandsordnung die genetische Rechtsquelle darstellt.[384] Gerade im Umgang mit dem Bürgerlichen Gesetzbuch, das zum größten Teile aus kodifiziertem Juristenrecht bestehe, ergibt sich für *Ehrlich* eine andere Form der Rechtserkenntnis, die sich eben nicht an einem staatlichen Befehl auszurichten habe, von staatlicher Geltung mithin unabhängig ist.[385] Inwieweit *Ehrlichs* Ansatz geeignet ist, das Legitimationsdefizit mit Hilfe der genetischen Rechtsquellentheorie zu beseitigen, ohne den Geltungsgrund einer Verbandsordnung nachzuweisen, kann an dieser Stelle nicht nachgegangen werden.[386] Sein Ansatz jedenfalls, der die Frage nach der Legitimation rechtsschöpfender Richtermacht aus seiner ausdifferenzierten Rechtsquellentheorie verbindet, zeigt den Richter nicht als Träger von Staatsgewalt. Im Gegensatz etwa zur *Bülowschen* Richterrechtstheorie, die den Richterspruch als Rechtswillenserklärung des Staates deutet, der Richter somit als Teil einer einheitlichen Staatsgewalt erscheint,[387] bemüht sich *Ehrlich* gerade nicht um eine Rückbindung richterlicher Rechtsfortbildungskompetenz an staatliche Autorität.

---

[381] Nach Art. 2 und 5 der Verfassung des Deutschen Reiches von 1871 lag die Gesetzgebungskompetenz bei Bundesrat und Reichstag.

[382] So *Radbruch*, ZStW 1905, S. 253.

[383] *Ehrlich*, Freie Rechtsfindung und freie Rechtswissenschaft, in: *Rehbinder*, Recht und Leben, S. 178.

[384] Vgl. *Rehbinder*, Die Begründung der Rechtssoziologie durch Eugen Ehrlich, S. 125.

[385] *Ehrlich*, Freie Rechtsfindung und freie Rechtswissenschaft, in: *Rehbinder*, Recht und Leben, S. 183. Dazu auch *Schröder*, Rechtstheorie 7 (1976), S. 38 f., der in der Rechtsquellenlehre, mithin der Anerkennung außerstaatlichen Rechts, einen Zusammenhang zwischen historischer Rechtsschule und Freirechtsbewegung nachweist.

[386] Dazu *Rehbinder*, Die Begründung der Rechtssoziologie durch Eugen Ehrlich, S. 125 m.w.N.

[387] Zu *Bülow* siehe S. 31; *Ogorek*, Richterkönig oder Subsumtionsautomat, S. 257 ff.

# IV. 1904 - Theodor Sternberg[388] und das objektive Rechtsgefühl

Im Jahre 1904 erschien *Sternbergs* zweiteiliges Werk „Allgemeine Rechtslehre", das, um mit *Radbruch* zu reden, eine ganze Enzyklopädie der Rechtswissenschaft enthält.[389] Für die hier gestellte Aufgabe interessieren die methodologischen Überlegungen, die vor allem im § 12 des ersten Bandes zu finden sind. Gleichwohl sind an dieser Stelle zunächst die grundlegenden Ausführungen zu Wesen, Funktion und Geltung des Rechts als Grundbausteine der *Sternbergschen* Methode darzulegen.

Für *Sternberg* besteht das soziale Sein aus Vorgängen der Zwecksetzung und Zweckerfüllung, die durch Normen geregelt werden. So sei, und damit befindet er sich im Konsens mit *Jherings* Zwecklehre, die Erkenntnis des Zwecks im Recht das Fundament aller Jurisprudenz[390], alles Recht Interessenschutz[391]. Dabei decke sich der Begriff Interesse mit dem des Bedürfnisses, wobei, nach *Sternberg*, die auf Befriedigung der Bedürfnisse gerichtete menschliche Tätigkeit Wirtschaft heißt. Interessen schützen sei nichts anderes als der Bedürfnisbefriedigung der einzelnen Schranken zu setzen, die soziale Wirtschaft[392] in Regeln schlagen.[393] Zugleich ist aber das Recht aufgerufen, der Bedürfnisbefriedigung zu dienen und damit einer stetigen Wandlung unterworfen im Sinne einer konsequenten „Annäherung an ein der Erfahrung unzugängliches Ideal"[394]. Rechtsnormen sind „soziale Normen", das

---

[388] Theodor Sternberg (1878–1950) promovierte 1899 in Berlin bei Josef Kohler und wurde später Dozent an der Universität Lausanne, der Humboldt-Akademie Berlin und hatte von 1913 bis 1919 eine Professur an der kaiserlichen Universität Tokio inne. Er gehörte zum Kreis um Liszt, Kantorowicz und Radbruch. In diesem Kreis wurden, so formulierte es später *Radbruch*, die Gedanken erörtert, die dann in der berühmten Streitschrift „Der Kampf um die Rechtswissenschaft" Ausdruck fanden. *Radbruch*, Der innere Weg, S. 96; zu Sternberg auch *Rehbinder*, Einleitung, in: *Rehbinder* (Hrsg.), Zur Methodenfrage der Rechtswissenschaft und andere juristische Schriften, S. 7 ff.; *Bartels-Ishikawa*, Theodor Sternberg einer der Begründer des Freirechts in Deutschland und Japan, 1998.

[389] *Radbruch*, ZStW 1905, S. 251.

[390] *Sternberg*, Allgemeine Rechtslehre, I, § 1, S. 22.

[391] *Sternberg*, Allgemeine Rechtslehre, I, § 1, S. 14.

[392] Die Terminologie „soziale Wirtschaft" gründet sich auf der Tatsache des Zusammenlebens der Menschen, deren gegenseitige Abhängigkeit im Güteraustausch.

[393] *Sternberg*, Allgemeine Rechtslehre, I, § 1, S. 15.

[394] *Sternberg*, Allgemeine Rechtslehre, I, § 2, S. 26. Dieser Gedanke einer Vervollkommnung des Rechts erinnert an *Stammlers* „soziales Ideal". Wie sich die *Sternbergs* Konzeption im Hinblick auf dieses Ideal darstellt, inwieweit also tatsächlich eine Übereinstimmung mit der Lehre *Stammlers* zu konstatieren ist, wird an späterer Stelle erörtert werden. Im übrigen hat *Sternberg* die deutliche Übernahme *Stammlerscher* Philosophie in die Allgemeine Rechtslehre in der 2. Auflage aufgegeben: „....; denen (den verwendeten Bestandteilen der *Stammlerschen* Rechtsphilosophie – S.H.) ich, auch soweit

meint solche, „die innerhalb einer Gemeinschaft für alle verbindlich gelten“.[395] Diese grundlegenden Aussagen zur Sozialität der Normen und deren Geltung im Wege allgemeiner Anerkennung[396] sind für *Sternbergs* methodologische Ausführungen von großer Bedeutung.

Aus der Überlegung, daß Rechtsnormen, weil sie empirische Zwecke zum Ausdruck bringen, als soziale Normen gedacht werden müssen, folgert *Sternberg*, daß diese zweckdeterminierten Normen zugleich ethische Zusammenhänge offenbaren. Diese Zusammenhänge sind also nicht als auf Logik basierende gedacht: „Wer behaupten will, daß aus irgend einem Rechtssatz irgend ein anderer mit unbedingter Notwendigkeit folgen, und daß es nicht anders sein könne,..., der hat den Grundsatz von der Positivität[397] des Rechts aufgegeben und ist vollkommen ins Naturrecht hinübergeglitten. Denn er wird keine Grenze angeben können, wo die Verknüpfungen von logischer Notwendigkeit ihr Ende finden.“[398] Es sind vielmehr ethische Forderungen, auf denen sich dieser Zusammenhang gründet, denn es handele sich um Zweckzusammenhänge und diese seien historisch wandelbar.[399] Und weiter: „Die objektive Gültigkeit eines Zweckes aber ist darzutun durch seinen Zusammenhang mit allen übrigen in der sozialen Ordnung repräsentierten Zwecken. Keine Vorschrift ist ethisch richtig, die nicht ins Gesamtgefüge der ethischen Forderungen hineinpaßt; eine solche kann also niemals Norm sein.“[400] Die Zwecke sind demnach nicht ausschließlich kausale Faktoren der Rechtsentstehung wie bei *Jhering*, sondern sie werden, und das erinnert wiederum an *Stammlers* Lehre, einem Maßstab unterworfen. Ausgangspunkt ist auch hier das positiv gesetzte, soziale Recht, an dem die Zwecke im Hinblick auf ihre Allgemeingültigkeit und damit ethische Richtigkeit[401] gemessen werden. Es ist die Forderung nach Objektivität im Recht, die den Kerngedanken der Rechtsfindungskonzeption *Sternbergs* darstellt. Zentral ist

---

ich ihnen etwa noch zuzustimmen vermag, eine so entscheidende Bedeutung wie früher nicht mehr beimesse.“ *Sternberg*, ARW V (1911/1912), S. 492 f. (Einfügung nicht im Original).

395 *Sternberg*, Allgemeine Rechtslehre, I, § 1, S. 18.

396 *Sternberg*, Allgemeine Rechtslehre, I, § 2, S. 23: „Eine soziale Norm gilt nur, weil (und solange) wir finden, daß das, was sie vorschreibt, so (sittlich) richtig ist; weil wir sie anerkennen.“ Diese Anerkennung manifestiert sich in Form des Gewohnheitsrechts, der Vereinbarung und des Gesetzes. Die Rechtssetzung durch Vereinbarung kommt, so Sternberg, vor allem auf dem Gebiet des Völkerrechts zustande. *Sternberg*, Allgemeine Rechtslehre, I, § 2, S. 28.

397 So *Sternberg*, Allgemeine Rechtslehre, I, § 2, S. 24: „Gültig an Normen ist nur (und alles), was wir anerkennend als solche setzen: alle Normen sind positiv.“

398 *Sternberg*, Allgemeine Rechtslehre, I, § 12, S. 126 f.

399 *Sternberg*, Allgemeine Rechtslehre, I, § 12, S. 126.

400 *Sternberg*, Allgemeine Rechtslehre, I, § 12, S. 124.

401 *Sternberg*, Allgemeine Rechtslehre, I, § 2, S. 23.

insofern seine These, *alleinige* Richtschnur aller juristischer Operationen könne heutzutage nur die Ermittlung des objektiv richtigen Rechts sein.[402]

*Sternberg* zeigt zunächst die bisher herrschende juristische Hermeneutik auf, die mit dem Ziel, den Willen des Gesetzgebers zu ermitteln, verschiedene Interpretationsregeln[403] entwickelte. Die Interpretation eines Rechtssatzes erschöpft sich danach in der Erfassung vernunftmäßiger Zusammenhänge des jeweils geschichtlich gegebenen Rechts - Interpretation ist Erkenntnis des Erkannten.[404] Die Analogie hingegen, die im Falle von Lücken zur Anwendung kommt, diene nach herkömmlicher Auffassung der Fortbildung des Rechts. Sie sei gleichsam nicht Interpretation, sondern nach überlieferter Vorstellung – *Sternberg* offenbart hier eine differenzierte Sicht auf die pandektistische Methodenlehre - als ein Neutrum, eine zwischen Auslegung und Änderung des Gesetzes stehende methodische Denkfigur.[405] *Sternberg* interessiert genau diese Grenzbestimmung zwischen Interpretation und Analogie. Von hier aus entwickelt er seine Kritik an der traditionellen Methodenlehre, die neben der Suche nach einem materiellen Kriterium für die Unterscheidung auch die Frage nach der Legitimation analoger Rechtsfindung stellt. *Sternberg* entwirft mithin die These, daß ein Unterschied zwischen extensiver Interpretation und Analogie nicht bestehe. Unter Hinweis auf *Regelsberger*[406], der diesen Unterschied darin sehe, daß die ausdehnende Auslegung über den Buchstaben des Gesetzes, die Analogie aber über den Willen des Gesetzgebers hinausgehe, steht es für *Sternberg* fest, daß der Wille des Gesetzgebers als zentrales Element dieser Lehre meist nicht erforschbar und wissenschaftlich nicht haltbar ist.[407] Aus der weiteren Überlegung, daß jede analoge Rechtsanwendung zugleich rechtsfortbildenden Charakter hat, schlußfolgert *Sternberg* eine Kollision mit den traditionellen Rechtsquellen Gewohnheit, Vereinbarung, Gesetz, gleichsam die „Leugnung der Differenzierung der im Gemeinwesen stattfindenden Funktionen Gesetzgebung und Gesetzausführung".[408] Dieser Ansatz, der nunmehr das Kriterium der Neuschöpfung von Recht als legitimationstheoretische

---

[402] *Sternberg*, Allgemeine Rechtslehre, I, § 12, S. 139 Fn. 1 (Hervorhebung nicht im Original).

[403] *Sternberg*, Allgemeine Rechtslehre, I, § 12, S. 130 f. nennt die Sinninterpretation im Gegensatz zur Wortinterpretation, die extensive und restriktive Auslegung.

[404] *Sternberg*, Allgemeine Rechtslehre, I, § 12, S. 128, 130 nimmt hier ausdrücklich Bezug auf *Böckh*. Siehe auch *Stammler*, S. 55 Fn. 315.

[405] *Sternberg*, Allgemeine Rechtslehre, I, § 12, S. 137.

[406] *Sternberg*, Allgemeine Rechtslehre, I, § 12, S. 134 f.

[407] So sei der Wille des Gesetzgebers eine naiv personifizierende, fetischistische Auffassung, die außerdem auf die modernen Verhältnisse, unter denen so viele Köpfe in Kommissionen und Parlamenten an der Gesetzgebung beteiligt sind, so schlecht als möglich passe. *Sternberg*, Allgemeine Rechtslehre, I, § 12, S. 139 Fn. 1.

[408] *Sternberg*, Allgemeine Rechtslehre, I, § 12, S. 137.

Basis einführt, steht mit *Sternbergs* eigener Anerkennungstheorie[409] insoweit im Widerspruch, als Gewohnheit, Vereinbarung, Gesetz und nun auch die Analogie nach dieser Konzeption nur als Manifestationsformen der Anerkennung auftreten, selbst also nicht Rechtsentstehungsgründe sein können.[410] Gleichwohl wird aus dieser Überlegung deutlich, daß die richterliche Rechtsfortbildung mittels Analogie, eben weil sie notwendig schöpferisch ist, der legislativen Macht gleichkommt. Dieser Gedanke kulminiert in der These: „Es gibt kein materiales Kriterium des Unterschiedes zwischen analoger Anwendung und legislatorischer Neuschöpfung."[411] Zum selben Ergebnis kommt *Sternberg*, wenn er das Verhältnis von Interpretation und Gesetzgebung anspricht. Obwohl die Interpretation nach seiner Ansicht ein deskriptives methodisches Instrument ist, stecken in ihr auch innovative Elemente, die *Sternberg* als „Produktion des Niegeahnten" überzeichnet und damit die Problematik des Einflusses von Werturteilen und Willensentscheidungen im Prozeß der Entscheidungsfindung anspricht: „Wann die Anziehungskraft eines Rechtssatzes nicht mehr ausreicht, um einen in seiner Region liegenden Tatbestand in seinen Bereich hineinzuziehen,..., kann nicht nach allgemeingültigen Kriterien, sondern nur willkürlich von Fall zu Fall und nicht mit juristischen, sondern bloß mit rechtspolitischen Gründen entschieden werden."[412] Die Übereinstimmung dieser Argumentationslinie mit all denen, die den Einfluß wertender Gesichtspunkte schon bei der Auslegung betonen, ist unverkennbar.[413] Gleichwohl geht *Sternberg* einen eigenen Weg. Da nun, wie bereits gezeigt, bei jeder Urteilsfindung außerpositive Werturteile mitwirken, alle Rechtsinterpretation letztlich Rechtsneuschöpfung sei, gibt es für *Sternberg* auch in den engen Grenzen der von *Ehrlich*[414] anerkannten

---

[409] Vgl. *Sternberg,* Allgemeine Rechtslehre, I, § 2, S. 23: „Eine soziale Norm gilt nur, weil (und solange) wir finden, daß das, was sie vorschreibt, so (sittlich) richtig ist; weil wir sie anerkennen...Die Anerkennung ist die gemeinsame Quelle aller Normen."
Die Geltung des Rechts wird somit nicht losgelöst von einer Wollenstatsache begründet, sondern erst als sittliche Pflicht zum Imperativ und damit einer normativen Geltungslehre verpflichteten Rechtspflicht gleichgestellt.

[410] Daß nunmehr die vom Staat zuerkannte Berechtigung der Rechtsprechung die Anerkennung eines Richterspruchs als Recht dokumentiere, wie es *Bartels-Ishikawa*, Theodor Sternberg einer der Begründer des Freirechts in Deutschland und Japan, S. 33, ausspricht, kann bei *Sternberg* nicht nachgewiesen werden. *Sternberg* ging es nicht, wie es bereits *Schmitt*, Gesetz und Urteil, S. 33 Fn. 1 dargelegt hat, um eine Theorie, die die formale Geltung des vom Richter geschaffenen Rechts begründet. Den Schwerpunkt bildet hingegen die materiale Geltung, die sich letztlich aus der Überzeugungskraft der Argumente ableitet.

[411] *Sternberg,* Allgemeine Rechtslehre, I, § 12, S. 137.

[412] *Sternberg,* Allgemeine Rechtslehre, I, § 12, S. 138.

[413] Zu *Rümelin* siehe S. 22; zu *Ehrlich* siehe S. 62.

[414] Siehe S. 63 f.

Interpretation, die den verborgenen Sinn einer Norm zu erkennen trachtet, keine Identität von Recht und Gesetz.[415] *Sternberg* geht es zentral um die „methodische Nutzbarmachung"[416] der Psychologie für die Jurisprudenz. *Sternberg*, der die Jurisprudenz den Geisteswissenschaften zuordnet,[417] schlußfolgert, daß das Ziel dieses Wissenschaftszweiges auf ein reines subjektivierendes Erkennen gerichtet sei. Es handele sich dabei nicht um Begriffskonstruktionen, sondern um jenes Verstehen von innen heraus.[418] Für die juristische Methode der Interpretation bedeutet dies, daß die Psychologie zur Grundlage, gleichsam zur Hilfswissenschaft avanciert.

Wo aber bleibt die zuvor geforderte Objektivität des Rechts innerhalb einer Lehre, die das Rechtsgefühl methodisch verwerten will? Unter Rechtsgefühl versteht *Sternberg* ein gesellschaftliches Bewußtsein, daß sich eine Vorstellung dessen macht, was als Recht und Sittlich allgemein gelten soll.[419] Dieses Bewußtsein ist nicht naturgegeben, sondern hat sich im Laufe der geschichtlichen Entwicklung gebildet und ist entwicklungsfähig[420]. Es ist gleichsam in Übereinstimmung mit *Jherings* Vortrag „Über die Entstehung des Rechtsgefühles" ein historisches Produkt und sonach abhängig von den realen Tatsachen, die sich in der Geschichte verwirklicht haben.[421] Solche Tatsachen sind die Rechtsquellen, die als soziale Normen ethische Zusammenhänge normieren. Es gibt also einen allgemeinen ethischen Willen des Gesetzgebers in Hinsicht darauf, daß, so *Sternberg*, richtiges Recht gefunden werde.[422] Ausgehend von einem unabdingbaren Einfluß von Willensentscheidungen auf die Rechtsfindung setzt *Sternbergs* Methode nicht allein auf das Rechtsgefühl idealer Richterpersönlichkeiten, die einer grundsätzlich irrationalen Rechtsprechung Objektivitätsgarantien verschafft.[423] Der allgemeine ethische Wille,

---

[415] Vgl. *Sternbergs* Gegnerschaft zu derjenigen Richtung der Freirechtsbewegung, die das Recht mit Ausnahme einzelner Fälle und Möglichkeiten, die sie zu katalogisieren trachte, in dem ungeheuren umfassenden Gesetzesapparat der modernen Kodifikationen verkörpert sehe. *Sternberg*, Rechtsfindung, in: *Rehbinder*, Zur Methodenfrage der Rechtswissenschaft und andere juristische Schriften, S. 40 f. und S. 34 Fn. 14.

[416] *Sternberg*, Allgemeine Rechtslehre, I, § 12, S. 147.

[417] Dazu *Sternberg*, Allgemeine Rechtslehre, I, § 12, S. 142 ff.

[418] *Sternberg*, Allgemeine Rechtslehre, I, § 12, S. 149.

[419] *Sternberg*, Allgemeine Rechtslehre, I, § 12, S. 140 i.V.m. § 4, S. 43 f.

[420] „Denn das ethische Erkennen ist tatsächlich in einer Entwicklung begriffen und wird auch die heute gewonnene Höhe noch weit überschreiten", *Sternberg*, Allgemeine Rechtslehre, I, § 12, S. 139 Fn. 1.

[421] Vgl. *Jhering*, Über die Entstehung des Rechtsgefühles, S. 19.

[422] *Sternberg*, Allgemeine Rechtslehre, I, § 12, S. 139 Fn. 1.

[423] Entgegen *Schröder*, Rechtstheorie 19 (1988), S. 362. Zwar setzt *Sternbergs* wie *Ehrlichs* Konzeption auf Persönlichkeitsqualitäten, so etwa Weltgewandtheit, Humanität und Freiheit des Geistes; *Sternberg*, Allgemeine Rechtslehre, I, § 16, S. 203 ff.., 206. Objektivität verbürgen diese Qualitäten aber nicht ausschließlich. *Sternberg* hebt die Bedeutung seiner,

wie er etwa im Gesetz zum Ausdruck kommt, wird demgegenüber durch ein freies „ethisches Erkennen“[424] fortgebildet. Zentrales Element seiner Konzeption ist eine psychologische Fortentwicklung des Rechts im Wege einer psychologischen Analyse des eigenen Rechtsgefühls[425], denn „alle Interpretation besteht in psychologischer Analyse und Abstraktion“. Der Jurist, der, nach *Sternberg*, einen Parteiwillen interpretiert, sucht in den Tiefen des eigenen Herzens, was jemand wohl an der Stelle des Betreffenden wollen möchte. Untersucht er einen Gesetzeswillen, ergründet er, die eigenen Seele prüfend, was gut und böse sei, den rechtlich richtigen Gedanken.[426] „Psychologie ist Erforschung der Seelenvorgänge. Ihre (einzige) Methode ist die Selbstbeobachtung.“[427] Für die Rechtsanwendung - *Sternberg* spricht später auch von der „Vertiefung in das Psychische der Fälle“[428] - bedeutet dies wohl zunächst, daß der Richter bei jeder Fallentscheidung der die Entscheidung determinierenden Faktoren reflektieren, soziale Entwicklungen somit bewußt miterleben und würdigen soll. Erst die Kontrolle des „in der Erfahrung wirklich Wahrgenommenen“[429] im Hinblick auf die Überzeugungskraft der Argumentation verleiht dem Verfahren Objektivität.

Wo aber bleibt das Gesetz? Die Grenze, bis zu der eine solche Neuschöpfung legitimierbar ist, ist das *geltende*, gleichsam das in Form des Gesetzes, des Gewohnheitsrechts und der Vereinbarung manifestierte Recht: Der Jurist müsse zugleich, um nicht über das geltende Recht hinauszuschießen, völkerpsychologisch operierend in den Gedankenkreis dieses geltenden Rechts sich hineinbannen.[430] Angesprochen ist hier das psychologische Erkennen dessen, was als Volksgeist der Rechtsordnung inhärent ist. Die Zwecke sind, so *Sternberg*, aus den Begriffen hervorzusuchen. Und weiter: „Wer die

---

später als „soziologische Methode“ charakterisierten Konzeption dahingehend hervor, als diese eine „direkte Verstärkung der (bereits durch die Charakterbildung gegebenen) objektiven Garantien des Rechts“ darstellen sollte; *Sternberg*, Rechtsfindung, in: *Rehbinder*, Zur Methodenfrage der Rechtswissenschaft und andere juristische Schriften, S. 38 (Einfügung nicht im Original). Ebenso *Bartels-Ishikawa*, Theodor Sternberg einer der Begründer des Freirechts in Deutschland und Japan, S. 38.

[424] *Sternberg*, Allgemeine Rechtslehre, I, § 12, S. 139 Fn. 1.

[425] Vgl. *Radbruch*, Deutsche Literaturzeitung XXV (1904), Sp. 1649.

[426] *Sternberg*, Allgemeine Rechtslehre, I, § 12, S. 152.

[427] *Sternberg*, Allgemeine Rechtslehre, I, § 12, S. 148. *Sternberg* nimmt ausdrücklich auf *Wilhelm Wundt* Bezug, der nach der Einschätzung *Stanley Halls* als „Begründer der modernen Psychologie“ gilt. Vgl. *Hall*, Wilhelm Wundt, 1914.

[428] *Sternberg*, Rechtsfindung, in: *Rehbinder* (Hrsg.), Zur Methodenfrage der Rechtswissenschaft und andere juristische Schriften, S. 36.

[429] *Sternberg*, Rechtsfindung, in: *Rehbinder*, Zur Methodenfrage der Rechtswissenschaft und andere juristische Schriften, S. 39.

[430] *Sternberg*, Allgemeine Rechtslehre, I, § 12, S. 152.

verschiedenen Zwecke untersucht, untersucht auch den Geist".[431] Dieser Geist sei aber nicht, wie in der Volksgeistlehre *Savignys*, der unbewußt wirkende historische Geist, den es zu verstehen gelte.[432] Er sei im Gegensatz dazu eine bewußte Werteerfahrung, ein Wille, zu dem sich der Rechtsanwender im Spiegel der nationalen Seele bekennen müsse.[433] Diese Verfahren könnte im Anschluß an *Jherings* Arbeit[434] als ein gesetzliche Wertungen verallgemeinerndes, gleichsam analogisches[435] Denken begriffen werden, das vorhandene positive Prinzipien in Ansehung eines konkreten Falles erweitern kann. Insofern ermöglicht dieses Verfahren die Fortentwicklung der Rechtsordnung, jedoch nicht in der Weise, daß der lebendige Rechtsgedanke einem zwingenden Begriffsschema zugeordnet werden muß. Wenn das Begriffssystem diesem nicht entspricht, „dann heißt es das Begriffsschema ändern, dann ist es falsch oder veraltet"[436]. Das System ist, weil es teleologische, mithin ethische Gesetzmäßigkeiten ausdrückt, historisch wandelbar. Erst das insofern charakterisierte Gesetzmäßige ist das objektiv Richtige, das im Wege der „schöpferischen Natur der Geistestätigkeit"[437], der Abwägung mannigfacher, der Erfahrung zugänglicher Interessen der im Streit Beteiligten im Hinblick auf die Konformität mit Werten des menschlichen Zusammenlebens, eine ethische Fortbildung des positiven Rechts erlaubt.

Zusammenfassend sei noch einmal an *Stammlers* Konzeption zu erinnern, die ebenso wie bei *Sternberg* ein Urteil nach objektiv richtigem Rechte verlangt. Während Sternberg, wie auch schon *Ehrlich*, hierfür das erkennende und zugleich empirisch bedingte Subjekt einführt, daß bei *Ehrlich* durch eine entsprechende Bildung, bei *Sternberg* zudem durch bewußte Selbstbeobachtung objektiv richtige Entscheidungen zu treffen befähigt ist, bleibt eine solche Methode für *Stammler* zufällig und subjektiv.[438] Bedingungen der Richtigkeit relativen, geschichtlich bedingten positiven Rechts können mit *Stammler* nicht bedingte Maßstäbe der Richtigkeit abgeben. *Stammlers* Methode abstrahiert vom erkennenden Subjekt, in dem er eine formale, absolute Gültigkeit beanspruchende Methode konzipiert. Zwar ist auch

---

[431] *Sternberg*, Allgemeine Rechtslehre, I, § 14, S. 193.

[432] *Sternberg*, Allgemeine Rechtslehre, I, § 14, S. 184; ders., Vergleichende Methode und Struktur, in: *Rehbinder*, Zur Methodenfrage der Rechtswissenschaft und andere juristische Schriften, S. 126.

[433] *Sternberg*, Allgemeine Rechtslehre, I, § 14, S. 192.

[434] *Jhering*, Über die Entstehung des Rechtsgefühles, S. 48 ff.

[435] So die Einschätzung von *Behrends*, Das „Rechtsgefühl" in der historisch-kritischen Rechtstheorie des späten Jhering, in: *Jhering*, Über die Entstehung des Rechtsgefühles, S. 138.

[436] *Sternberg*, Allgemeine Rechtslehre, I, § 14, S. 191.

[437] *Sternberg*, Allgemeine Rechtslehre, I, § 12, S. 150.

[438] *Stammler*, Das gesamte Deutsche Recht, I, S. 77.

in *Sternbergs* Analyse des eigenen Rechtsgefühls eine Abstraktion vom urteilenden Subjekt angelegt, seine Methode des ethischen Erkennens hat selbst aber keinen unbedingten Ausgangspunkt.

## V. Der Diskurs Philipp Heck[439] wider Ernst Stampe[440]

In der Deutschen Juristenzeitung des Jahrgangs 1905 findet sich eine Kontroverse zwischen *Heck*[441] und *Stampe*[442], welche *Radbruch* zum „Vorpostengeplänkel des juristischen Methodenstreits“[443] erklärte. Gleichwohl markiert diese Auseinandersetzung eine für die Diskussion wesentliche und neue argumentative Ebene, die es im folgenden herauszuarbeiten gilt.

Ausgehend von seiner Kritik an der „Rechtsfindung durch Konstruktion“[444], deren Grundtenor die traditionelle Methode als eine „soziale Gefahr“[445] bezeichnet, zudem das bereits beschriebene[446], nunmehr geläufige Urteil über die Begriffsjurisprudenz bestätigt, deutet *Stampe* im Gegensatz dazu seine Vorstellung von der Rechtsordnung als Zwangsordnung sozialer Verhältnisse an. Anlaß dieser Zwangsordnung bilden, so *Stampe*, die dem menschlichen Egoismus entspringenden Interessenkämpfe - eine Aussage, deren Traditionslinie sich bis zu *Jherings* Zweckdenken zurück verfolgen läßt.[447]. Das Gesetz ist danach die Summe geschriebener Rechtssätze, das einen latenten, auf einem System ungeschriebener Prinzipien beruhenden Inhalt vermissen lasse. Für *Stampe* ist es daher konsequent, daß das Gesetz notwendig lückenhaft sei, sich der Wille des Gesetzes mithin ausschließlich aus einer

439 Philipp Heck (1858–1943) hörte Windscheid in Leipzig und Dernburg in Berlin. Maßgebenden Einfluß auf seine wissenschaftliche Methode soll nach eigenen Angaben aber Jherings genetische Interessentheorie ausgeübt haben. Heck wirkte später als ordentlicher Professor an den Universitäten Greifswald, Halle und Tübingen. Er gilt als der Begründer der Tübinger Schule der Interessenjurisprudenz. Vgl. statt vieler *Schoppmeyer*, Juristische Methode als Lebensaufgabe, S. 3 ff.

440 Ernst Stampe (1856–1941) war seit 1889 außerordentlicher Professor in Breslau, ab 1893 Professor für Bürgerliches Recht in Greifswald. Stampe gilt als einer der aktivsten Mitstreiter der Freirechtsbewegung. Vgl. *Gängel/ Mollnau*, Gesetzesbindung und Richterfreiheit, S. 357 f.

441 *Heck*, DJZ 1905, Sp. 1140 ff.

442 *Stampe*, DJZ 1905, Sp. 417 ff.; 713 ff.; 1022 ff.

443 *Radbruch*, Archiv für Sozialwissenschaft und Sozialpolitik 22 (1906), S. 369.

444 So auch der Titel des ersten Aufsatzes von *Stampe*, DJZ 1905, Sp. 417 ff.

445 *Stampe*, DJZ 1905, Sp. 419; ders., DJZ 1905, Sp. 713.

446 Siehe S. 20 ff.

447 Siehe S. 11 f.

Wortlautinterpretation erschließen könne. An späterer Stelle begründet *Stampe* diese, von *Heck* als „Identitätstheorie“[448] bezeichnete Gleichstellung von Wortlaut und Gesetzeswillen aus dem Gedanken der Rechtssicherheit, aus dem zwingend folge, daß nur das verfassungsmäßig Verlautbarte Gesetzesinhalt sein könne.[449] Die angesprochene „logische(r) Erkenntnis aus den Worten des Gesetzes“[450] weist bereits auf die später von *Stampe* ausdrücklich akzeptierte Logik als Auslegungsmethode hin, die letztlich den systematischen Zusammenhang der Rechtssätze hinterfragt.[451] „Logische Erkenntnis“ meint damit sowohl die richterliche Tätigkeit, die die Form eines logischen Schlusses habe sowie die Auslegung des Rechtssatzes selbst, die beide den Sinn des Gesetzes aus diesem selber mit zwingender Sicherheit festzustellen fähig seien.[452] Für alle juristischen Urteile jenseits dieser Grenze, etwa bei fehlender gesetzlicher Regelung und unklaren gesetzlichen Begriffen, benutzt *Stampe* die Terminologie „Rechtsfindung“, die dem Richter die Ergänzung des als lückenhaft erkannten Rechts gestattet. Diese, vom Verfasser selbst bemerkte weite Ausdehnung des Rechtsfindungsgebietes sieht er durch eine auf sozialen Erwägungen aufbauende Methode legitimiert: „Jeder verständige Gesetzgeber verfährt ausschließlich nach dieser Methode, da sie allein die soziale Brauchbarkeit der Norm gewährleistet; wie sollte der Richter ihrer entraten können, dort, wo er selbst der Gesetzgeber ist, wenn auch nur für den jeweilig zu seiner Entscheidung stehenden Fall!“[453] *Stampe* plädiert nunmehr für eine „Rechtsfindung durch Interessenwägung“[454], „indem die Interessen, welche an seinem (dem Rechtssatz – S.H.) künftigen Inhalt bestehen – nicht nur die Privaten, sondern auch die der Allgemeinheit -, ermittelt und mit einander verglichen werden und der Inhalt dann in der Richtung der als schutzwürdig befundenen Interessen bestimmt wird.“[455] Die Feststellung und Bewertung der beteiligten, jedoch *typischen* Interessen setzt wiederum auf ein Richterideal, das den Anschein willkürlicher Subjektivität durch eine offenes Bekenntnis zur Rechtsschöpfung und strenge Selbstkritik abgefedert sieht. Zudem seien Bedenken gegen einen prinzipienlosen Utilitarismus nicht begründet, da das Interesse des Staates an der Einfachheit und inneren Stetigkeit seiner Rechtsordnung bei der Rechtsfindung Berücksichtigung finde.[456] Eine an

---

448 *Heck*, AcP 112 (1914), S. 134 ff.
449 *Stampe*, Die Freirechtsbewegung, S. 11.
450 *Stampe*, DJZ 1905, Sp. 714.
451 *Stampe*, Die Freirechtsbewegung, S. 26 f.; ders., DJZ 1905, Sp. 715 und Sp. 1018 f.
452 *Stampe*, DJZ 1905, Sp. 716.
453 *Stampe*, DJZ 1905, Sp. 717.
454 So auch der Titel des zweiten Aufsatzes von *Stampe*, DJZ 1905, Sp. 713 ff.
455 *Stampe*, DJZ 1905, Sp. 417.
456 *Stampe*, DJZ 1905, Sp. 718.

gesetzlichen Wertungen konsequent angelehnte Entscheidungstätigkeit wird im übrigen nicht gefordert.

Diese große Freiheit des Rechtsanwenders, die Stampe zunächst für die Ergänzung lückenhaften Rechts in Anspruch nimmt, kulminiert in dem anschließenden Aufsatz „Gesetz und Richtermacht" in folgendem Aufruf: „Wir fordern für den Richter die Befugnis zur Ergänzung des Gesetzes in unbeschränktem, zur Abänderung des Gesetzes in beschränktem Maße."[457] Im Mittelpunkt seiner Argumentation findet sich die richterliche Befugnis nicht nur zur bewußten Gesetzesergänzung, sondern darüber hinaus zur Änderung gesetzten Rechts. Habe die bisherige Lehre mit den methodischen Mitteln der extensiven und restriktiven Interpretation eine Gesetzesänderung letztlich zu verbergen gesucht, liege in der gegenwärtigen Forderung nach richterlicher Machtentfaltung im Grunde nichts Neues.[458] Nur in der Offenheit, mit der gegen den klaren Inhalt des Gesetzes geurteilt werde, bestehe ein deutlicher Unterschied zu derjenigen Methode, deren Kriterium einzig ein schemenhafter Wille des Gesetzgebers abgebe. *Stampe* plädiert indes für eine contra legem - Befugnis, wenn „der Gesetzesinhalt wichtige Interessen der Allgemeinheit so schwer verletzt, daß eine Abhilfe unumgänglich not tut. Die Interessenwägung ist also auch hier notwendige Vorarbeit"[459]. Später spricht er von einer „Massenkalamität"[460], die durch das Gesetz entstanden sein muß oder notwendig entstehen wird. Am Verhältnis der Wandlungsklage beim Kauf zum Anfechtungsrecht nach § 119 II BGB zeigt *Stampe*, daß nur eine contra legem – Entscheidung zu einem Ausschluß der Irrtumsanfechtung führen konnte, „denn der Gesetzesinhalt statuiert, sprachlich wie logisch betrachtet, die Zuständigkeit beider Rechtsmittel für den Käufer".[461] Zudem sei zu prüfen, ob eine Inanspruchnahme der Legislative nicht primär in Frage komme. Das sei abzulehnen, wenn ein legislativer Eingriff sich als ungeeignet oder sich die Thematik als zu unbedeutend erweise. Beispielhaft nennt *Stampe* den Art. 319 I HGB a.F., wonach der Offerent eines unter Abwesenden gemachten Antrages an eine verspätete Annahme nicht gebunden war. Die Rechtsprechung habe darin die Möglichkeit unlauterer Spekulationen des Offerenten gesehen und das später in § 146 BGB festgeschriebene Erlöschen des Antrages entwickelt.

---

[457] *Stampe*, DJZ 1905, Sp. 1017.
[458] *Stampe*, DJZ 1905, Sp. 1018.
[459] *Stampe*, DJZ 1905, Sp. 1020.
[460] *Stampe*, Die Freirechtsbewegung, S. 28.
[461] *Stampe*, DJZ 1905, Sp. 1020 f. und Fn. 2 unter Hinweis auf JW 1905, Sp. 525 – 527, wonach wohl das von *Stampe* geforderte überwiegende Interesse der Allgemeinheit, insbesondere durch die kurzen Verjährungsfristen im Kaufrecht, den Ausschluß der Irrtumsanfechtung rechtfertigt.

Diese Änderung war, so *Stampe*, für das Gemeinwohl dringend nötig und doch so geringfügig, daß es inopportun erschien, die Gesetzgebung anzurufen.[462]

Im übrigen weist er darauf hin, daß das Recht, welches im Wege der Gesetzesergänzung oder -änderung entstanden ist, nur für den entschiedenen Einzelfall bindend sei. Zur Frage, welcher Instanz eine solche Änderungsbefugnis zustehen sollte, äußert sich *Stampe* im vorliegenden Aufsatz ausdrücklich nicht. In einem folgenden, hier bereits mehrmals zitierten Vortrag gesteht *Stampe* allerdings nicht jedem Richter Urteile contra legem zu. Er tendiert vielmehr dazu, nur der obersten Instanz in Zivilsachen eine solche Machtfülle einzuräumen.

*Hecks* Hauptangriffspunkt erschließt sich bereits aus dem gewählten Titel seines Aufsatzes „Interessenjurisprudenz und Gesetzestreue“ [463]. Ihm geht es in diesem Artikel weniger um die umfassende Darlegung der eigenen Auslegungsmethode, als um die Klarstellung dessen, wie die Bindung des Richters an das Gesetz in Abgrenzung zu *Stampes* Ansatz zu denken ist. Er leistet mithin einen Beitrag zur Lückenproblematik, obgleich er am Rande darauf hinweist, daß die Anschauung und Wertung derjenigen Interessenkonflikte, die dem Rechtsfall zugrunde liegen, weit mehr für Entscheidungen nach dem gesetzten Recht, als für Lückenfälle Bedeutung haben.[464]

*Heck* stimmt mit *Stampe* darin überein, daß Gesetzeslücken nicht im Wege begriffskonstruktiver Methoden, sondern durch Interessenprüfung – er führt hier den Begriff „Interessenjurisprudenz“ ein – geschlossen werden sollen. Das methodische Verfahren, das *Heck* bereits in früheren Schriften[465] angedeutet hatte, und das bereits Mitte der ersten Dekade des 20. Jahrhunderts Anhängerschaft nachweisen kann,[466] verfolgt in jeder gesetzlichen Regelung die zugrundeliegenden kausalen Interessenlagen. Neben dieser historischen Interessenforschung, die den Gebotsvorstellungen des Gesetzgebers nachspürt, hat der Rechtsanwender die legislative Bestimmung der Wertverhältnisse der beteiligten Interessen zu erkennen, gleichsam die normgebende Abwägung der

---

[462] *Stampe*, DJZ 1905, Sp. 1020.

[463] *Heck*, DJZ 1905, Sp. 1140 ff.

[464] *Heck*, DJZ 1905, Sp. 1141. Vgl. die Einschätzung von *Fikentscher*, Methoden des Rechts, III, S. 378 zum Wert der interessenjuristischen Methode für die Rechtsfortbildung.

[465] *Heck*, DJZ 1905, Sp. 1140 Fn. 2 m.w.N. Umfangreichere Darlegungen der neuen Methode der Interessenjurisprudenz finden sich bei *Heck* dagegen erst vor Beginn des ersten Weltkrieges in „Das Problem der Rechtsgewinnung“ (1912); „Gesetzesauslegung und Interessenjurisprudenz“ (1914) und in den 30er Jahren „Begriffsbildung und Interessenjurisprudenz“ (1932); „Interessenjurisprudenz“ (1933).

[466] Vgl. *Heck*, DJZ 1905, Sp. 1140 Fn. 2 unter Hinweis auf *Müller-Erzbach*, Die Grundsätze der mittelbaren Stellvertretung, 1905; ders., DJZ 1906, S. 1235 ff.; *Rümelin*, Zur Lehre von den Schuldversprechen und Schuldanerkenntnissen, 1905/ 1906. *Heck* selbst bezeichnet *Jhering* als denjenigen, der ihn zum Interessenjuristen gemacht habe. *Heck*, Begriffsbildung und Interessenjurisprudenz, S. 32.

kollidierenden Interessen nachzuvollziehen. Ist eine Fallentscheidung durch Subsumtion des Sachverhalts unter eine insofern festgestellte Norm wegen einer Rechtslücke[467] nicht möglich, muß die „Ergänzung erfolgen durch Prüfung der betheiligten Interessen und bei Konflikt derselben durch Abwägung ihres legislativen Werthes. Allerdings unter Berücksichtigung des feststehenden Rechts. Denn fast jede Norm enthält die Entscheidung eines Interessenkonflikts, somit ein Werturtheil, welches der Übertragung auf andere gleichliegende Konfliktsfälle fähig und bedürftig ist."[468]

Dieses hier aufgezeigte Verfahren, das letztlich auf eine Gesetzes- oder Rechtsanalogie hinausläuft, wird von *Stampe* gerade verworfen. Während sich für ihn der Gesetzesinhalt allein aus der Wortlaut- oder Logikinterpretation erschließt, ist es *Heck* nicht eingängig, nur den unmittelbaren Gesetzesinhalt für eine Auslegung heranzuziehen. Nach seinem Ansatz existiert ein mittelbarer Gesetzesinhalt, der im Wege der extensiven und restriktiven Interpretation sowie der Analogie ermittelt werden kann und an den auch im Falle von Lücken angeknüpft werden muß. Seine Kritik richtet sich mithin gegen eine, die Resultate der „freien Auslegung" negierende Methode, nach der der mittelbare Gesetzesinhalt nur dann Berücksichtigung finde, wenn seitens des Staates ein Interesse an möglichst einfacher und konsequenter Fortbildung der Rechtsordnung konstatiert werden könne. Eine Bindung an das mittelbar hervortretende Werturteil der Gemeinschaft gebe es aber nicht und damit sei Raum für eine willkürliche, subjektive Gebotsergänzung geschaffen.[469] Der unbeschränkten Freiheit nach dem Vorbild *Stampes* wird somit eine an das gesetzte Recht gebundene Freiheit gegenüber gestellt. Lückenergänzung bleibt für *Heck* eine Form der Gesetzesanwendung, ist sonach „fortbildende Auslegung"[470]. Damit setzt er sich deutlich auch in Widerspruch zu den Ausführungen *Ehrlichs*, der den Raum bloßer Interpretation (zwar anders als *Stampe* aber im Einklang mit *Heck*) auf die historische Auslegung beschränkt

---

[467] *Heck*, DJZ 1905, Sp. 1140 und Fn. 2 m.w.N. Eine Lückentheorie war zu diesem Zeitpunkt noch nicht entwickelt. *Heck*, Archiv für Bürgerliches Recht, Bd. 4 (1890), S. 24 spricht nur von „fehlenden Normen". Ders., ZHR, Bd. 37 (1890), S. 278 problematisiert die Entscheidungsfindung im Falle „im positiven Recht nicht geregelter Fragen" und weist damit wohl auf diejenigen Lücken hin, die durch die ungewollte Nichtregelung von Interessenlagen entstanden sind. Diese Art von Lücken wird *Heck* später als eine Unterart der primären Lücken kennzeichnen und den sekundären und Kollisionslücken gegenüberstellen; so *Heck*, AcP 112 (1914), S. 168 ff.

[468] *Heck*, ZHR, Bd. 37 (1890), S. 278.

[469] *Heck*, DJZ 1905, Sp. 1141 f.: „Sie (die Methode Stampes – S.H.) würde es ermöglichen, daß subjektiv als gerecht empfundene, aber von der Rechtsgemeinschaft verworfene Maßstäbe doch zur Anwendung gelangen. Ein Richter mit sozialdemokratischem Ideale könnte es für seine Pflicht halten, jedesmal die Vermögenslage der Parteien zu berücksichtigen und die Norm zugunsten des Armen zu bilden."

[470] *Heck*, AcP 112 (1914), S. 50.

wissen will, letztlich aber ein rechtsschöpfendes, an moderne Bedürfnisse angelehntes richterliches Urteil erst in der „freien Rechtsfindung" verwirklicht sieht.

Der Schlußsatz *Hecks*, die Interessenjurisprudenz bedinge keine Abschwächung der Gesetzestreue,[471] beschreibt im Kern den heterogenen Ansatz beider Autoren um die Stellung des Richters zum Gesetz, jedoch nicht nur im Falle der Lückenergänzung. Weit häufiger wird in der heutigen Literatur der Disput im Hinblick auf die von *Stampe* im weiteren aufgeworfene contra legem - Problematik diskutiert. So habe sich *Stampe* mit diesem Standpunkt unangefochten den Ruf eines extremen Freirechtlers eingehandelt und gleichsam die Brandfackel geworfen.[472] In gleicher Richtung argumentiert *Schröder*, für den die Diskussion um die Freirechtsschule in der Frage mündet: Wann darf ein Richter sich mit vollem Bewußtsein über eine Vorschrift des positiven Rechts hinwegsetzen.[473] Für *Heck* selbst scheidet diese Thematik der Gesetzesberichtigung die Interessenjurisprudenz von der Freirechtslehre.[474] Gleichwohl ist seine Argumentation gegen die erweiterte richterliche Konzession weniger engagiert als analytisch. Zwar sieht er im richterlichen Aufhebungsrecht noch größere Gefahren subjektiven Judizierens, als bei der zwar unbeschränkten, im Vorfeld aber an Wortlaut und Logik gebundenen Gesetzesergänzung. Ein weiteres Eingehen erübrige sich aber.[475] *Heck* geht es nicht, wie ein erster Blick in den Aufsatz vermuten ließe, um eine Kampfansage gegen das methodische Mittel der Gesetzesänderung schlechthin. Er konzentriert seine Argumentation vielmehr auf die Feststellung eines Verstoßes gegen die Gesetzeswirkung. Der Richter solle, so *Hecks* Vorwurf, befugt sein, klare Befehle ohne Anlehnung an andere Gesetze für den Einzelfall aufzuheben.[476] Diese Vorstellung beruhe letztlich auf der Grundanschauung *Stampes*, die *Heck* bereits angesichts der Gebotsergänzung kritisierte, und die einen mittelbaren Gesetzesinhalt nicht kennt, gleichsam auch die einfache Einschränkung des Wortlauts als Gesetzesänderung betrachte.[477] Die Befugnis des Richters, vom Wortlaut des Gesetzes abzuweichen, sei unentbehrlich und längst anerkannt und habe die Gesetzesgebote gerade zu verwirklichen. Einem Forscher, so *Heck* weiter, der zwischen Wortlaut und Gesetzesgebot nicht unterscheide, müsse diese Befugnis als Befugnis zur Gesetzesabänderung

---

[471] *Heck*, DJZ 1905, Sp. 1142.
[472] *Gängel/ Mollnau*, Gesetzesbindung und Richterfreiheit, S. 304.
[473] *Schröder*, Rechtstheorie 19 (1988), S. 345 zitiert *Oertmann* m.w.N.; ders., Rechtstheorie 19 (1988), S. 346 mit Hinweis auf *Stampe*.
[474] *Heck*, Begriffsbildung und Interessenjurisprudenz, S. 111 mit Hinweis auf AcP 112 (1914), S. 196, 274.
[475] *Heck*, DJZ 1905, Sp. 1142.
[476] *Heck*, DJZ 1905, Sp. 1141.
[477] *Heck*, DJZ 1905, Sp. 1142.

erscheinen.[478] *Heck* geht es vornehmlich darum, diese Prämisse zu widerlegen.[479] Noch 1912 vertritt er im übrigen die Ansicht, daß das Recht zur Gesetzesänderung, die über eine bloße Ergänzung (einschränkende und ausdehnende Auslegung, Analogie) hinausgeht, mit dem Postulat der Rechtssicherheit und Autonomie der Rechtsgemeinschaft unvereinbar sei.[480] Später wird *Heck* die Lehre von der Gesetzesänderung aufgreifen und in Form der Gebotsberichtigung als erweiterter Konzession zur Gebotsergänzung ausdrücklich anerkennen: „Die richterliche Gebotsbildung läßt sich nicht auf die Ergänzung fehlender Einzelgebote, auf die Ausfüllung echter Tatbestandslücken beschränken. Sondern sie ist auch auf die Berichtigung unpassender Gebote, auf die unechten Tatbestandslücken Zitelmanns[481], auszudehnen... Diese Beurteilung kann zu dem Ergebnisse führen, daß schutzwürdige Interessen durch kein historisch nachweisbares Gebot geschützt sind. Aber ganz derselbe Maßstab führt auch zu der Erkenntnis, daß es Fälle gibt, in denen ein historisch erkennbares Gebot solche Interessen verletzt."[482] Gleichwohl macht er deutlich, daß dieser Widerspruch nur ein scheinbarer ist.[483] Ohne daß vorliegend die Argumentation *Hecks* umfassend nachgezeichnet werden muß,[484] bleibt festzuhalten, daß die Zulässigkeit des contra legem - Judizierens außerhalb einer bloßen Ergänzung lückenhaften Rechts wiederum an der Prämisse festgemacht wird, daß der Inhalt einer Norm sich nicht nur aus einer Wortlaut- und Logikinterpretation ergeben kann. Die richterliche Rechtsfindung erschöpft sich nach *Hecks* Ansatz nicht in der Erforschung und Reproduktion des subjektiven Sinns, der legislativen Vorstellungen von Tatbestand und Rechtsfolge.[485] Historische Forschung müsse, weil der Inhalt des Gebotes auf einem Willensakt beruhe, zugleich Umstands- und Ursachenforschung sein.[486] Das Ziel jeder Auslegung bestehe in

---

[478] *Heck*, Begriffsbildung und Interessenjurisprudenz, S. 200 Fn. 2. *Heck* spielt in diesem Zusammenhang auf die Ergebnisse der einschränkenden und ausdehnenden Auslegung an; ders., DJZ 1905, Sp. 1142.

[479] So rückschauend *Heck*, Begriffsbildung und Interessenjurisprudenz, S. 201 Fn. 1.

[480] *Heck*, Das Problem der Rechtsgewinnung, S. 27 f.

[481] Vgl. *Zitelmann*, Lücken im Recht, in: *Gängel/ Mollnau*, Gesetzesbindung und Richterfreiheit, S. 55: „In den Fällen, in denen man gemeinhin von Lücken spricht, handelt es sich in Wahrheit darum, daß für besondere Tatbestände eine besondere, von der allgemeinen Regel abweichende rechtliche Behandlung im Gesetz vermißt wird. Lückenausfüllung bedeutet, daß der Richter jene allgemeine Regel für diese besonderen Tatbestände durchbricht und für sie einen neuen Rechtssatz, meist in Weiterbildung anderer, schon vorhandener Sondersätze, findet."

[482] *Heck*, AcP 112 (1914), S. 204.

[483] *Heck*, AcP 112 (1914), S. 201.

[484] Vgl. *Heck*, AcP 112 (1914), S. 203 ff.

[485] Dazu ausführlich *Kallfass*, Die Tübinger Schule der Interessenjurisprudenz, S. 20 ff.

[486] *Heck*, AcP 112 (1914), S. 26.

der Erkenntnis der für die Norm kausalen Interessen: Der Richter müsse daher „über die Begriffe hinaus und mit ihrer Hilfe zu den vom Gesetz angeschauten Interessenlagen, den gesetzlichen Werturteilen und Wertideen" vorstoßen.[487] Hierin liegt auch der Schlüssel, mit dessen Hilfe über einen rein historischen Erkenntnisprozeß hinaus eine normative Fortbildung und Gebotsänderung stattfinden kann. Der wirkliche Wille des Gesetzgebers - *Heck* faßt unter diesen Begriff die Gemeinschaftsinteressen[488] - sei nicht der historische, sondern der Augenblickswille, derjenige also, dessen Wahrung dem Richter obliege.[489] Die Autonomie der Rechtsgemeinschaft fordere nur die Ausführung der Gebote in den angeschauten Sachlagen. Nur in diesen Sachlagen sei derjenige Interessenkonflikt vorhanden, für den das gesetzliche Werturteil gegeben sei. Sobald also der Richter die Überzeugung gewonnen habe, die im Gesetz zur Geltung gelangten Interessen forderten bei Anschauung der konkreten Sachlage eine Berichtigung, dürfe der Richter vom Gesetz abweichen.[490] Eine Änderung der tatsächlichen Verhältnisse findet im Prozeß der Rechtsfindung insoweit Berücksichtigung, als aus der historischen Interessenwägung eine Wertung entnommen wird, die letztlich in die Gegenwart transportiert wird. Die Macht, die dem Richter im Wege einer contra legem - Befugnis durchaus zugestanden wird, ist damit eine an gesetzliche Wertungen gebundene. Ausgeschlossen bleiben soll insofern die Gesetzesvereitelung, die den erkannten Wertungen zuwider Normen abändert.[491] Hierdurch erhellt sich auch der von *Heck*, bezogen auf seine Lehre, konstatierte Streit um die, so wörtlich, „vermeintliche Befugnis des Richters, ‚das Gesetz zu ändern'"[492]. Nicht unerwähnt bleiben darf, daß im Falle des Fehlens gesetzlicher Wertungen eine richterliche Eigenwertung erwogen wird.[493] Der Richter sei dann, so *Heck*, nicht nur ausführendes Organ eines fremden Willens, sondern Gehilfe des Gesetzgebers bei der Wahrung der Gemeinschaftsinteressen, wenn auch ein durchaus abhängiger.[494] Auch das Vorhandensein sonstiger irrationaler Elemente im Rechtsfindungsprozeß nimmt *Heck* als unvermeidbar hin.[495] Dennoch bleibt

---

[487] *Heck*, Begriffsbildung und Interessenjurisprudenz, S. 107.
[488] *Heck*, AcP 112 (1914), S. 64.
[489] *Heck*, AcP 112 (1914), S. 55 verwendet hier das Bild vom Diener und seinem Herrn. Der militärische Unterführer, der gestern den Befehl erhalten habe, eine Position zu besetzen, könne heute von der Ausführung absehen, wenn er annehmen dürfe, daß die Oberleitung bei Kenntnis der jetzigen Sachlage anders befohlen hätte.
[490] *Heck*, AcP 112 (1914), S. 222. Zur Problematik von Wertungsänderungen in der Lehre *Hecks*: *Kallfass*, Die Tübinger Schule der Interessenjurisprudenz, S. 53 f.
[491] *Heck*, AcP 112 (1914), S. 220 ff.
[492] *Heck*, AcP 112 (1914), S. 101 (Hervorhebung im Original).
[493] *Heck*, AcP 112 (1914), S. 238 f.
[494] *Heck*, AcP 112 (1914), S. 228.
[495] *Heck*, AcP 112 (1914), S. 97 ff. Die Traditionslinie zu *Rümelin*, siehe S. 22, ist auch an dieser Stelle unverkennbar.

festzustellen, daß der Schwerpunkt seiner Methodenlehre, wie sie sich bereits im vorliegenden Aufsatz darstellt, auf Kriterien zielt, die nicht konzentrisch um das erkennende Subjekt kreisen. Es ist das Gesetz, das, anders als bei *Stampe*, *Sternberg* und *Ehrlich*, wieder verstärkt zum Erkenntnisobjekt avanciert.

## VI. 1906[496] - Max Rumpf[497] und der Weg vom Wertgefühl zum Werturteil

*Rumpf* nähert sich in seinem Werk „Gesetz und Richter" der Problematik der richterlichen Rechtsfindung nicht wie *Stampe* oder *Heck* über die Thematisierung der Auslegungsziele und der Grenzen richterlicher Macht an, auch nicht über die in der bisherigen Diskussion nur am Rande problematisierte Reform der Interpretationsmittel, sondern erwartet Lösungen über eine Analyse der psychischen Verhaltensweisen bei der Rechtsanwendung. Dieser Ansatz erinnert stark an denjenigen *Sternbergs*[498]. Beiden Lehren ist gemeinsam, daß sie nicht an der herkömmlichen Rechtsquellenlehre anknüpfen und über die Anerkennung weiterer über das positive Recht hinausgehender Rechtsquellen eine neue Methode favorisieren.[499] Vielmehr rückt der Richter als der „eigentliche Träger der Rechtsanwendung"[500] in den Blickpunkt. *Rumpf* hebt in diesem Zusammenhang die Rede *Bülows*[501] hervor, in der dieser den Richter neu entdeckt habe. *Ehrlich* sei danach einer der ersten gewesen, der in seinem

---

[496] Es mag vorliegend nicht Anstoß daran genommen werden, daß *Kantorowicz*` „Kampf um die Rechtswissenschaft", das weithin als das Manifest der freirechtlichen Bewegung gilt und insbesondere durch die aufgeworfene contra legem - Problematik eine breite Debatte in Deutschland auslöste, vorliegend keine Bearbeitung erfährt. Der Grund dafür liegt in der weitaus analytischen Darstellung der herkömmlichen Methode in *Kantorowicz*` Werk, während es doch ein Hauptziel dieser Arbeit ist, die neueren methodologischen Ansätze nicht ausschließlich in der Abgrenzung zur alten Methode, sondern primär als eigenständige Reformansätze aufzuzeigen.

[497] Max Rumpf (1878 - 1953) arbeitete ab 1905 als Landrichter in Oldenburg und trat 1912 eine Dozentenstelle, ab 1919 eine Professur an der Handelshochschule in Mannheim an. Später hatte er einen Lehrstuhl an der Handelshochschule in Nürnberg-Erlenstegen inne. Rumpf war neben Hans Reichel und Franz Riß Schriftleiter der vereinseigenen Zeitschrift „Recht und Wirtschaft". Vgl. *Gängel/ Mollnau*, Gesetzesbindung und Richterfreiheit, S. 381.

[498] *Rumpf* selbst nimmt im Text keinen Bezug auf *Sternbergs* „Allgemeine Rechtslehre". Gleichwohl zitiert er, was eine Traditionslinie mit *Sternberg* erkennen läßt, *Wundt*.

[499] So auch *Kanigs*, 25 Jahre Freirechtsbewegung, S. 28.

[500] *Rumpf*, Gesetz und Richter, S. 31.

[501] *Bülow*, Gesetz und Richteramt, 1885.

Vortrage „Freie Rechtsfindung und freie Rechtswissenschaft" den Richter wieder in den Vordergrund geschoben habe.[502] Ausdrücklich anerkennt er zudem die Leistung *Rümelins*, der der Alleinherrschaft des reinen Denkens in der Rechtsanwendung energisch zu Leibe gegangen sei.[503]

Eine Untersuchung der psychischen Faktoren im Prozeß der Entscheidungsfindung muß notwendig die Grenzen reinen Denkens bestimmen. *Rumpf* versteht unter dem Terminus „reines Denken" ein Denken, „das... sich selbst genug ist, sich von Wertungen, Wollungen und Gefühlen frei hält und an den Denkobjekten kein Interesse nimmt, ein Denken, das nur das Interesse an der formalen Richtigkeit seiner eigenen Operationen kennt"[504]. Zwar sei die Rechtsanwendung in bestimmten Fällen durch rein logische Denkstrukturen möglich.[505] Auch erfolge die Subsumtion eines Sachverhalts unter eine Norm nach den Regeln der Logik.[506] Davon zu unterscheiden sei aber die einer Subsumtion vorhergehende Konstituierung des Obersatzes. Hier wird, so *Rumpf*, in den meisten Fällen der Weg der reinen Logik verlassen, nämlich immer dann, wenn der Rechtsanwender nach dem „Wert" eines Rechtssatzes fragt.[507] *Rumpf* gebraucht diesen Terminus[508] als Synonym für die Auslegung nach der ratio, nach dem Grunde, dem Zwecke des Gesetzes.[509] Ihm geht es darum, deutlich zu machen, daß juristischen Operationen oftmals Überlegungen zugrunde liegen, die nicht ausschließlich logischer, sondern rechtsethischer und rechtspolitischer Natur sind. Diese Feststellung reiht sich in den Kanon all jener Stimmen ein, die den Zusammenhang der Rechtssätze als einen Zweckzusammenhang deuten und die bereits von *Rümelin* angesprochenen, unumgänglich subjektiven Einflüsse im Rechtsfindungsprozeß betonen. Neue Impulse setzt *Rumpf* dort, wo er die Erkenntnis der Irrationalität weiter

---

[502] *Rumpf*, Gesetz und Richter, S. 31 f.

[503] *Rumpf*, Gesetz und Richter, S. 36. Gemeint ist die Rede *Rümelins*, Werturteile und Willensentscheidungen, 1891; dazu vorliegend S. 22.

[504] *Rumpf*, Gesetz und Richter, S. 39.

[505] Beispielhaft für eine solche rein verstandesmäßige Denkoperation nennt er neben anderen § 1458 BGB, der bestimme, daß bei der allgemeinen Gütergemeinschaft der eheliche Aufwand dem Gesamtgute zur Last falle. Was aber Gesamtgut sei, definiere § 1438 BGB ganz unzweideutig. *Rumpf*, Gesetz und Richter, S. 39.

[506] *Rumpf*, Gesetz und Richter, S. 43.

[507] Illustriert wird dieser Gedanke anhand des § 811 ZPO, nach dem bestimmte Sachen der Pfändung nicht unterworfen sind. Für *Rumpf* lassen der Wortlaut sowie der Satzzusammenhang der aufgeführten Gegenstände erhebliche Zweifel. So fragt er beispielsweise, ob das Geschäftsbuch, das laut Gesetz in Gebrauch genommen sein muß, den Tatbestand bereits dann erfülle, wenn der Name hineingeschrieben wurde. *Rumpf*, Gesetz und Richter, S. 40 ff.

[508] - abgesehen von einer mit dem Willen des Gesetzgebers arbeitenden und von ihm abgelehnten Lehre, *Rumpf*, Gesetz und Richter, S. 120 ff.

[509] Zur Ablehnung der Termini im einzelnen siehe *Rumpf*, Gesetz und Richter, S. 51 ff.

analysiert und für eine Methodenlehre nutzbar machen will. Als seine Lehre prägend erweist sich die Bestimmung des Verhältnisses von „Denken und Werten", die im Bereich der Rechtsanwendung das Verhältnis „Urteilen und Beurteilen" bilden.

Hier gilt es zunächst, *Rumpfs* Begriff des „Wertes eines Rechtssatzes" darzulegen. Ausgangspunkt jeder Rechtsanwendung ist die Annahme, daß jede einzelne Norm „einen vernünftigen Sinn, einen dem Ziele des Gesetzes, das Rechtsleben zu ordnen, dienenden Wert hat"[510]. Unter einem „Wert" versteht *Rumpf* gleichsam die Geeignetheit eines Rechtssatzes, „im Einklang mit der Normengruppe, der er angehört, und schließlich im Einklang mit dem gesamten objektiven Recht ein Stück Rechtsleben zu ordnen."[511] Schon diese Definition verbindet den Begriff des Wertes mit dem richterlichen Vorgang des Bewertens, soll doch die „Geeignetheit" eines Rechtssatzes zur Lösung eines konkreten Falles maßgebend sein. Es wird deutlich, daß die Ermittlung des Wertes einer Norm – *Rumpf* anerkennt formale und materiale Werte[512] - ein Bewerten des erkannten Normenwertes nach sich zieht. Fast immer, so *Rumpf*, ist die Ermittlung eines Normenwertes gleichbedeutend mit einer Abwägung oder Grenzziehung zwischen zwei oder mehr konkurrierenden Werten.[513] Dieser Rekurs auf den Sinn und Zweck einer Norm, die zentrale Stellung des Wertbegriffs sowie die Wertentscheidung des Richters erinnern an die eingangs bei *Heck*[514] angedeutete interessenjuristische Methode, wenn auch die irrationale Komponente im Vorgang der Wertabwägung *Heck* nur am Rande interessierte. *Rumpf* stellt hingegen unvermittelt klar, daß Interessenwägung gerade nicht betrieben werden solle. Zwar seien die Ausdrücke Wert und Interesse verwandt, mit Interessenabwägung identifiziere der juristische Sprachgebrauch jedoch überwiegend eine den Einzelfall und die dabei widerstreitenden Interessen in den Mittelpunkt stellende Methode.[515] Ihm gehe es hingegen darum, im Prozeß des „vergleichende(n) Hinundhergehen(s) zwischen Norm und konkretem Fall" die Norm als den zentralen Gegenstand anzuerkennen.[516] Dieser bewußten Stellungnahme des Richters im Hinblick auf die Angemessenheit des anzuwendenden Rechtssatzes auf den Sachverhalt stehen aber durchaus Formen des reinen Denkens zur Seite. Dem Verstand

---

[510] *Rumpf*, Gesetz und Richter, S. 50.

[511] *Rumpf*, Gesetz und Richter, S. 51.

[512] Als formalen Wert nennt *Rumpf* die Rechtssicherheit; materiale Werte bilden beispielsweise sittliche und ökonomische Werte, die er auch als Kulturgüter bezeichnet. *Rumpf*, Gesetz und Richter, S. 58 ff., 71, 80.

[513] *Rumpf*, Gesetz und Richter, S. 80 f.

[514] Siehe S. 78 ff.

[515] *Rumpf*, Gesetz und Richter, S. 82 f. Insoweit grenzt er sich auch von all jenen Lehren ab, die die richterliche Entscheidung primär als eine Einzelfallentscheidung charakterisieren.

[516] *Rumpf*, Gesetz und Richter, S. 82.

werden korrigierende Qualitäten zugedacht: er liefert Erfahrungsmaterial des Lebens und der Rechtsprechung und genügt somit dem Ziel der Rechtssicherheit.[517] Damit entwickelt *Rumpf*, wie schon etwa *Ehrlich* und *Sternberg*, seine Methode zu einem Erkenntnisprozeß, der trotzdem schöpferisch agieren kann.[518]

Der Gedanke der Verknüpfung von wertender und logischer Tätigkeit, der seinen präzisen Ausdruck im Terminus „Werturteil" gefunden hat, wird auch für die Rolle des Rechtsgefühls bedeutsam. Nach *Rumpf* ist das Rechtsgefühl eine besondere Form des Wertens. Kritisch bemerkt er jedoch, daß der Richter häufig über die Art und Weise der Anwendung einer Rechtsnorm oder Rechtsregel nicht reflektiert. Als äußerst problematisch stuft er im weiteren die Tatsache ein, daß sich der Rechtsanwender „nicht auf seine eigene (bewußte) Tätigkeit, auf die dabei mitwirkenden psychischen Faktoren" besinnt. So mangele es daran, daß der Richter seine Tätigkeit wieder bewußt beschleiche und zergliedere.[519] *Rumpf* verlangt mithin eine Analyse der eigenen Psyche und zeigt damit nicht nur terminologische Parallelen zu *Sternbergs* Konzeption. Erst ein solches Bewußtwerden erhebt die Rechtsanwendung aus einem „dumpfen ‚unartikulierten' Fühlen"[520] heraus aus bloßer Subjektivität. Eine Willkür vermeidende und, was noch zu zeigen sein wird, tendenziell objektive Entscheidungsfindung kann nur erreicht werden, wenn, so *Rumpf*, aus den Wertgefühlen durch die Verbindung mit dem Denken Werturteile werden.[521]

Neben dieser grundlegenden Absage an eine reine Gefühlsjurisprudenz[522] untersucht *Rumpf* ein nächstes irrationales Element – das Wollen, ohne sich jedoch festzulegen, ob es sich hier um einen den Werturteilen vorausgehenden Akt handelt. Dem Voluntarismus *Kantorowicz*'[523], nach dem alles Recht ein

---

[517] *Rumpf*, Gesetz und Richter, S. 88.

[518] Vgl. *Larenz*, Methodenlehre der Rechtswissenschaft, S. 65 Fn. 60.

[519] *Rumpf*, Gesetz und Richter, S. 116.

[520] *Rumpf*, Gesetz und Richter, S. 118.

[521] *Rumpf*, Gesetz und Richter, S. 118 und Fn. 3 unter Hinweis auf *Weber*, Schmollers Jahrbuch 30 (1906), S. 95: „... so wird jeder gewissenhafter Forscher die Ansicht auf das bestimmteste ablehnen müssen, daß der Berufung auf ‚Totalitätsgefühle', z.B. auf den ‚allgemeinen Charakter' einer Epoche... irgend welcher Wert zukomme, sofern sie sich nicht in bestimmt artikulierte und demonstrierbare Urteile, das heißt aber in ‚begrifflich' geformte ‚Erfahrung'... umsetzen und so kontrollieren läßt." (Hervorhebung im Original).

[522] So auch *Lombardi Vallauri*, Geschichte des Freirechts, S. 138 Fn. 464.

[523] Gemeint ist *Kantorowicz*' Schrift "Kampf um die Rechtswissenschaft", 1906, auf die *Rumpf*, Gesetz und Richter, S. 97 Fn. 1 verweist: „Wenn Gnaeus Flavius in seiner ‚Der Kampf um die Rechtswissenschaft' betitelten, flotten, leider anonymen Streitschrift, S. 20 f., den Willen als einen wichtigeren Faktor bei der Rechtsanwendung anzusehen scheint, als wir, so rührt das daher, daß bei uns die Beurteilungen (Werturteile), von denen es

Erzeugnis des Willens des Rechtsanwenders ist, setzt *Rumpf* seine Überzeugung entgegen, daß der Wille nur in bestimmten Fällen bedeutsamer ist, als das Denken und Werten. So hebt er, was schon bei *Rümelin*[524] zum Ausdruck kommt, hervor, daß eine letztlich unberechenbare Willensentscheidung immer dann gegeben ist, wenn die Wertabwägung mit einem non liquet abschließt.[525]

Offenlegung und Analyse der psychischen Faktoren führen zu dem Ergebnis, daß alle Rechtsanwendung nicht unerheblich subjektiv gefärbt ist. Hieraus ergeben sich für *Rumpf* verschiedene Folgerungen: Zum einen stellt er fest, daß die Resultate der Rechtsprechung keinen Anspruch auf Allgemeingültigkeit, gleichsam auf objektive Wahrheit erheben können. Hier stellt sich die Frage, ob das Kriterium der Richtigkeit damit obsolet ist oder ob es gerade in der Subjektivität der Entscheidung zu finden ist?

*Rumpf* unterlegt der Methodik der Jurisprudenz ein neues Wissenschaftsverständnis, um das bereits in der zweiten Hälfte des 19. Jahrhunderts zentral gestritten wurde.[526] In Anlehnung an die philosophische Richtung des (südwestdeutschen) Neukantianismus *Rickerts* und *Windelbands* stuft er die Jurisprudenz als den Kulturwissenschaften zugehörig ein.[527] Die naturwissenschaftliche Erkenntnis, die die empirischen Wirklichkeiten nur als „Gattungsexemplare" allgemeiner Begriffe darstelle, also generalisierend arbeite, sei, so *Rickert*, von derjenigen Wissenschaft zu unterscheiden, die die Wirklichkeit in ihrer Individualität erfasse.[528] Den Erkenntnisobjekten jener Kulturwissenschaft haften anerkannte, als erkenntnistheoretisch a priori eingeführte Werte an, die vom Menschen „entweder hervorgebracht oder, wenn sie schon entstanden sind, gepflegt werden"[529]. Solche Werte, *Rickert* nennt sie im weiteren Kulturwerte, bezeichnen allgemein soziale Werte, die empirischen Objekten eine sinntragende Individualität verleihen. Die Aufgabe der Kulturwissenschaft bestehe nun darin, den Gegenstand der Wissenschaft zu solchen vorgefundenen Werten, wie des Staats, der wirtschaftlichen Organisationen, der Kunst, der Religion usw. in Beziehung zu setzen.[530] *Rickert* konstruiert gleichsam eine Wertbeziehung zwischen zu erkennendem Objekt und dem (ihm anhaftenden) Wert, ohne daß diese Methode eine Wertung, eine

---

zweifelhaft ist, ob sie letzten Endes auf Wollungen oder auf Gefühle zurückgehen, den größten Teil der Arbeit leisten, den Gn. F. dem Willen aufbürdet."

524 *Rümelin*, Werturteile und Willensentscheidungen, S. 49.

525 *Rumpf*, Gesetz und Richter, S. 97 ff., 98.

526 Dazu *Schröder*, Gesetzesauslegung und Gesetzesumgehung, S. 49 ff.

527 *Rumpf*, Gesetz und Richter, S. 102 ff. m.w.N.; *Rickert*, Kulturwissenschaft und Naturwissenschaft, S. 40.

528 *Rickert*, Die Grenzen der naturwissenschaftlichen Begriffsbildung, S. 130 f., 145 ff.

529 *Rickert*, Kulturwissenschaft und Naturwissenschaft, S. 36.

530 *Rumpf*, Gesetz und Richter, S. 104 m.w.N.

„Aussage über Wert und Unwert der Dinge in allgemeingültiger Weise“[531] zu treffen befähigt ist. Hier knüpft *Rumpf* nunmehr an. Während nach *Rickerts* Ansatz die Objektivität der Ergebnisse infolge der Absage an jegliche „Bewertung“ der Werte durch das erkennende Subjekt gewahrt bleibt, existiert für *Rumpf* ein wertendes Bewußtsein des rechtsanwendenden Richters.[532] So stellt sich für ihn die Frage, ob der Methode der Kulturwissenschaft Objektivität in einem geringeren Grade zufalle, „als er (der Richter – S.H.) mehr Wärme, mehr Persönlichkeit in die Ergebnisse seiner Arbeit stecken muß“.[533] Die tendenziell objektive Entscheidungsfindung sieht *Rumpf*, wie bereits angedeutet, durch eine bewußte Formung der Wertgefühle zu Werturteilen realisierbar.[534] Dazu gehöre auch, alles Material aus Vorentscheidungen, aus verwandten Gesetzesstellen sowie aus der Eigenart des konkreten Falles zu sammeln, um es dann beurteilen zu können.[535]

Aus der Konzeption *Rumpfs*, den Richter nicht mehr bloß als Urteilenden im Sinne der intellektualistischen Logik, sondern als Beurteiler zu begreifen,[536] ergeben sich weitere Folgerungen für die Interpretationslehre. *Rumpf* verwirft die Auslegung nach dem Willen des Gesetzgebers und favorisiert dagegen „die in der Literatur herrschende Meinung..., daß der Interpret nicht den Willen des Gesetzgebers, sondern den objektiven Sinn des Gesetzes zu erforschen habe“[537]. So gelte es mit *Kohler*, einem der führenden Verfechter der objektiven Auslegungslehre,[538] „die Selbständigkeit des Gedankens gegenüber dem Denkenden und Äußernden“ zu betonen.[539] Es existiert also eine dem Gesetz immanenter Sinngehalt, ein Wille im teleologischen Sinne.[540] „Das Zweckstreben des Gesetzes ist es“, so *Kohler* weiter, „den internen Lebensbedürfnissen des gesellschaftlichen Organismus mit den Mitteln, welche

---

[531] *Rickert*, Geschichtsphilosophie, in: Windelband, FS Fischer, S. 357.

[532] *Rumpf*, Gesetz und Richter, S. 79 Fn. 2 und S. 104 ff. *Rumpf* zitiert im weiteren *Weber*, Schmollers Jahrbuch 30 (1906), S. 98, 99, nach dem ein Wert die Fähigkeit habe, Inhalt einer Stellungnahme zu sein: „eines artikuliert - bewußten positiven und negativen ‚Urteils‘ zu werden, etwas, was ‚Geltung heischend‘ an uns herantritt, und dessen ‚Geltung‘ als ‚Wert‘ ‚für‘ uns demgemäß ‚von‘ uns anerkannt, abgelehnt oder in den mannigfachsten Verschlingungen ‚wertend beurteilt‘ wird.“

[533] *Rumpf*, Gesetz und Richter, S. 105.

[534] *Rumpf*, Gesetz und Richter, S. 120. Dagegen *Schmitt*, Gesetz und Urteil, S. 99: „Welche psychischen Faktoren im Richter wirksam sind, ist ein Problem, das den Psychologen angeht; ein Kriterium der Richtigkeit kann keine psychologische Analyse liefern.“

[535] *Rumpf*, Gesetz und Richter, S. 119.

[536] So auch die Einschätzung von *Reichel*, Gesetz und Richterspruch, S. 38.

[537] *Rumpf*, Gesetz und Richter, S. 120.

[538] Siehe S. 38.

[539] *Rumpf*, Gesetz und Richter, S. 123 f. und Fn. 2 unter Hinweis auf *Kohler*, Lehrbuch des Bürgerlichen Rechts, Bd. 1, § 39, S. 129.

[540] *Kohler*, Zeitschrift für das Privat- und öffentliche Recht der Gegenwart 13 (1886), S. 2.

die Zeit bietet, bestmöglichst abzuhelfen."[541] Das Gesetz avanciert zum Träger der „geistigen Idee", wenn, so *Kohler*, der Rechtsanwender neue Probleme aus dem „vorhandenen geistigen Organismus" des Rechts, aus Rechtsprinzipien heraus bewältigt. *Rumpf* geriert sich ausdrücklich als Anhänger dieser objektiven Lehre, wenngleich seine Argumentation nicht auf der Konstituierung eines „vernünftigen", gegenwartsbezogenen und insofern schöpferischen, statt eines „empirischen", reproduktiven Gesetzgeberwillens basiert.[542] Vielmehr geht es ihm darum, die Auslegung nach dem subjektiven Willen seiner Urheber als Fiktion bloßzulegen und führt seinen Nachweis auf psychologischer Ebene. Wenn jede richterliche Entscheidung getragen ist von Werturteilen und Willensentscheidungen, dann habe der Richter sein Bestes an juristischen Kenntnissen, an eigenen Gedanken, Werturteilen und Willensentscheidungen herzugeben, um schöpferisch, im Verein mit den im Gesetzbuch niedergelegten Gedanken, Wertungen und Willensentscheidungen, wenigstens annähernd allen einleuchtende Entscheidungen zustande zu bringen.[543]

Zu den Auslegungsmitteln selbst gibt *Rumpf*, seiner Problemstellung gemäß, nur wenige Impulse. Die grammatische, logische, systematische und historische Auslegung werden von ihm auch weiterhin anerkannt, nur werden ihnen neue Funktionen zugewiesen. So tritt, um nur eine Überlegung herauszugreifen, die Wortlautauslegung angesichts des überwiegend wertenden Verhaltens des Rechtsanwenders in ihrer Bedeutung zurück. Dennoch hält *Rumpf* an ihr fest, hebt aber gleichzeitig hervor, daß eine Entscheidung gegen den klaren Wortlaut nur dann gerechtfertigt sei, wenn der Richter nach gewissenhafter Prüfung nicht anders könne, als zur Rettung des gesunden Ergebnisses ein Stück Rechtssicherheit zu opfern.[544] Aus dieser Aussage wird deutlich, daß der Wortsinn – *Rumpf* spricht gleichbedeutend auch von der Primafacieauslegung – zugleich die Grenze einer „gesetzmäßigen" Auslegung bildet. Weitere Aussagen, die etwa die Bereiche Lückenfüllung und der Entscheidung contra legem abzugrenzen versuchen, lassen sich nicht finden. So bleibt auch unklar, ob *Rumpf* die Bereiche jenseits des Wortsinns als Gesetzesänderungen begreift und legitimiert.[545] Gleichwohl stellt er unter Hinweis auf *Sternberg* unvermittelt fest, daß es ein „sicheres Kriterium dafür, wann man sich über den Wortlaut des Gesetzes hinwegsetzten, wann man neue Rechtssätze aufstellen darf", nicht gebe.[546] *Rumpf* kommt es wohl nicht darauf

---

[541] *Kohler*, Zeitschrift für das Privat- und öffentliche Recht der Gegenwart 13 (1886), S. 35.

[542] Zur Überwindung eines empirischen Gesetzgeberwillens durch die objektive Auslegungstheorie *Larenz*, Methodenlehre der Rechtswissenschaft, S. 34 ff.

[543] *Rumpf*, Gesetz und Richter, S. 124.

[544] *Rumpf*, Gesetz und Richter, S. 77.

[545] So aber die Einschätzung von *Schmitt*, Gesetz und Urteil, S. 113 Fn. 1.

[546] *Rumpf*, Gesetz und Richter, S. 77 f. und S. 78 Fn. 1.

an, aus diesem Abgrenzungskriterium die spezifische Bindung des Richters an das Gesetz abzuleiten. Bei ihm verschwinden die Grenzen zwischen Interpretation und Analogie, zwischen Rechtsanwendung und Rechtsschöpfung.[547] Denn auch die bereits bei *Sternberg*[548] belegte Feststellung, daß selbst die einfachste Auslegung ein selbständiges Werten und Wollen des Rechtsanwenders enthalte, mithin rechtsschöpferisch verfahre, wird nicht in der Weise als Abgrenzungskriterium herangezogen, als das „Quantum Schöpfertum" die unterschiedlichen Bindungen verdeutlicht.[549] *Rumpf* konstatiert somit eine allumfassende, gerade die Zäsuren bewußt selbst setzende Verantwortung des Rechtsanwenders, die durch „tüchtige... der Schwierigkeit und der Bedeutung ihrer Aufgabe gleich bewußte Persönlichkeit(en)" getragen werden kann.[550] Die Rolle, die dem Richter nach dieser Ansicht zukommt, ist keine auf reiner Subjektivität der Entscheidungsfindung basierende, insofern dessen Freiheit betonende. Die Richterpersönlichkeit, die *Rumpf* an genannter Stelle proklamiert, beschreibt ein Richterbild, das diesen irrationalen Anteil mit der Orientierung an gesetzlichen Wertungen zu verbinden weiß. *Rumpfs* Konzeption favorisiert gerade keine Gefühlsjurisprudenz, bei der die Gefahr bloßer Willkür letztlich nur durch entsprechend gebildete Richter abgefangen werden kann, sondern unterstreicht gerade die Verantwortung des Rechtsanwenders im Hinblick auf die Überwindung des vermeintlichen Gegensatzes von Rechtsschöpfung und wissenschaftlicher Erkenntnis.

---

547 *Rumpf*, Gesetz und Richter, S. 5 f., 144, 148.
548 Siehe S. 70 ff.
549 *Rumpf*, Gesetz und Richter, S. 144 f.
550 *Rumpf*, Gesetz und Richter, S. 5.

# VII.1907 - Alfred Bozi[551] und die naturwissenschaftliche Jurisprudenz

In einer Besprechung der Schrift „Die Weltanschauung der Jurisprudenz“[552] stellt *Rumpf Bozis* neue[553] Methode als diejenige vor, die die Jurisprudenz aus ihrem alten formalistischen und lebensfremden Wesen mit Hilfe einer modernen naturwissenschaftlichen Denk- und Arbeitsweise befreien möchte. Am Ende seiner kritischen Betrachtung hält er es jedoch für einen untauglichen Versuch, naturwissenschaftliche Methoden in die Jurisprudenz zu übertragen und erachtet eine Annäherung juristischer Denkweise an die naturwissenschaftliche gar für „lebensgefährlich“.[554]

*Bozis* Kritik richtet sich gegen eine „begriffliche Rechtsprechung“. So wird der Begriff zum Tyrann der modernen Gesellschaft hypostasiert, der als Rationalismus die Wissenschaft in seine Gewalt gebracht, demnächst die Schule erobert, als doktrinärer Liberalismus die Gesetzgebung ergriffen und als grüner Tisch sich in die Verwaltung eingenistet habe. Auch sei es der Begriff, der vom obersten Gerichtssitze aus in die Welt hinausrufe, daß er sich um die praktischen Ergebnisse der Entscheidungen nicht kümmere, daß das Gesetz mit seinen Mängeln anzuwenden sei und daß der Richter es nicht als seine Aufgabe zu betrachten habe, es den Bedürfnissen des Verkehrs anzupassen.[555] *Bozi* verwirft sonach eine Methode, deren Erkenntnisobjekte von sinnlich

---

[551] Alfred Bozi (1857 – 1938) studierte Rechtswissenschaften in Freiburg u.a. bei Rümelin, später in Berlin. Seine juristische Profession fand er u.a. als Amtsrichter in Bielefeld und Leer/ Ostfriesland, später als Landrichter in Aurich, und nach weiteren Stationen in der Justizverwaltung wurde er Oberlandesgerichtsrat in Hamm. Bozi engagierte sich Zeit seines Lebens in der Justizreformbewegung. Seine Bemühungen um eine neue Methode der Rechtsprechung auf naturwissenschaftlicher Grundlage wurden im Jenaer Kreis um Börngen und Deinhardt jedoch abgelehnt. Gleichwohl trat Bozi dem Verein „Recht und Wirtschaft“ 1911 bei und führte eine Bielefelder Ortsgruppe. Darüber hinaus war Bozi an der Gründung eines Diskussionsvereins für „sozialpolitische Erörterungen“ beteiligt und verfaßte das „Bielefelder System“ der sozialen Gerichtshilfe. An dieser Stelle gilt mein Dank dem Stadtarchiv Bielefeld für die freundliche Unterstützung bei der Recherche der Lebensstationen Alfred Bozis.

[552] *Bozi*, Die Weltanschauung der Jurisprudenz, 1907.

[553] Die Neuheit des Ansatzes wir von einigen Zeitgenossen bestritten. So stellt *Kohler*, Archiv für Rechts- und Wirtschaftsphilosophie, S. 331 f. mit Blick auf die eigene Lehre unvermittelt fest, daß bereits vor Jahren die Tatsache ausgesprochen wurde, daß der Scholastizismus in der Jurisprudenz nicht ausreiche, um das Leben zu befriedigen. Insofern enthalte die Schrift nichts Neues, sie hätte vielmehr ungeschrieben bleiben können. Vgl. auch *Vierhaus*, Über die Methode der Rechtsprechung, S. 68 ff.

[554] *Rumpf*, Kritische Vierteljahresschrift III, Folge 13, S. 437 ff.

[555] *Bozi*, Die Weltanschauung der Jurisprudenz, S. 17 f.

wahrnehmbaren Erscheinungen unabhängig sind. Der hier angesprochene Scholastizismus ging, so *Bozi*, davon aus, daß die aus der Erfahrung entnommenen Erkenntnisgegenstände wegen ihrer Zufälligkeit und Wandelbarkeit nicht zum wahren Wesen der Dinge durchzudringen fähig seien. Jene Methode suche daher nach festen, allgemeinen Begriffen, die durch logische Abstraktion aus den Erfahrungsbildern gewonnen werden. Die Erkenntnis allen Seins wird mithin nicht einem erkennenden Subjekt anvertraut, sondern beurteilt sich deduktiv aus a priori gegebenen allgemeinen Begriffen, die Wesen und Wert der Einzeldinge bestimmen.[556]

Gleichwohl streitet *Bozi* für eine „naturwissenschaftliche" Anschauung, die aber, was die Terminologie zunächst vermuten ließe, nicht diejenige ist, die *Rumpf* aufbauend auf *Rickert* und mit ihm eine ganze Generation von Juristen als die der Begriffsjurisprudenz zugrundeliegende, weil auf mathematische Wahrheit zielende, stigmatisierte. Im Gegensatz zu den bereits besprochenen Lehren gründet *Bozi* seine Methode auf zwei naturwissenschaftliche Gesetze.

So ergebe „das Entwicklungsgesetz[557], daß die Erscheinungen sich stetig ändern und daß Verlauf und Richtung dieser Abänderung überhaupt nicht durch dasjenige bestimmt werden, was uns als das Wesentliche erscheint. Ist das aber nicht der Fall, so wandelt sich die Einsicht in die Unkenntnis von dem Wesen des Allgemeinen in die Überzeugung um, daß auch das fehlerlos konstruierte Allgemeine mit der Zeit falsch werden muß,..."[558]. Diesem „Kampf zwischen dem Allgemeinen und dem Besonderen", der in der „Anerkennung eines allem Besonderen überlegenen Allgemeinen" seinen Ausgang gefunden habe, setzt *Bozi* eine nunmehr allgemein anerkannte Ansicht entgegen, die dem Allgemeinen keine solche Dominanz zuerkennt. So seien Arten, Gattungen, Familien und Klassen nur Zusammenstellungen von Merkmalen, welche eine mehr oder weniger brauchbare Handhabe bieten, die Menge der Individuen zu überschauen.[559] Die Aussage zeigt *Bozi* im Kanon all derer, die der generalisierenden Begriffsbildung als Rechtserkenntnisquelle eine Absage erteilen und der empirischen, individuellen Wirklichkeit Eingang in die Rechtsanwendung verschaffen wollen.

Daneben besage das „Gesetz von der Erhaltung der Energie", daß jede Veränderung nur eine Veränderung in der Erscheinungsform sei: „Wir nennen etwas in dem einen Falle Wärme, in einem anderen Elektrizität, in einem dritten Gestalt, jenachdem es im einzelnen Falle diejenigen Wirkungen erzeugt, welche wir als Wärme, Elektrizität oder Gestalt zu bezeichnen pflegen, aber demungeachtet handelt es sich doch in allen diesen Fällen um ein und

---

[556] *Bozi*, Die Weltanschauung der Jurisprudenz, S. 66 ff.
[557] *Bozi*, Die Weltanschauung der Jurisprudenz, S. 108 ff., 113.
[558] *Bozi*, Die Weltanschauung der Jurisprudenz, S. 118 f.
[559] *Bozi*, Die Weltanschauung der Jurisprudenz, S. 118.

dasselbe."[560] Folgerungen für die Methode der Rechtsanwendung zieht *Bozi* insofern, als er einer Identifizierung von Denken und Sein entgegen tritt. Wenn die allgemeinen Begriffe nur wechselnde Vorstellungsformen von Erscheinungen sind, dann sind die Zäsuren, mit deren Hilfe ein Sachverhalt juristisch erfaßt und beurteilt werden kann, nur „legitimierende Uniformen, deren wir zwar bedürfen, um den Anspruch der rechtlichen Aburteilung zugänglich zu machen, durch deren Wechsel der Anspruch selbst aber ebensowenig berührt wird, wie der Soldat oder der Beamte, wenn er eine andere Uniform anzieht"[561].

Das, was infolge des naturwissenschaftlichen Verfahrens als Recht erkannt wird, ist nach *Bozi* nicht erst Ergebnis eines außerhalb der Erfahrung liegenden, transzendentalen Erkenntnisverfahrens, das allgemeiner, unveränderlicher Kategorien bedarf. Für ihn beruht vielmehr alle Erkenntnis auf Erfahrung. Erkenntnisobjekte sind somit Gegenstände sinnlicher Wahrnehmung, Erscheinungen des praktischen Lebens, aus denen auf induktivem Wege ein allgemeiner Satz gefolgert wird. Beispielhaft nennt der Verfasser die Beobachtung aus der Chemie, daß das Verbrennungsprodukt des Quecksilbers gegenüber unverbranntem Quecksilber an Gewicht zugenommen habe. Daraus gründe sich nunmehr die Hypothese, das Verbrennungsprodukt sei immer eine Verbindung von Quecksilber und Sauerstoff.[562] Die induktive Methode vertrete somit den Standpunkt „scientia non nisi de singularibus" und ihre allgemeinen Ergebnisse beruhten auf dem gleichfalls erfahrungsmäßig gewonnenen Satz, daß dasjenige, was für eine möglichst große Zahl von in möglichst vielen Merkmalen übereinstimmenden Fällen erwiesen sei, auch für die übrigen Fälle gelte, in denen diese Merkmale angetroffen würden. Daß aber die Konklusion eines induktiven Schlusses fehlbar, weil in die Zukunft weisend, sein kann, wird von *Bozi* klar erkannt und methodisch verwertet. „Ganz im Gegensatz zu der Scholastik", so der Verfasser weiter, „werden die durch Kombination einzelner Fälle gefundenen Sätze probeweise als allgemeine unterstellt."[563] Es findet sonach eine Überprüfung des so ermittelten Allgemeinen am Besonderen statt, denn „in der Wissenschaft streiten die allgemeinen Grundsätze mit den konkreten Erfahrungen, und ebenso werden im praktischen Leben die überkommenen Grundsätze ständig an den Erfahrungen verbessert"[564]. Um auf das Beispiel aus der Chemie zurückzukommen: die

[560] *Bozi*, Die Weltanschauung der Jurisprudenz, S. 108 ff., 113. Zum Einfluß dieses regulativen Gesichtspunktes auf die Jurisprudenz vgl. auch *Warschauer*, Archiv für Rechts- und Wirtschaftsphilosophie X (1916/ 1917), S. 352 ff.
[561] *Bozi*, Die Weltanschauung der Jurisprudenz, S. 144 f.
[562] *Bozi*, Die Weltanschauung der Jurisprudenz, S. 129.
[563] *Bozi*, Die Weltanschauung der Jurisprudenz, S. 128.
[564] *Bozi*, Die Weltanschauung der Jurisprudenz, S. 69 f.

aufgestellte allgemeine Hypothese wird nunmehr anhand der Zerlegung des Verbrennungsproduktes in Quecksilber und Sauerstoff kontrolliert.[565]

Neben einer Darstellung der Konsequenzen seiner empirischen Methode auf die zivil- und strafprozessuale Praxis sowie auf die juristische Ausbildung[566], die den eingangs formulierten engen Zusammenhang zwischen methodischer Grundanschauung und Justizreform belegen,[567] demonstriert *Bozi* die Auswirkungen auf den Prozeß der Entscheidungsfindung. So sei die Verfolgung des empirischen Elements in der Rechtsauslegung die letzte und wichtigste Aufgabe, was anhand seiner Ausführungen zum Auslegungsziel und zum Verfahren der Rechtsfindung nunmehr verdeutlicht werden soll.[568]

Ausdrücklich wendet er sich gegen eine Auslegung, nach der sich der Rechtsanwender auf den Standpunkt des Gesetzgebers zurückversetzen, mithin den gesetzgeberischen Willen nachzuvollziehen habe. Eine solche, nach dem subjektiven Willen des Gesetzgebers forschende Lehre baut, so der Verfasser, auf einem a priori gegebenen, unveränderlichen Gesetzesinhalt auf, während doch das Recht gerade unter dem Einfluß des Entwicklungs- und Energiegesetzes stehe, mithin einer stetigen Veränderung unterworfen sei.[569] Eine Identifikation von Recht und Gesetz, wie sie etwa bei *Ehrlich*[570] und *Heck*[571] zumindest im Rahmen der historischen Auslegung nach dem Willen des Gesetzgebers anzutreffen war, kann bei *Bozi* nicht nachgewiesen werden. Ausgehend von der Feststellung, daß das Recht selbst einen Faktor innerhalb des Entwicklungsprozesses bildet, sonach von wirtschaftlichen und sozialen Verschiebungen betroffen sein kann, formuliert er seine Auffassung vom Recht als eine „im Zusammenhang und Harmonie mit allen anderen Erscheinungen der empirischen Welt sich ändernde stetige Größe“[572]. Die Erkenntnis der Teilhabe des Rechts am Fluß der Geschichte interessiert *Bozi* nur im Hinblick auf einen Wandel der Normsituation. Die Rechtsanwendung hat danach die einzige Aufgabe, in der Vermittlung zwischen Gesetz und Fall die praktische Brauchbarkeit des Ergebnisses im Blick zu haben. Aus der Analyse „der modernen Rechtsprechung“ läßt sich gewiß entnehmen, daß *Bozi* die Ermittlung des Gesetzessinns im Sinne der objektiven Lehre befürwortet, daher eine

---

[565] *Bozi*, Die Weltanschauung der Jurisprudenz, S. 129.

[566] So spricht sich *Bozi* für die Zulassung der Realschüler zum Rechtsstudium aus, denn „wo der Gymnasiast fragt, wie die Welt sein müßte, fragt der Realschüler, wie sie ist“. *Bozi*, Die Weltanschauung der Jurisprudenz, S. 172, 173.

[567] Siehe S. 5 f.

[568] *Bozi*, Die Weltanschauung der Jurisprudenz, S. 208 ff.

[569] *Bozi*, Die Weltanschauung der Jurisprudenz, S. 96 ff., 159 ff., 208 ff.

[570] Siehe S. 63 f.

[571] Siehe S. 79 f.

[572] *Bozi*, Die Weltanschauung der Jurisprudenz, S. 159.

interpretative Fortbildung des Rechts begrüßt.[573] Jene an anderer Stelle[574] bereits angesprochene Lehre verfolgt in ihren Grundaussagen eine Anpassung des Rechts an tatsächliche Verhältnisse durch eine gegenwartsbezogene Auslegung, denn aus den möglichen Gedanken des Gesetzes sei schließlich derjenige zu wählen, „bei welchem das Gesetz den vernünftigsten, heilsamsten Sinn habe und die wohltuendste Wirkung äussern wird“[575]. So liege im Gesetz, wie in jeder intuitiven Geistestat, ein Fond unbewußten, kaum geahnten Geisteslebens.[576] Dem Gesetz wird, weil es ein Erzeugnis der Vernunft sei, eine immanente Teleologie zugesprochen, die letztlich eine an Prinzipien orientierte Fortbildung gewährleistet.[577] Ausgehend von diesen Grundgedanken bestehen jedoch Bedenken, ob *Bozis* eigene methodologische Konzeption letztlich ein von der empirischen Erfahrung abstrahierendes, insofern geistiges Verfahren akzeptiert.[578] Das soll beispielhaft anhand neuer Überlegungen zum argumentum a contrario untersucht werden. So stellte die ZPO ursprünglich den Grundsatz auf, daß die Klage nach Zustellung der Klageschrift nicht mehr geändert werden dürfe, mit Ausnahme der Einwilligung des Gegners in der ersten Instanz. Nach einer Novellierung der ZPO im Jahre 1897 traten weitere Bestimmungen hinzu, die u.a. auch eine Klageänderung in der Berufungsinstanz ermöglichten. Daraus folgert nun *Bozi*, daß der Standpunkt einer Unzulässigkeit der Klageänderung vom Rechte allmählich verlassen werde und daß der Richter demgemäß im Zweifel die Klageänderung zuzulassen oder die Auslegung dahin zu treffen habe, daß eine Klageänderung nicht vorliege.[579] An anderer Stelle hebt der Verfasser hervor, daß die künftige, nach dieser Richtung verlaufende Gesetzgebung nur die empirische Bestätigung dessen sei, was sich ohnehin vollziehe. Seinen naturwissenschaftlichen Ansatz sieht *Bozi* darin bestätigt, daß im Lichte des Entwicklungsgesetzes jede Ausnahme tendenziell auf eine neue Rechtsauffassung hinweist; jede Auslegung in Richtung der Ausnahme erfolgen soll, sobald die soziale und wirtschaftliche Situation dies erfordert.[580] Diese Argumentation offenbart einen erkenntnistheoretischen Standort, der das

---

[573] *Bozi*, Die Weltanschauung der Jurisprudenz, S. 209 ff., 211. Inwieweit er tatsächlich ein Anhänger dieser Lehre war, wie *Kanigs*, 25 Jahre Freirechtsbewegung, S. 150 vermutet, bleibt zu untersuchen.

[574] Siehe S. 38.

[575] *Kohler*, Lehrbuch des bürgerlichen Rechts, I, S. 126.

[576] *Kohler*, Zeitschrift für das Privat- und öffentliche Recht der Gegenwart 13, S. 29.

[577] Dazu *Larenz*, Methodenlehre der Rechtswissenschaft, S. 34 ff.

[578] Zur Problematik des Zusammenhangs von objektiver Auslegungslehre und geisteswissenschaftlicher Hermeneutik überzeugend *Schröder*, Gesetzesauslegung und Gesetzesumgehung, S. 49 ff.

[579] *Bozi*, Die Weltanschauung der Jurisprudenz, S. 162.

[580] *Bozi*, Die Methode der Rechtsprechung, in: *Ostwald*, Annalen der Naturphilosophie, Bd. 9, 1910, S. 278.

Gesetz gerade nicht als eigene sinntragende Größe begreift, sondern auf rein empirischen Beobachtungen basiert. Aller Rechtsinhalt werde, so *Bozi* ausdrücklich, aus der Erfahrung selbst gewonnen.[581] Hier steht nicht die Ermittlung des Geistes des Gesetzes im Sinne eines normativen Sollzusammenhangs, einer Werteordnung im Vordergrund, die den Rechtsanwender auch als wertendes Subjekt einbezieht. *Bozi* interessiert ausschließlich der erfahrungsmäßige, wert- und werturteilsfreie Seinszusammenhang. Gerade an diesem Ansatz entzündete sich die Kritik, die *Rumpf*, wie eingangs erwähnt, übt.[582]

Auch im folgenden kündigen sich methodische Überlegungen an, die einer interpretativen Anpassung des Rechtssatzes an neue gesellschaftliche Gegebenheiten entgegenstehen. Dieser Ansatz erhellt sich anhand einer späteren Schrift, in der *Bozi* das Kriterium der praktischen Brauchbarkeit wieder aufgreift, und es als Maßstab zur Feststellung dessen, ob das Gesetz zur Rechtsfindung ausreiche, benennt: „Ergeben also die vorhandenen Gesetze kein praktisch brauchbares Ergebnis, so entsteht die Frage, ob seit dem Erlaß des betreffenden Gesetzes das Recht tatsächlich eine Verschiebung erfahren hat, und nach welcher Richtung sie erfolgt ist."[583] Mit dieser, Gesetz und Recht unterscheidenden Argumentation könnte *Bozi* an die bereits bei *Ehrlich*[584] angelegte Vorstellung vom Recht als Normenkomplex aus staatlichem Recht, gesellschaftlichem Recht und Juristenrecht anknüpfen. *Bozi*, der sowohl im Vorwort als auch in der Terminologie „Lebendes Recht" auf geistige Anleihen bei Ehrlich hinweist, zeigt, daß jenes zwar regelmäßig im Gesetzesinhalt zum Ausdruck komme, im Falle großer wirtschaftlicher oder sozialer Verschiebungen aber am oben genannten Maßstab zu messen sei.[585] Während aber *Ehrlich* ausdrücklich den Rückgriff auf den tatsächlich empfundenen Rechtszustand im Falle des Fehlens einer passenden, sachgerechten Norm ablehnt, kann nach *Bozi* genau dann das „wahre Recht" Anwendung finden. Das erklärt auch, warum der Begriff der Lücke und dessen methodische Verwertung in *Bozis* Werk keine Relevanz besitzt. Die Ermittlung des Gesetzesinhaltes, die Grenzziehung zwischen Rechtsanwendung und freier Rechtsfindung, wird der Frage der Brauchbarkeit des Ergebnisses vollends untergeordnet. Auch wird die Rechtsfindung nicht, wie für *Ehrlich* festgestellt, ausschließlich dem Richter als Subjekt gesellschaftlicher Strömungen und Bedürfnisse anvertraut. Das zuverlässigste Mittel zur Erkenntnis des wahren Rechts sei, fährt *Bozi* fort, die öffentliche Meinung, die er durch die

---

[581] *Bozi*, Die Weltanschauung der Jurisprudenz, S. 220.
[582] *Rumpf*, Kritische Vierteljahresschrift III, Folge 13, S. 456.
[583] *Bozi*, Lebendes Recht, S. 54.
[584] Siehe S. 94 f.
[585] *Bozi*, Lebendes Recht, S. 53.

Beteiligung von Laien in der Rechtsprechung gewährleistet sieht.[586] Inwieweit es sich hierbei um die Methode der empirischen Sozialforschung handelt, wie sie letztlich *Ehrlich* für das Gebiet der freien Rechtsfindung vorschlägt, bleibt zu prüfen.

*Bozi* zeigt einen weiteren, vorliegend bereits angedeuteten Weg, mit dessen Hilfe er Aufschluß über das gegenwärtig lebende Recht erhalten will. So formuliert er: „Keiner der angezogenen Fälle[587] gibt ein so überzeugendes Zeugnis von dem Zusammenhange zwischen Recht und allgemeiner Weltanschauung, als der beginnende Einfluß der induktiven Methode in der Auslegung der Gesetze. Denn soweit Rechtsprechung und Rechtswissenschaft hier die Gesetze nicht mehr nach gegebenen Prinzipien *zu verstehen*, sondern umgekehrt aus den positiven Einzelbestimmungen einen allgemeinen Rechtsinhalt zu gewinnen suchen, stehen sie bereits mehr oder weniger auf dem gleichen Boden mit der Naturwissenschaft."[588] So sei die Bestimmung eines allgemeinen Rechtsinhalts nicht mit der Analogie zu verwechseln, denn die analoge Anwendung der Gesetze beruhe auf der naturwissenschaftlich unhaltbaren Anschauung, „daß das Recht nur vom Gesetzgeber fortgebildet werden könne, daß es im übrigen unveränderlich sei, daß es aber Lücken aufweise, die durch eine willkürliche Tätigkeit des Richters ausfüllbar seien."[589] Hierin zeigt sich die Ablehnung der Gesetzesanalogie, die von einem abstrakten, a priori gegebenen Begriff ausgeht, auf den sowohl der konkrete Rechtssatz als auch der analog anzuwendende, rechtlich gewürdigte Sachverhalt zurückgeführt werden kann. Die Fortentwicklung des Rechts soll nicht im Wege der Deduktion, sondern der Induktion erfolgen, sie soll vom „analytischen zum rechtsbildenden (die Erkenntnis erweiternden – S.H.) synthetischen Urteil fortschreiten".[590] Induktion im *Bozischen* Sinne bedeutet, „daß das Allgemeine nicht neben und über dem Besonderen steht, sondern daß das Allgemeine in dem Besonderen schon zum Ausdruck kommt und aus diesem ermittelt werden muß."[591] Konkret beschreibt *Bozi* dieses Rechtsanwendungsverfahren als ein Verfahren der Verallgemeinerung von Rechtsgedanken, die aus einzelnen Rechtssätzen gewonnen werden. Das erinnert an das bereits bei *Heck*[592] formulierte Verfahren der Rechtsanalogie, bei dem aus mehreren Vorschriften, die an verschiedene Tatbestände gleiche Rechtsfolgen knüpfen, ein allgemeiner Rechtsgrundsatz abgeleitet wird.

---

[586] *Bozi*, Lebendes Recht, S. 55.
[587] Gemeint sind diejenigen Fälle, anhand derer *Bozi* die Fortbildung des Rechts mittels objektiver Auslegung in der Rechtsprechung befürwortet.
[588] *Bozi*, Die Weltanschauung der Jurisprudenz, S. 213 (Hervorhebung nicht im Original).
[589] *Bozi*, Die Weltanschauung der Jurisprudenz, S. 213.
[590] *Bozi*, Das Recht, 1906, S. 211.
[591] *Bozi*, Das Recht, 1906, S. 211.
[592] Siehe S. 79.

Gleichwohl geht es *Bozi* nicht um die Aufdeckung latenten mittelbaren Gesetzesinhaltes, sondern um die Fortbildung des Rechts durch Gewinnung neuer Rechtsprinzipien. Ziel dieses Verfahrens ist damit wohl nicht – und hier bleibt *Bozi* mehrdeutig – die Ähnlichkeit der verschiedenen Tatbestände unter Rückgriff auf die übergeordnete ratio legis zu ergründen, um dann den nichtgeregelten Sachverhalt unterordnen zu können. Der Induktionsschluß bezweckt hingegen primär die Entwicklung allgemeiner Rechtsgrundsätze. Diese Überlegung erhellt auch die Tatsache, daß es *Bozi* durchgängig ein Anliegen ist, die methodologische Denkfigur des argumentum e contrario zu bekämpfen und an dessen Stelle das induktiv gewonnene *allgemeine* Rechtsprinzip zu setzen. Auch hierfür wurde bereits ein Beispiel angeführt,[593] ein weiteres soll nunmehr folgen: *Bozi* untersucht die Rechtsprechung zur Haftung der Preußischen Kleinbahnen. Der Eigentümer eines durch Funkenflug geschädigten Hauses klagte auf Schadensersatz. Nach ständiger Rechtsprechung war ihm dieser Anspruch zu verwehren, wenn ein Verschulden des Kleinbahnunternehmers nicht nachgewiesen werden konnte. Die Anwendung einer vom Verschulden unabhängigen Schadensersatznorm für Vollbahnen wurde mit dem Hinweis auf den Ausnahmecharakter abgelehnt. Nunmehr führt aber das Reichsgericht unter Hinweis auf andere gesetzliche Bestimmungen aus, es gebe einen allgemeinen Rechtssatz, wonach in Fällen, in denen ein Anspruch auf Beseitigung gefährlicher Anlagen nicht gegeben sei, dem Geschädigten eine verschuldensunabhängige Entschädigung zustehe.[594]

Induktion bedeutet also bei *Bozi* kein unmittelbar auf die außergesetzliche Sozialordnung zurückgreifendes, mithin sozialanalytisches Verfahren. Das Besondere, aus dem das allgemeine Prinzip abgeleitet wird, findet er in denjenigen gesetzlichen Bestimmungen, in denen sich die gegenwärtige Rechtsentwicklung manifestiert. Diese Erkenntnis setzt aber wiederum die Beobachtung der sozialen und wirtschaftlichen Vorgänge voraus. Der Rechtsinhalt ist damit ein Produkt der Erfahrung. Spezifisch empirischen Charakter hat das Verfahren auch insofern, als der gewonnene induktive Schluß eine über den konkret zu beurteilenden Fall hinaus weisende allgemeine Geltung beansprucht. Die Bindung des Richters an das Gesetz sei eben die eines technischen Arbeiters an die Naturgesetze im Sinne einer für die Zeit gültigen naturwissenschaftlichen Formel.[595] Wie die Falsifikation einer solchen Formel in der Naturwissenschaft, wird sie auch in der Rechtsanwendung durch neue, relativ zuverlässige Beobachtungsergebnisse legitimiert.

Später wird *Bozi* an *Börngen* herantreten, um von Jena ausgehend gemeinsam die Methodendebatte voranzutreiben. Nach anfänglichem

---

[593] Siehe S. 96 f.

[594] *Bozi*, Die Weltanschauung der Jurisprudenz, S. 216 f.

[595] *Bozi*, Lebendes Recht, S. 53.

Einvernehmen kommt es dann vornehmlich wegen der methodologischen Positionierung *Bozis* im Hinblick auf die Konstituierung des Vereins „Recht und Wirtschaft“ zum Bruch. Darauf wird an späterer Stelle eingegangen.

## VIII. 1908 – Paul Oertmann[596] und die begrenzte Freiheit

Im Unterschied zu den bereits vorgestellten Methodenlehren argumentiert *Oertmann* in seiner 1908 gehaltenen Prorektoratsrede vor der Friedrich-Alexanders-Universität Erlangen nicht gegen die herkömmliche Praktik begriffsjuristischer Rechtsfindung. Angriffspunkt seiner Kritik ist der „Individualismus“, jene Auffassung also, die jedem einzelnen Rechtsfall seine besondere, ungeschriebene Ordnung gewissermaßen von Gottes Gnaden setze. Die Aufgabe der richtenden Staatsorgane solle, so der Vortragende geringschätzig, nur darin bestehen, dieses eigene Recht des Einzelfalls in richtiger Intuition zu erfassen. *Oertmann* kennzeichnet diese Lehre als „Freirechtsschule“, als „Unheil für unser Rechtsleben“ und formuliert seinen Standpunkt dahingehend, den Nachweis zu versuchen, „wie bereits das geltende Recht uns in weitem Umfang in den Stand setzt, den Sonderfall auch gesondert zu behandeln“.[597]

Diesen Nachweis führt er primär anhand der „elastischen oder individualisierenden Rechtssätze“[598] des positiv gesetzten Rechts. Anders als *Hedemann* in einer späteren Schrift[599], betont *Oertmann* nicht nur wenige dominierende Paragraphen, mit Hilfe derer das Recht gesellschaftlichen Bedürfnissen gemäß angewendet werden kann. Neben § 242 BGB, den er gleichfalls als Leitprinzip des gesamten Schuldrechts charakterisiert,[600] nennt

---

[596] Paul Ernst Wilhelm Oertmann (1865 – 1938) studierte Rechtswissenschaften an der Friedrich-Wilhelm-Universität zu Berlin u.a. bei Dernburg, Cosack und Eck und begleitete später Professuren in Berlin, Erlangen und Göttingen. Waren Studium und akademischen Anfangsjahre geprägt von einer pandektenwissenschaftlichen Durchdringung des Rechts, formuliert er, offenbar unter dem Einfluß seines späteren Doktorvaters *Eck*, seine wissenschaftliche Grundrichtung, die in Anbetracht der neuen Gesetzgebung das Recht in seiner Bedingtheit und seiner Bedeutung für die kulturellen, insbesondere wirtschaftlichen Verhältnisse zu erfassen und zu lehren hatte. Aus *Brodhun*, Paul Ernst Wilhelm Oertmann, S. 21 ff., 112 m.w.N.

[597] *Oertmann*, Gesetzeszwang und Richterfreiheit, S. 3 f.

[598] *Oertmann*, Gesetzeszwang und Richterfreiheit, S. 6.

[599] *Hedemann*, Werden und Wachsen im Bürgerlichen Recht, 1913.

[600] *Oertmann*, Gesetzeszwang und Richterfreiheit, S. 5.

*Oertmann* vor allem wertausfüllungsbedürftige Rechtsbegriffe[601], wie beispielsweise die §§ 626, 723 BGB, nach denen Dienst- oder Gesellschaftsverhältnisse aus „wichtigem Grund" gekündigt werden könnten und § 530 BGB, der einen Schenkungswiderruf wegen „groben Undanks" gestatte.[602] An anderer Stelle bezeichnet *Oertmann* diese wertausfüllungsbedürftigen Begriffe als „Verkehrs- und Kulturbegriffe"[603], unterstellt diesen eine wertbehaftete Qualität. Bereits bei *Heck*[604] konnte eine Anschauung nachgewiesen werden, die in einem Rechtssatz einen immanenten Sinngehalt nachspürt, der sich aus dem Rückgriff auf die zugrundeliegenden Zwecke und anerkannten sittlichen oder ökonomischen Werte ergibt. Im Unterschied zu *Oertmann* konzentriert sich diese Konzeption nicht auf wertausfüllungsbedürftige Rechtsbegriffe und Generalklauseln. Die Bedeutung dieser Begriffe liege darin, so *Oertmann*, daß sich deren Inhalt mit dem Wandel der Zeiten ändere, „daß das Einerlei der Regel über das Mancherlei des Lebens, der Buchstabe über den Geist triumphiert". So gelte nicht mehr das böse Wort „fiat iustitia, pereat mundus", sondern der prächtige Satz des Celsus: „ius est ars boni et aequi".[605] Die Bewegungsfreiheit, die dem Rechtsanwender im Wege dieses methodischen Instrumentariums zugebilligt wird, wurde bereits in der wissenschaftlichen Auseinandersetzung um 1900 als Motor der Rechtsentwicklung erkannt und hervorgehoben.[606] Jenen Autoren ging es darum, die Bedeutung wertausfüllungsbedürftiger Begriffe und Generalklauseln aus der Vereinbarkeit von gesetzgeberischer Delegation und schöpferischem Rechtsfindungsprozeß gegen eine wortgetreue Gesetzesanwendung zu begründen, während es *Oertmanns* Anliegen ist, den Grad subjektiver Entscheidungsfreiheit, wie er ihn in der freirechtlichen Methode überbetont sieht, im Prozeß der Konkretisierung ausfüllungsbedürftiger Begriffe zu begrenzen und auf objektive Grundlagen aufmerksam zu machen. Seine Thematik knüpft damit an die in jenen Schriften artikulierte Freiheit des Rechtsanwenders an, die bereits bei *Endemann*[607] als „freie Beurteilung" in der Vermittlung zwischen gesetzlichem Tatbestand und Fall anklingt.

---

601 An anderer Stelle nennt *Oertmann* auch unbestimmte, nach heutiger Terminologie (*Canaris*, Die Feststellung von Lücken im Gesetz, S. 22, 26 f.) aber nicht wertausfüllungsbedürftigen Begriffe, wie den strafrechtlichen Begriff der „Waffe", der, so *Oertmann*, ebenfalls der Konkretisierung durch Werturteile bedarf; *Oertmann*, Gesetzeszwang und Richterfreiheit, S. 9.
602 *Oertmann*, Gesetzeszwang und Richterfreiheit, S. 6.
603 *Oertmann*, Gesetzeszwang und Richterfreiheit, S. 15.
604 Zu *Heck* siehe S. 79 f.
605 *Oertmann*, Gesetzeszwang und Richterfreiheit, S. 14 f.
606 Siehe S. 50 f.
607 Siehe S. 40.

Das Verfahren der Konkretisierung stellt sich mit *Oertmann* so dar, daß der Richter über die Anwendbarkeit des Wertbegriffes des gesetzlichen Tatbestandes in Ansehung des zu beurteilenden Sachverhaltes jeweils neu zu befinden hat. Diese Entscheidung, die sich nur darauf beziehen könne, ob der bestimmte Wertbegriff – Undank, Unsittlichkeit, Sorgfaltsverletzung – vorliege, erfaßt der Verfasser terminologisch mit dem Begriff des „Werturteils".[608] Hier wird der schon bei *Rumpf*[609] belegte Prozeß des „vergleichende(n) Hinundhergehen(s) zwischen Norm und konkretem Fall" beschrieben, der immer eine individuelle, „besondere Schaffenstat"[610] bleibt. Diese gedankliche Brücke begreift *Oertmann* als eine „teleologische Erwägung"[611], die ihr Material, das Argumentenreservoir, aber nicht, wie bei *Rumpf* nachzulesen, zugleich aus einer Analyse der psychischen Faktoren bei der Rechtsanwendung schöpft. Die schöpferische Leistung bestätige sich gerade unbewußt.[612] Das Verhältnis Wertgefühl – Werturteil begreift *Oertmann* nicht als ein psychologisches Phänomen, das es zu objektivieren gelte. Die geforderte Objektivität in der Anwendung abstrakter wertausfüllungsbedürftiger Begriffe ist für ihn primär nicht subjektabhängig, nicht emotional bedingt, sondern vom gesetzlichen Wertbegriff „von objektivem Inhalte"[613] her zu gewinnen: „Kann der Richter die Frage, ob Unsittlichkeit in dem festgestellten Verhalten der Parteien zu finden sei, ob die nachgewiesene Verweigerung der ehelichen Beiwohnung eine schwere Verletzung der durch die Ehe begründeten Pflichten bedeute, rein nach seinem persönlichem Sittlichkeitsideal, nach seiner vielleicht rein geistigen Auffassung vom Wesen der Ehe beantworten? Die Frage aufwerfen, heißt sie m.E. verneinen... Sie würde zur Herrschaft eines *unangemessenen Subjektivismus* führen und den von unseren Gesetzen sorgsam gepflegten Gegensatz zwischen den Fällen in der Sache fast völlig verwischen, wo der Richter sein Werturteil nach freiem Ermessen und wo er es nach einem bestimmten Wertbegriff abzugeben hat. Für sie ließe sich nur die Schwierigkeit anführen, *objektive*, allgemeingültige *Grundlagen* der zu fällenden Werturteile aufzufinden."[614]

Diese objektiven Grundlagen, mit deren Hilfe sachgemäße Urteile gefällt werden können, ergeben sich aus der Tatsache, daß der urteilende Richter als Mitglied der menschlichen Gesellschaft über die Kenntnis gesellschaftlicher

---

608 *Oertmann*, Gesetzeszwang und Richterfreiheit, S. 7 ff., 10.

609 Siehe S. 86.

610 *Oertmann*, Gesetzeszwang und Richterfreiheit, S. 11.

611 *Oertmann*, Gesetzeszwang und Richterfreiheit, S. 9.

612 *Oertmann*, Gesetzeszwang und Richterfreiheit, S. 17.

613 *Oertmann*, DJZ 1911, Sp. 713, zitiert nach *Brodhun*, Paul Ernst Wilhelm Oertmann, S. 335 Fn. 148.

614 *Oertmann*, Gesetzeszwang und Richterfreiheit, S. 10 (Hervorhebungen im Original).

Vorgänge verfüge, anderenfalls sich diese Kenntnis von Sachverständigen[615] verschaffen könne. Handele es sich dagegen um Wertbegriffe, die nach einem ethischen Inhalt verlangen, habe der Richter auf die herrschenden sittlichen Gesamtanschauungen, im übrigen auf eigene Erfahrungssätze zurückzugreifen.[616] Diese Überlegung erinnert an *Ehrlichs* Methode der freien Rechtsfindung, die den Richter als ein im Geist seiner Zeit Tätigen wahrnimmt und instrumentalisiert. Auch *Ehrlich* sucht nach objektiven Kriterien der Entscheidungsfindung, die auf der Auffassung vom Recht als Normenkomplex aus staatlichem, gesellschaftlichem und Juristenrecht aufbauen. Bei beiden entspringt dieses Material anerkannten gesellschaftlichen, mithin objektiven Anschauungen, während die Erkenntnisleistung als solche eine weithin individuelle, alogische und damit schöpferische bleibt, deren Garanten entsprechende Richterpersönlichkeiten abgeben.[617]

Gleichwohl bestehen Unterschiede. Während es bei *Ehrlich*[618] weithin unklar bleibt, ob soziale Tatsachen bereits den Maßstab der Beurteilung eines Sachverhaltes liefern, mithin eine Subsumtion unter diese „sozialen Normen" stattfindet, bleibt das Gesetz in *Oertmanns* Konzeption sowohl in seinen erkennbaren Wertungen verbindlich[619] wie im juristischen Schlußverfahren Ausgangspunkt. Wertausfüllungsbedürftige Rechtsbegriffe und Generalklauseln haben danach die Funktion normativer Befehle, auf deren Grundlage der Gesetzesinhalt konkretisiert und weiterentwickelt werden kann. Dieser Gesetzesinhalt bestimmt sich im Unterschied zu freien Ermessensentscheidungen, die keinen inhaltlichen Schranken unterliegen,[620] nach den jeweils herrschenden Anschauungen des sozialen und wirtschaftlichen Lebens,

---

[615] *Oertmann*, ebd., S. 10 f. verweist hier auf das Laienrichtertum, das den Berufsrichtern als sachverständiger Beirat zur Seite steht und zeigt einmal mehr die enge Verbindung zwischen methodologischer und prozessualer Reform.

[616] *Oertmann*, Gesetzeszwang und Richterfreiheit, S. 11.

[617] Zu *Ehrlich* siehe S. 64 ff; vgl. dagegen die mögliche kritischen Bezugnahme *Oertmanns*, Gesetzeszwang und Richterfreiheit, S. 13 auf *Ehrlich*, wenn *Oertmann* abschätzig von der freien Rechtsfindung als derjenigen spricht, bei der der Richter sein eigenes, subjektives Empfinden zugrunde lege.

[618] Siehe S. 65 Fn. 375.

[619] So stehe nach *Oertmann*, Gesetzeszwang und Richterfreiheit, S. 9 beispielsweise die gesetzliche Gleichstellung des wucherischen Geschäfts mit dem unsittlichen in § 138 II BGB nicht mehr zur Disposition des Rechtsanwenders. Ders., Monatsschrift für Handelsrecht und Bankwesen, 1911, S. 9.

[620] *Oertmann*, Gesetzeszwang und Richterfreiheit, S. 9 f.: „Wie immer der Richter von seinem Ermessen Gebrauch mache: dem Buchstaben des Gesetzes hat er Genüge geleistet, und für eine Revision wegen Gesetzesverletzung ist auf Grund einer etwa sachlich bedenklichen Ausübung des Ermessens kein Raum. Weitaus häufiger aber wird dem Beurteiler für den Inhalt des zu fällenden Werturteils eine inhaltliche Schranke gewiesen..."

die *Oertmann* später als „mittelbaren Gesetzesinhalt“ kennzeichnen wird.[621] Die Feststellung des im konkreten Fall maßgeblichen Rechtsinhalts, der Rückgriff auf die Sitten- und Verkehrsanschauungen bleibt damit Anwendung des Wertbegriffs des Gesetzes. Die Gemeinsamkeit des Mittelbegriffs aus Obersatz und Untersatz könne, so *Oertmann*, erst durch ein Werturteil des Richters hergestellt werden, indem er den Wertbegriff des Gesetzes – der Verfasser nennt beispielhaft den Begriff des ‚groben Undanks‘ - abwertend auf den vorliegenden Tatbestand anwende.[622]

Anders als *Ehrlich* ist *Oertmann* auch nicht um eine Abgrenzung der Bereiche bloßer interpretativer, reproduktiver Rechtsanwendung und freier, fortbildender Rechtsfindung bemüht. Zwar spricht der Verfasser erst in denjenigen Fälle von „Lücken“, in denen eine unmittelbar anwendbare Vorschrift nicht vorhanden ist, siedelt sonach elastische Rechtsnormen außerhalb des Lückenbereiches an. In Fällen ungeschriebenen Rechts erschöpft sich sein methodisches Instrumentarium wiederum in teleologischen Erwägungen, was vermuten läßt, daß *Oertmann* von einem mittelbaren Gesetzesinhalt ausgeht, alle Rechtsfortbildung mithin durch der Rechtsordnung immanente Wertentscheidungen, durch eine objektive Vernunft im Sinne *Kohlers* geleitet wird. So frage die Methode der Analogie nicht nach einer formaljuristischen Ähnlichkeit der zu beurteilenden Verhältnisse mit den im Gesetz behandelten, sondern danach, ob der erkennbare gesetzgeberische Grund der Vorschrift auch für letzteren Platz greife.[623] Damit knüpft *Oertmann* deutlich an die Auffassung *Hecks* an, nach der fast jede Norm die Entscheidung eines Interessenkonflikts enthält, die der Übertragung auf andere gleichliegende Konfliktsfälle fähig und bedürftig ist.[624] In anderen Fällen, in denen eine Entscheidungsnorm auch durch Analogie nicht gewonnen werden könne, liege eine „echte Lücke“ vor.[625] Anders als nach der Diktion *Zitelmanns*[626] wird der Begriff der „echten Lücke“ für das Fehlen gesetzlicher Wertungen gebraucht und nicht für das Fehlen einer Vorschrift an sich.[627] *Oertmann* setzt hier auf

---

[621] *Oertmann*, ZfRB 11 (1915), S. 179 (Schluß), zitiert nach *Brodhun*, Paul Ernst Wilhelm Oertmann, S. 323 Fn. 88.

[622] *Oertmann*, Gesetzeszwang und Richterfreiheit, S. 12.

[623] *Oertmann*, Gesetzeszwang und Richterfreiheit, S. 13. Beispielhaft nennt der Verfasser, ebd., S. 13 die Entwicklung der Rechtsfigur der schuldhaften Schlechtleistung, bei der Rechtsidee und Verkehrsbedürfnisse gebieterisch eine Haftung des Schuldners erforderten.

[624] Zu *Heck* siehe S. 78 f. Die Problematik der Übereinstimmung der interessenjuristischen Methode mit derjenigen *Oertmanns* erörtert *Heck* später in: ders., Begriffsbildung und Interessenjurisprudenz, 1932.

[625] *Oertmann*, Gesetzeszwang und Richterfreiheit, S. 14.

[626] *Zitelmann*, Lücken im Recht, in: *Gängel/ Mollnau*, Gesetzesbindung und Richterfreiheit, S. 59; siehe vorliegend S. 29.

[627] So auch *Canaris*, Die Feststellung von Lücken im Gesetz, S. 131 Fn. 15. Anders insofern *Brodhun*, Paul Ernst Wilhelm Oertmann, S. 356.

den „Geist der Rechtsordnung". „Auch hier steht der abwertende Richter unter, nicht über der Rechtsordnung: indem diese ihn entweder, wie der Code, ausdrücklich, oder doch mindestens stillschweigend zur Entscheidung aller, nicht nur der unmittelbar geregelten, Streitfälle beruft und verpflichtet, gibt sie ihm zugleich die Vollmacht, Fälle solcher Art auf Grund individueller Werturteile zu entscheiden."[628] Wie dieses Verfahren sich konkret gestaltet, zeigt der Redner nicht. In Anbetracht seiner bisherigen Darlegungen liegt der Schluß nahe, daß der „Geist der Rechtsordnung" auf allgemein anerkannte Rechtsprinzipien hinweist, die der Rechtsanwender im Hinblick auf den zu beurteilenden Sachverhalt zu einem konkreten Rechtssatz formuliert.[629] Das Werturteil, das eben diesen Zusammenhang herstellt, liegt wiederum nicht im subjektiven Belieben des Rechtsanwenders. Der Rechtsanwender ist vielmehr berufen, wie im analogischen Verfahren die „im geltenden Gesetze bereits anerkannten, also objektiv geltenden Rechtsgedanken" zu erkennen.[630]

Am Ende seiner Rede faßt *Oertmann* sein methodologisches Anliegen wie folgt zusammen: „Vom Gesetz und vom Richter handelte mein Vortrag. Gesetz und Richtertum sind heute wie nur je das sicherste Palladium der Freiheit, eine Grundlage unserer gesicherten Existenz."[631] Die Spannungslage zwischen Gesetzesbindung und richterlicher Freiheit, die die Methodendebatte in ihrem Kern beschreibt, zeigt *Oertmann* gerade nicht als Gegensätze auf. Beide, Gesetz und Richtertum gewährleisten diejenige Freiheit, die eine den Bedürfnissen des Lebens entsprechende Rechtsanwendung erfordert. Zwar überlasse der Gesetzgeber die Konkretisierung elastischer Normen, mithin die Feststellung, ob der Einzeltatbestand unter den Begriff falle, zuletzt dem Richter und verschiebe damit die Kompetenzen zu dessen Gunsten.[632] Dies bedeute aber nicht die Auslieferung der Parteien an seine Willkür oder subjektiven Überzeugungen. Die Freiheit, die dem Richter in der Vermittlung zwischen Fall und Gesetz sowohl in der Anwendung wertausfüllungsbedürftiger Rechtsbegriffe und Generalklauseln, als auch im Verfahren der Lückenschließung im Wege der Analogie oder der Argumentation aus dem Geist der Rechtsordnung zukommt, findet sich im Gesetz bzw. der Rechtsordnung selbst verortet. Während also die individuellen Werturteile im Verfahren der Konkretisierung „in die Grenze eines vom Gesetz aufgestellten Wertbegriffs gebannt sind"[633], der nur einen Rückgriff auf die herrschenden, damit objektiven Anschauungen als mittelbaren Gesetzinhalt erlaubt, verweist

---

[628] *Oertmann*, Gesetzeszwang und Richterfreiheit, S. 14.
[629] Zum „Geist der Rechtsordnung" im Gesamtwerk *Oertmanns* umfassend *Brodhun*, Paul Ernst Wilhelm Oertmann, S. 356 ff.
[630] *Oertmann*, Gesetzeszwang und Richterfreiheit, S. 13 f.
[631] *Oertmann*, Gesetzeszwang und Richterfreiheit, S. 18.
[632] *Oertmann*, Gesetzeszwang und Richterfreiheit, S. 8.
[633] *Oertmann*, Gesetzeszwang und Richterfreiheit, S. 14.

der Verfasser im Lückenfalle auf die im Gesetz angelegten, interessengleichen Wertungen oder aber auf eine objektiv zu erkennende Vernunft innerhalb der Rechtsordnung.

Die Fortentwicklung des positiven Rechts angesichts der sich stetig ändernden Anforderungen des praktischen Lebens gestaltet sich nach *Oertmann* als eine Freiheit, die der Rechtsanwender in den Grenzen der Rechtsordnung findet, die zutreffend als Entscheidung intra legem charakterisiert werden kann.[634]

## IX. 1909 - Ernst Fuchs[635] und die psychologisch-soziologische Methode

„Hoffentlich findet sich noch einmal ein deutscher Praktiker, der einen Anti-Planck oder einen Anti-Oertmann zu schreiben Zeit und Lust hat. Die rabulistischen, spitzfindigen und volksrechtfremden Deduktionen Oertmanns, sind – wie die frühere russische Autokratie durch den Meuchelmord – durch praktische Instinkte etwas vermenschlicht. Und darum ist er noch ein Amphib zwischen Begriffs- und Gefühlsjurisprudenz."[636] In diesem polemischen, zugleich charakteristischen Stil[637] reagiert *Fuchs* auf eine Kritik, die *Oertmann* im Jahre 1911 gegen seine Methodenlehre vorbringt. Kern dieser Kritik ist der Vorwurf, *Fuchs* betreibe, indem er das Gebiet der Gesetzestreue überschreite, „Freirechtlerei"[638]. Anlaß dieses Angriffs war neben früheren Schriften das 1909 erschienene Buch „Die Gemeinschädlichkeit der konstruktiven

[634] In Übereinstimmung mit *Brodhun*, Paul Ernst Wilhelm Oertmann, S. 367.

[635] Ernst Fuchs (1859–1929) ließ sich nach seinem Studium der Rechtswissenschaften in Heidelberg und dem anschließenden Vorbereitungsdienst als Rechtsanwalt in Karlsruhe nieder. Aus der Sicht des Praktikers plädierte er vehement für die Anerkennung einer soziologischen Methode der Rechtsfindung. Nach *Wolf* (Hrsg.), Einleitung, in: *Radbruch*, Rechtsphilosophie, S. 42 gilt Fuchs als „stärkste geistige Kraft unter den freirechtlich eingestellten Juristen". Vgl. zudem *Kleinheyer/ Schröder*, Deutsche und Europäische Juristen aus neun Jahrhunderten, S. 138 ff.

[636] *Fuchs*, Juristischer Kulturkampf, Erster Anhang, 2. b), S. 187 ff., 192.

[637] Vgl. dazu die Einschätzung von *Vierhaus*, Über die Methode der Rechtsprechung, S. 75: „Seine (Fuchs' - S.H.) maßlosen Übertreibungen, die Grobheit seiner Redewendungen, die offenbare Ungerechtigkeit mancher seiner Vorwürfe stoßen bei allem, was er schreibt, zunächst ab."

[638] *Oertmann*, Monatsschrift für Handelsrecht und Bankwesen, 1911, S. 3.

Jurisprudenz", das, so formuliert es *Fuchs*, „die Verständigung über die Erneuerung unsres Rechtslebens weiter zu führen" gedenke.[639]

Jene Erneuerungsbewegung belegt *Fuchs* mit dem Begriff des „juristischen Modernismus". Das entscheidende bei der Urteilsfindung ist danach das richtige Rechtsempfinden, das nur ein psychologisch und soziologisch geschulter Jurist besitze.[640] So verfüge die wahre moderne Rechtswissenschaft über zwei Hemisphären: Das Gebiet der Wahrheitsforschung und das Gebiet der Rechtserforschung. Während ersteres als juristische Psychologie auf die Erzielung und Würdigung der gerichtlichen Aussagen gerichtet sei, mithin ein prozessuales Anliegen benennt,[641] betreffe das zweite das Gebiet des sozialen Verkehrslebens, trifft sonach Aussagen zur Methode der Rechtsfindung.[642] An dieser Stelle sollen gerade die methodologischen Überlegungen nachvollzogen werden.

Den Ausgangspunkt bildet die Überzeugung, daß Lücken im Gesetz nicht Ausnahmen darstellen, sondern nahezu jeder streitige praktische Fall Lücken aufzeige: „Mehr als sieben Achtel sämtlicher Reichsgerichtsentscheidungen sind Lückenausfüllung."[643] In einer früheren Schrift stellt *Fuchs* heraus, daß überall da, wo das Gesetz einen Fall ausgesprochen und klar entschieden habe, ihm der Richter unterworfen sei, der Bereich freier, in seinem Sinne soziologischer Rechtsfindung also dort beginne, wo das Gesetz für die Beurteilung des zur Entscheidung stehenden Falles unklar sei oder schweige.[644] Die Frage, in welchen Fällen der Bereich deskriptiver Gesetzesanwendung verlassen wird, ob sich also der Lückenbereich jenseits einer am historischen Willen des Gesetzgebers ausgerichteten Auslegung anschließt,[645] bereits der Wortlaut einer Norm die Grenze darstellt[646] oder wertausfüllungsbedürftige Rechtsbegriffe eine Auslegung praeter legem

---

[639] *Fuchs*, Die Gemeinschädlichkeit der konstruktiven Jurisprudenz, S. 1.

[640] *Fuchs*, Die Gemeinschädlichkeit der konstruktiven Jurisprudenz, S. 2 f. Hier artikuliert sich zudem der enge Zusammenhang zwischen Methodenlehre und Justizreform, dem sich *Fuchs* im fünften Abschnitt des vorliegenden Werkes (S. 149 ff.) annimmt.

[641] *Kaufmann*, Einleitung, in: *Foulkes/ Kaufmann* (Hrsg.), Gerechtigkeitswissenschaft, S. 11 und Fn. 37 m.w.N. würdigt vornehmlich die Arbeiten von *Fuchs*, die sich mit der Sachverhaltsanalyse, der Psychologie der Aussage und der Beweiswürdigung beschäftigen.

[642] *Fuchs*, Monatsschrift für Handelsrecht und Bankwesen, 1907, S. 324. Diese Verknüpfung von prozessualem und methodologischem Ansatz zeigt wiederum die Komplexität derjenigen Bewegung, die als Methodenreformbewegung Eingang in die Terminologie wissenschaftlicher Forschung gefunden hat.

[643] *Fuchs*, Die Gemeinschädlichkeit der konstruktiven Jurisprudenz, S. 76.

[644] *Fuchs*, Recht und Wahrheit, in: *Foulkes/ Kaufmann*, Gerechtigkeitswissenschaft, S. 70.

[645] So die spätere Konzeption *Ehrlichs* – siehe vorliegend S. 63 f.

[646] So die Konzeption *Stampes* – siehe vorliegend S. 76.

ermöglichen,[647] bleibt im weiteren zu prüfen. Zwar legt *Fuchs* dar, daß das Gesetz zunächst auf das zu beschränken sei, was es entscheide.[648] Eine Begrenzung des Anwendungsbereiches des Gesetzes auf den Gesetzeswortlaut erklärt der Verfasser damit jedoch nicht.[649] In einer früheren Arbeit hatte *Fuchs* bereits erklärt, der geborene Jurist entdecke mit seinem Rechtsgefühl dort eine Lücke im gesetzten Recht, wo das formale Unterordnen unter die Norm dem allgemeinen Gerechtigkeits- und Billigkeitsgefühl zuwiderlaufe[650] und zeigt damit eine Auffassung, die im Verein mit *Bozi* die Zweckmäßigkeit des Ergebnisses als Kriterium einführt, gleichsam subjektives Empfinden und materielle Wertvorstellungen an Stelle gesetzesorientierter Verfahren zur Lückenfeststellung setzt. Das Ziel der Auslegung orientiert sich sonach weder am Willen des historischen Gesetzgebers noch am objektiven Willen des Gesetzes.[651] *Fuchs* spricht insofern ablehnend vom „Iheringismus" und „Kohlerismus" sowie vom „kryptosoziologischen Konstruktivismus"[652] und versteht darunter jene Methode, die das praktisch erwünschte billige und gerechte Ergebnis rückwirkend mit Hilfe der restriktiven und extensiven Interpretation, der Analogie oder dem argumentum e contrario zu legitimieren sucht. Später, auf die Kritik *Oertmanns* eingehend, formuliert er dann unmißverständlich: „Denn der Geist des Gesetzes ist stets der Herren eigener Geist. Noch niemals ist die Grenze zwischen extensiver Interpretation, Analogie und Neuschöpfung festgestellt worden, weil es eine solche Grenze gar nicht gibt."[653]

Bereits bei *Sternberg* und *Rumpf* war eine solche Grenzverwischung feststellbar, wenngleich es *Fuchs* nicht um die Verwertung psychologischer Einsichten[654] oder um die Kombination produktiver und zugleich wertungsgebundener, am objektiven Willen des Gesetzes orientierter[655] Kriterien geht. Statt dessen streitet der Verfasser für die Offenlegung und methodologische Nutzbarmachung der „eigentlichen"[656], „gute(n), menschlich

---

647 So die Konzeption *Oertmanns* – siehe vorliegend S. 101 ff. im Einklang mit dem hier behandelten Schrifttum um 1900 – siehe vorliegend S. 50 f.

648 *Fuchs*, Die Gemeinschädlichkeit der konstruktiven Jurisprudenz, S. 75.

649 So aber *Oertmann*, Monatsschrift für Handelsrecht und Bankwesen, 1911, S. 3 f., obgleich er anschließend darlegt, daß *Fuchs* an der Wortlautinterpretation nicht stringent festhalte.

650 *Fuchs*, Recht und Wahrheit, in: *Foulkes/ Kaufmann*, Gerechtigkeitswissenschaft, S. 26; ders., Die Gemeinschädlichkeit der konstruktiven Jurisprudenz, S. 52 Fn. 1.

651 Vgl. *Schröder*, Gesetzesauslegung und Gesetzesumgehung, S. 104.

652 *Fuchs*, Die Gemeinschädlichkeit der konstruktiven Jurisprudenz, S. 127.

653 *Fuchs*, Juristischer Kulturkampf, Erster Anhang, 2. b), S. 193.

654 So nachgewiesen für *Sternberg* S. 72 ff.

655 So nachgewiesen für *Rumpf* S. 88 ff.

656 *Fuchs*, Die Gemeinschädlichkeit der konstruktiven Jurisprudenz, S. 84.

d.h. soziologisch und psychologisch begründete(n)"[657] Entscheidungsgründe und meint damit jene, bereits angedeuteten Maßstäbe, die der Verfasser in Gesetzesform gefaßt sehen will: „Dieses Gesetzbuch (Rechtsbuch) ist lediglich aus sich selbst und zwar so auszulegen, wie Billigkeit und Gerechtigkeit es erfordern, und wie es den Bedürfnissen des Lebens am besten entspricht."[658] Jene nicht gesetzesimmanenten Maßstäbe setzt *Fuchs* für den gesamten Prozeß der Entscheidungsfindung, also sowohl für die Feststellung und Ausfüllung von Lücken, als auch für den herkömmlichen Bereich der Gesetzesinterpretation.[659] Als legislative Forderung formuliert er dies so: „Und wir müssen das Ventil anbringen, daß der Richter eine gesetzliche Bestimmung trotz ihrer wörtlichen Allgemeinheit nicht anzuwenden hat, wo sie nach Billigkeit und Gerechtigkeit für einen Fall nicht paßt."[660] Damit scheint *Fuchs*' eigene Aussage, daß der Richter dem Gesetz überall da unterworfen sei, wo es einen Fall ausspricht und klar entscheidet,[661] obsolet. *Oertmann*[662] spricht hier mißbilligend von einer richterlichen contra legem - Befugnis. In der Tat erinnert diese Aussage an jene, bereits von *Heck*[663] kritisierte Auffassung *Stampes,* nach der eine Entscheidung gegen erkannte gesetzliche Wertungen im Falle einer Massenkalamität möglich sein sollte. Hier ist jedoch zu differenzieren. Die Befugnis des Richters auch gegen erkannte gesetzliche Wertungen zu entscheiden, verfaßt *Fuchs* als eine Forderung an den Gesetzgeber. Sein Vorschlag, das „romanistisch-rabulistische(n) BGB" durch das „germanistisch-volkstümliche(n) der Schweiz" zu ersetzen,[664] zielt neben der Übernahme des bereits von Ehrlich bemühten § 1 des Vorentwurfs des Schweizerischen Zivilgesetzbuches auch auf eine Reform der Normstruktur in Richtung einer Ausdehnung unbestimmter bzw. wertausfüllungsbedürftiger Rechtsbegriffe. Auf dem ersten deutschen Soziologentag im Jahre 1910 macht *Fuchs* deutlich, daß erst eine solche Normierung die weite richterliche Entscheidungsfreiheit zu legitimieren geeignet ist.[665] Gleichwohl ist seine Argumentation in der hier

---

[657] *Fuchs*, Die Gemeinschädlichkeit der konstruktiven Jurisprudenz, S. 24.
[658] *Fuchs*, Die Gemeinschädlichkeit der konstruktiven Jurisprudenz, S. 15.
[659] So auch *Schröder*, Gesetzesauslegung und Gesetzesumgehung, S. 104.
[660] *Fuchs*, Die Gemeinschädlichkeit der konstruktiven Jurisprudenz, S. 99.
[661] *Fuchs*, Recht und Wahrheit, in: *Foulkes/ Kaufmann*, Gerechtigkeitswissenschaft, S. 70.
[662] *Oertmann*, Monatsschrift für Handelsrecht und Bankwesen, 1911, S. 6: „Die Sicherheit der Rechtsanwendung, die das unzweideutige Wort des Gesetzes nun einmal bietet, ist ein hohes, unschätzbares Gut, das mir nicht zu teuer erkauft erscheint selbst um den hohen Preis einer danach gelegentlich notwendigen unbilligen Entscheidung..."
[663] Siehe S. 81.
[664] *Fuchs*, Die Gemeinschädlichkeit der konstruktiven Jurisprudenz, S. 13.
[665] *Fuchs*, Diskussion, in: Verhandlungen des Ersten Deutschen Soziologentages, S. 311 fordert u.a. die Aufnahme folgender Bestimmung: „Entscheide nach Treu' und Glauben, wie es die Verkehrssitte erfordert." Vgl. zur contra legem - Befugnis in *Fuchs*' Konzeption *Kantorowicz*, Diskussion, in: Verhandlungen des Ersten Deutschen Soziologentages, S. 333:

interessierenden Schrift wegen eines fortlaufenden Ineinandergreifens rechtspolitischer und rechtswissenschaftlich-methodologischer Überlegungen wenig stringent. Und doch könnte der legislative Ansatz, der Ausdruck der Akzeptanz und Autorität staatlichen Rechts ist, mit demjenigen Begründungsstrang zusammengehen, der „die Billigkeit und das Verkehrsbedürfnis als entscheidende *Rechtsquelle*“[666] benennt. Eine andere Stelle konkretisiert das „allgemeine Rechtsgefühl“ zur primären Rechtsquelle, die aber an den „Grundsätzen der sozialen Gerechtigkeit und Billigkeit“ zu prüfen ist.[667] Möglicherweise, so die These, kennt *Fuchs*‘ Konzeption die Unterscheidung von Urteilen contra legem und sine lege, verfolgt gleichsam einen Rechtsquellenpluralismus, wie er später von *Kantorowicz* auf wissenschaftliche Grundlage gestellt wird.[668] *Kantorowicz* unterscheidet zwischen Rechtsgeltungsquellen und Rechtsinhaltsquellen. Rechtsgeltungsquellen bezeichnen die Verbindlichkeit eines Rechtssatzes, die grundsätzlich nur durch staatliche Anerkennung erreicht werden könne. Rechtsinhaltsquellen beschreiben hingegen andere Formen des Rechts, die weder Gesetzesrecht noch Gewohnheitsrecht, sondern „freies Recht“ abgeben. *Radbruch*[669] kennzeichnet Rechtserkenntnisquellen, als diejenigen, die den Inhalt des Rechts bestimmen, während die Rechtsgeltungsquellen etwas über die Verbindlichkeit dieses Inhalts aussagen. Bei der Findung solcher Sätze freien Rechts habe sich der Richter, so *Kantorowicz* weiter, die Tatsachen des sozialen Lebens auf soziologischem Wege anzueignen, wobei es auf gesundes, volkstümliches, nicht ‚weltfremdes‘ Empfinden und geraden Verstand ankomme.[670] Folge einer solchen Auffassung wäre dann, daß der Richter zwar sine lege, weder aber contra legem noch sine norma urteilt. Inwieweit *Fuchs*‘ Konzeption auf einem solchen Grundgedanken aufbaut, kann an dieser Stelle nur angerissen werden, zumal seine Argumentation nur wenige grundsätzliche methodologische Annahmen preisgibt. Die von *Oertmann*[671] kritisierte Aussage, nach der der

---

„Also indem er diese gesetzlichen Bestimmungen verlangt, beweist er doch am besten, daß er ohne Aenderung der gesetzlichen Bestimmungen dieses Ermessen eben nicht haben will.“

666 *Fuchs*, Die Gemeinschädlichkeit der konstruktiven Jurisprudenz, S. 52, 53 Fn. 1 (Hervorhebung nicht im Original).

667 *Fuchs*, Recht und Wahrheit, in: *Foulkes/ Kaufmann*, Gerechtigkeitswissenschaft, S. 71 f.

668 Zum Rechtsquellenpluralismus bei *Kantorowicz* überzeugend *Muscheler*, Relativismus und Freirecht, S. 103 ff.

669 *Radbruch*, Grundzüge der Rechtsphilosophie, S. 198 Fn. 11, zitiert nach: *Muscheler*, Relativismus und Freirecht, S. 104 Fn. 62 a.E.

670 *Kantorowicz*, Rechtswissenschaft und Soziologie, in: Verhandlungen des Ersten Deutschen Soziologentages, S. 288 f.

671 *Oertmann*, Monatsschrift für Handelsrecht und Bankwesen, 1911, S. 4: „Damit wird aber trotz aller volltönenden Verwahrungen in der Sache der Grundsatz aufgestellt, daß der Richter sich *über* das Gesetz stellen dürfe,... Eine Vertragsurkunde ist doch nicht aus eigener

Modernismus sich keineswegs über das Gesetz stelle, er dieses nur als genau so vernünftig betrachte, wie wenn es eine Vertragsurkunde wäre, die nach Treu und Glauben, d.h. nach Billigkeit und Gerechtigkeit auszulegen und zu ergänzen sei,[672] kann jedenfalls auch dahin interpretiert werden, daß es ein normatives Argumentationsreservoir gibt, das er ausdrücklich „neben dem Gesetz“[673] ansiedelt. Einen Anspruch auf Geltung im Sinne *Kantorowicz*‘ Differenzierung und damit die Möglichkeit contra legalen Judizierens kann daraus wohl nicht entnommen werden. Es gelte vielmehr, dieses freie Recht, „die für die Auslegung und Ergänzung der Rechtsgeschäfte und des geformten Rechts nötigen Werturteile und Interessenwägungen“ sine lege zu bilden.[674]

Diese Form der Rechts- nicht der Gesetzeserkenntnis formuliert *Fuchs* wie folgt: „...Kann dem Rechtsbuch eine Regel nicht entnommen werden oder wäre ihre Anwendung auf solche Fälle wie der streitige nach dessen besonderen Umständen bei Abwägung aller einander gegenüberstehenden Interessen offenbar ungerecht, so soll der Richter nach der Regel entscheiden, die er vom Standpunkt der allgemeinen Wohlfahrt aus für solche Fälle als Gesetzgeber aufstellen würde.“[675] An anderer Stelle führt er näher aus: „Wenn also z.B. im Handelsrecht eine Rechtsfrage streitig wird, so wäre in erster Linie darnach so zu fragen: was ist vom Standpunkt eines zur Vertretung der legitimen Gesamtinteressen des Handels Berufenen das für die Allgemeinheit richtigste? Alle Rechtsauslegung muß dem Zweck des Rechts dienen und dieser Zweck ist,..., das soziale Ideal der Menschheit zu verwirklichen... Das allgemeine und erste Mittel zur Erreichung dieses Zwecks besteht darin, die realen Interessen zu erkennen, die sich in der zu entscheidenden Streitfrage einander gegenüberstehen, und sie ‚gewissermaßen auf der Wage der Gerechtigkeit gegeneinander abzuwägen’. Also mit andern Worten genau so zu verfahren, wie der Gesetzgeber verfahren würde, hätte er die Frage zu entscheiden.“[676] Das Material für die hier angesprochene Interessenwägung entnimmt *Fuchs* der empirischen Wirklichkeit. Dazu habe der Rechtsanwender „den Verkehr und die Volkswirtschaft und die sozialen Fragen in Handel, Industrie, Landwirtschaft und Gewerbe“[677] zu kennen. Auch die interessenjuristische Methode *Hecks* geht in ihrer normativen Überlegung zurück auf

---

Kraft verbindlich, sondern nur auf Grund und nach Maßgabe des Gesetzes,...“ (Hervorhebung im Original).

672 *Fuchs*, Die Gemeinschädlichkeit der konstruktiven Jurisprudenz, S. 129.

673 *Fuchs*, Juristischer Kulturkampf, S. 52.

674 *Fuchs*, Juristischer Kulturkampf, S. 53.

675 *Fuchs*, Die Gemeinschädlichkeit der konstruktiven Jurisprudenz, S. 14.

676 *Fuchs*, Recht und Wahrheit, in: *Foulkes/ Kaufmann*, Gerechtigkeitswissenschaft, S. 72.

677 *Fuchs*, Die Gemeinschädlichkeit der konstruktiven Jurisprudenz, S. 19.

empirisch erkannte materielle und von *Fuchs*[678] nicht erwähnte ideelle Interessen, die jeder Fallentscheidung zugrunde liegen und durch deren Abwägung eine Fallentscheidung gewonnen werden kann. Den Maßstab der Abwägung bzw. Bewertung geben danach vornehmlich gesetzesimmanente Wertungen ab, die auf den nicht geregelten Fall im Wege eines analogischen Verfahrens übertragen werden. Anders bei *Fuchs*. Er zieht die „allgemeine Wohlfahrt" bzw. die „Wage der Gerechtigkeit", gleichsam materielle Maßstäbe heran, die „bei Lichte besehen nichts andres als das Rechtsempfinden des Richters" abgeben. „Alles kommt also auf dessen Persönlichkeit, auf dessen Lebens- und Sachkunde an."[679] *Fuchs* verfolgt sonach eine rein induktive, von Kategorien des Seins her gedachte Methode, die sowohl auf außergesetzliche Kriterien der Entscheidungsfindung wie auf Richterpersönlichkeiten setzt.[680] So mag es nicht verwundern, daß *Fuchs* in diesem Zusammenhang *Bozi* zustimmt, nach dem das naturwissenschaftliche Entwicklungsgesetz auch in der Jurisprudenz die induktive Methode der Erfahrungswissenschaft verlange.[681] Während aber *Bozis*[682] Methode gerade nicht auf außergesetzliche Tatsachen zurückgreift, sondern das Besondere, das den Ausgangspunkt eines induktiven Schlusses bildet, zunächst in den vorhandenen gesetzlichen Bestimmungen erkennt, schlägt *Fuchs* ein rein sozialanalytisches Verfahren vor, bei dem das Gesetz für den Vorgang der Rechtserkenntnis nur in den seltensten Fällen einen Anknüpfungspunkt bildet.[683] *Fuchs* stellt sodann aber heraus, daß die so verstandene wissenschaftliche Methode die eigentliche Naturwissenschaft überrage, „weil sie zugleich hohe Gemüts- und Charaktereigenschaften verlangt und weil das soziale menschliche Leben zugleich das verwickeltste und schwierigste Beobachtungsgebiet ist und auch an den Intellekt viel höhere Anforderungen stellt, als die Beobachtung der toten oder organischen Welt als einzelner Körper betrachtet."[684] Diese Argumentation, die die juristische Tatsachenwelt gegenüber derjenigen der Naturwissenschaften spezifisch

---

678 *Kantorowicz*, Rechtswissenschaft und Soziologie, in: Verhandlungen des Ersten Deutschen Soziologentages, S. 299 konstatiert für *Fuchs* in diesem Zusammenhang eine besondere Hinwendung zu nationalökonomischen Belangen.

679 *Fuchs*, Die Gemeinschädlichkeit der konstruktiven Jurisprudenz, S. 104; vgl. auch die Einschätzung von *Oertmann*, Monatsschrift für Handelsrecht und Bankwesen, 1911, S. 8.

680 Vgl. *Ehrlich* vorliegend S. 65 ff.

681 *Fuchs*, Die Gemeinschädlichkeit der konstruktiven Jurisprudenz, S. 104.

682 Siehe S. 99 f.

683 Daher kann der Ansicht von *Schröder*, Gesetzesauslegung und Gesetzesumgehung, S. 104, für den das Gesetz zumindest immer Ausgangspunkt der richterlichen Entscheidung bleibt, nur insofern zugestimmt werden, als es um die Feststellung der Lückenhaftigkeit oder Unangemessenheit einer Norm angesichts eines konkreten Sachverhaltes geht. Im anschließenden Verfahren der Entscheidungsfindung bleiben gesetzliche Wertungen freilich außer Betracht.

684 *Fuchs*, Die Gemeinschädlichkeit der konstruktiven Jurisprudenz, S. 26.

charakterisiert, legt es nahe, hierin eine Problematik angesprochen zu finden, die empirischen Methoden anhängt. Bereits für die Lehre *Ehrlichs*[685] wurde die Frage aufgeworfen, inwieweit aus der empirischen Erforschung am Rechtsstreit beteiligter Interessen zugleich Sollensregeln folgen können. *Fuchs*' Lösung besteht wohl darin, nicht nur von einer beobachtbaren, sondern von einer bereits wertbehafteten Tatsachenwelt, der „Natur der Sache"[686] auszugehen, die deswegen „nur eine Elite von Menschen" mit „umfassende(r) Menschenkenntnis und Lebenserfahrung" nachvollziehen kann.[687]

## X. Tendenzen methodologischer Lösungsansätze - eine zusammenfassende Betrachtung

Es sei der „Zug nach größerer Freiheitlichkeit", so *Hedemann* rückblickend, der sich als Grundmotiv aus den vielen Reformschriften, aus den extremen wie aus den maßvollen herausringe.[688] Man habe erkannt, wie groß die Ohnmacht des Gesetzgebers gegenüber der Vielgestaltigkeit des Lebens sei, wie viele Wortgefüge und Begriffe des Gesetzestextes hohl oder halbhohl seien und erst der Ausfüllung durch die lebendige Praxis bedürften. Das habe notwendig eine gewisse Emanzipation des einzelnen Juristen zur Folge.[689]

Die Stoßrichtung der vorgestellten Konzeptionen jedenfalls verfolgt eine Methode, die die Anpassung des Rechts an die gegenwärtigen Lebensbedürfnisse, an die dem Zeitgeist folgenden Veränderungen ausschließlich im Wege richterlicher Fortentwicklung gesichert sieht. Der Jurist avanciert einheitlich, und zwar auch in den Lehrbüchern um 1900 zum „Pionier der Weiterbildung"[690].

Emanzipation im Sinne *Hedemanns* meint hier eine Bewegungsfreiheit, die von der Idee der Entwicklungsfähigkeit des Gesetzes getragen, auf gesetzesimmanenten Ausfüllungsbegriffen, den „dominierenden Paragraphen"[691]

---

[685] Siehe S. 65 Fn. 374.

[686] *Fuchs*, Die Gemeinschädlichkeit der konstruktiven Jurisprudenz, S. 122. Dazu überzeugend *Kaufmann*, Einleitung, in: *Foulkes/ Kaufmann* (Hrsg.), Gerechtigkeitswissenschaft, S. 11 ff.

[687] *Fuchs*, Die Gemeinschädlichkeit der konstruktiven Jurisprudenz, S. 21. Vgl. *Schröder*, Gesetzesauslegung und Gesetzesumgehung, S. 104 m.w.N.

[688] *Hedemann*, Werden und Wachsen im Bürgerlichen Recht, S. 18.

[689] *Hedemann*, Werden und Wachsen im Bürgerlichen Recht, S. 18.

[690] *Hedemann*, Werden und Wachsen im Bürgerlichen Recht, S. 60.

[691] *Hedemann*, Werden und Wachsen im Bürgerlichen Recht, S. 16.

beruht, die er später als „ein Stück offengelassener Gesetzgebung“[692] charakterisiert. Das Verbindende aller Richtungen sieht *Hedemann* gleichwohl nicht in dieser besonderen Rolle ausfüllungsbedürftiger Begriffe. Vielmehr zeige sich die neue Richtung im Gegensatz zur logisch-philologischen, in welche das 19. Jahrhundert eingemündet sei, allgemein in der Betonung des leeren Raumes.[693] Hierin, im „Reich des Ungeregelten“, offenbart sich nach *Hedemann* das „Phänomen der Fortbewegung“.[694]

Tatsächlich zeigen die vorgestellten Methodenlehren eine hohe Sensibilität hinsichtlich der Freiräume, die es dem Rechtsanwender erst ermöglichen sollen, eine den neuen, praktischen Bedürfnissen entsprechende Entscheidung zu fällen. Schöpferische Entscheidungsfindung findet innerhalb dieses „leeren Raumes“ statt, wobei die Frage der Konstituierung desselben nur marginal aufgeworfen und meist mit jener der Ausfüllung verbunden wurde. Während einige Autoren vorwiegend ausfüllungsbedürftige Rechtsbegriffe und Generalklauseln als jenen Ort einzelfallgerechten Urteilens bedienen,[695] bemühen sich andere um eine Abgrenzung des Bereiches nur anwendenden gegenüber desjenigen schöpferischen Judizierens. Die Bewegungsfreiheit, der Bereich der Lücken also, eröffnet sich ihnen jenseits der historischen[696], anderenfalls der Wortlautinterpretation[697]. Wieder andere streiten für die Methode der fortbildenden Auslegung, geben also die gedankliche Trennung der Bereiche nur anwendender und nur schöpferischer Tätigkeit im Prozeß der Lückenausfüllung auf. Gesetzeslücken waren danach innerhalb der interpretationsfähigen Rechtsordnung im Wege historischer, den gesetzgeberischen Willen[698] oder Wertungen nachvollziehender Interessenwägung[699] oder kraft Ermittlung des objektiven Geistes des Gesetzes[700] auszufüllen. Mit dem Kriterium der praktischen Brauchbarkeit des Ergebnisses sucht eine nächste Ansicht, den Raum lebensnahen Urteilens aufzuspüren.[701] Weniger dogmatisch argumentieren auch Stimmen, die einen richterlichen Spielraum angesichts des beträchtlichen Anteils irrationaler Elemente in der Praxis juristischen Entscheidens hervorheben und methodisch verwertet wissen wollen.[702]

---

692 *Hedemann*, Die Flucht in die Generalklauseln, S. 58.
693 *Hedemann*, Werden und Wachsen im Bürgerlichen Recht, S. 8 Fn. 1.
694 *Hedemann*, Werden und Wachsen im Bürgerlichen Recht, S. 60.
695 *Endemann*, S. 41 f., 50; *Crome*, S. 42 ff., 50; *Stammler*, S. 57; *Oertmann*, S. 101 ff.
696 So die spätere Konzeption von *Ehrlich*, S. 63 f.
697 *Stampe*, S. 76.
698 *Windscheid*, S. 46 ff.
699 *Heck*, S. 78 ff.
700 *Rumpf*, S. 89 f.
701 *Bozi*, S. 96 ff; *Fuchs*, S. 112 ff.
702 *Sternberg*, S. 71 ff.

Offenbart die Suche nach Bereichen richterlicher Gestaltungsmacht je verschiedene Vorstellungen und Ansatzpunkte, so bemühen sich die dargestellten Konzeptionen nahezu einheitlich um eine Begrenzung desselben. Das Spannungsfeld zwischen der als notwendig erkannten richterlichen Ergänzungstätigkeit und kodifizierter, Rechtssicherheit verbürgender Rechtsmaterie wird allgemein problematisiert. Gesetzestreue Rechtsanwendung nehmen interpretative Verfahren über den Nachvollzug kausaler Interessen und gesetzgeberischer Wertungen oder aber im Wege sinngemäßer Ergänzung gesetzten Rechts in Anspruch. Auch das Verfahren der Konkretisierung wertausfüllungsbedürftiger Rechtsbegriffe ist als Anwendung des Wertebegriffs des Gesetzes ausgestaltet, findet mithin innerhalb dessen seine Grenze. Gleichwohl führt etwa *Oertmann*, der als Vertreter jener letzt genannten Ansicht hervorgehoben werden soll, einen methodischen Gesichtspunkt ein, der in der Lehrbuchliteratur einzig bei *Endemann* in dieser Klarheit zum Ausdruck kommt. Gemeint ist die Suche nach Mechanismen rationaler Entscheidungsfindung innerhalb eines offen artikulierten, subjektiven Vermittlungsprozesses zwischen Norm und Sachverhalt. Der Einfluß subjektiver richterlicher Werturteile findet bei *Crome* und *Windscheid* dagegen keine Erwähnung. Während aber *Endemanns* „freie Beurteilung" nur erste Anklänge jenes Grundgedanken aufzeigt, der späterhin jede Entscheidung als individuelle Leistung des Rechtsanwenders offenlegt, bekämpft *Oertmann* gerade diesen, vor allem nach 1900 sich entwickelnden Subjektivismus, der mit der *Freudschen* Erkenntnis des Unbewußten nun auch wissenschaftlich belegt ist. Es ist der Rückgriff auf die herrschenden Sitten und Verkehrsanschauungen, der als „mittelbarer Gesetzesinhalt" eines Wertebegriffs ausgestaltet ist und sonach das Gesetz als Ausgangspunkt und Schranke im Konkretisierungsverfahren konserviert.

Zunehmend werden aber jene methodologischen Ansätze, die in einem latenten, aber objektivierten Gesetzes- oder Gesetzgeberwillen die Garantie gesetzestreuer Rechtsfortbildung sehen, verdrängt von Konzeptionen, die interpretative Verfahren ablehnen. So konnten Meinungen nachgewiesen werden, die den Prozeß der Rechtsanwendung vornehmlich als subjektabhängiges Verfahren darstellen. Argumentativer Ausgangspunkt ist die etwa bei *Ehrlich, Stampe* und *Fuchs* nachgewiesene Annahme, daß das gesetzte Recht nur eine begrenzte Zahl von Einzelfällen zu regeln fähig ist. Der Begriff der „Lücke" erhält hier jene neue Bedeutung, die dem Richter einen Raum primär richterlicher Machtentfaltung bietet. Recht wird nunmehr induktiv als Teil der Wirklichkeit von Richterpersönlichkeiten mit Lebens- und Sachkunde gesprochen. Erst die Konstruktion eines solchen Richterbildes, in welchem der Richter als Bestandteil eben dieser Wirklichkeit erscheint, die er zu erfassen und rechtlich zu bewerten hatte, stellt die Bedingung für die Überwindung des bloß Subjektiv-Willkürlichen im Rechtsfindungsprozeß. Das hier angesprochene Rechtsgefühl ist ein professionalisiertes, das von den natürlichen Anlagen des Menschen abstrahiert. Anders als bei *Stampe* und später bei *Fuchs* soll der Richter bei *Ehrlich* in Anlehnung an Art. 1 des Vorentwurfs des schweizerischen Zivilgesetzbuches zudem einer präjudiziellen Bindung unterliegen. Demgegenüber erkennt etwa *Sternberg* im positiven Recht ein „ethisches" Ganzes, aufgrund dessen der Richter die gerechte Regelung des Falles finden kann. Die Objektivierung des Rechtsgefühls im Wege der Selbstbeobachtung stellt hierfür das methodische Instrumentarium. Wenn dagegen *Bozi* eine Rechtsfortbildungsmethode vorschlägt, die allgemeine Prinzipien induktiv aus denjenigen gesetzlichen Bestimmungen abstrahiert, die die gegenwärtige, von einem empirischen Standpunkt her zu bestimmende Auffassung von dem, was Recht ist, widerspiegeln, dann ist das Gesetz zwar Ausgangspunkt, nicht aber Maßstab der Rechtsfortbildung. Für *Stammler* bleibt eine solche empirische wie auch psychologische Bestimmung dessen, was objektiv richtig sein soll, zufällig und subjektiv. Seine Methode des richtigen Rechts, nach der das richtige Recht Teil des positiven Rechts ist, formuliert eine formale Kategorie, die von den Bedingungen richtigen, gerechten Judizierens handelt.

Der „Zug nach Freiheitlichkeit", den *Hedemann* als Grundkonsens aller Reformbestrebungen nach 1900 ausmachte, geht sonach konform mit der Suche nach objektiven Kriterien der Entscheidungsfindung, die richterlicher Willkür tendenziell entgegensteuern sollen. Der Bindung an den ohnehin weiten Rahmen des „Gesetzes" im Wege eines objektivierten Gesetzgeberwillens oder Gesetzessinnes wird die Bindung an das „Recht" an die Seite gestellt mit dem ihm eigenen, je verschiedenen Objektivitätsgaranten. Das Verbindende jener Methodenströmungen liegt mithin in dem Bestreben, die eröffneten Räume schöpferischer Rechtsfindung zugleich zu begrenzen.[703] Ausdruck dieser Gedanken ist die das gesamte Schrifttum durchziehende Forderung nach einer Methodenlehre, die als „Kunst" der Rechtsanwendung eben jenen Ausgleich vollbringt.

Es ist das Verdienst *Victor Börngens* - Jenaer Oberlandesgerichtspräsident und erster Vorsitzender des Vereins „Recht und Wirtschaft" – den Grundkonsens

---

[703] Die contra legem - Kritik, die gemeinhin (vgl. statt vieler *Schröder*, Rechtstheorie 19 (1988), S. 323, 346) den Mittelpunkt der Diskussion markiert, erscheint damit als *ein* Standpunkt innerhalb jener allgemeinen Bemühungen, die sich um eine Begrenzung des richterlichen Spielraumes bemühen. Nicht zuletzt die vehemente Abwehr und Stigmatisierung contra legalen Judizierens unabhängig von dem je verschieden definierten Rahmen gesetzestreuer Rechtsfindung durch zeitgenössischen Darstellungen *Hecks* und *Oertmanns* hat das Bewußtsein einer im Grunde homogenen, nämlich dem Zuge „begrenzter Freiheitlichkeit" folgenden Erneuerungsbewegung weitgehend verdrängt.

dieser Reformansätze nicht nur hinsichtlich der Reformnotwendigkeit der richterlichen Methode und aufbauend auf diese der Rechtspflege[704] überhaupt artikuliert und schließlich institutionalisiert zu haben. Der in der Literatur bislang umfassendsten Darstellung der Entstehung und Bedeutung des Vereins „Recht und Wirtschaft“[705] ist hinzuzufügen, daß sich *Börngen* auch um eine Verständigung der im einzelnen doch so unterschiedlichen Methodenlehren, der wie er es ausdrückte „streitenden Brüder(n)“[706] bemühte. Eine solche Verständigung mußte aber notwendig das Verbindende, das tendenziell einheitliche Streben der Lösungsansätze formulieren, was sich immerhin in der zusammenfassenden Bezeichnung „neue Bewegung“[707] andeutet. In dem Jenenser Aufruf, auf den an späterer Stelle[708] explizit eingegangen werden soll, formuliert *Börngen* das gemeinsame Ziel aller Reformvorschläge in der Beseitigung des Zwiespalts zwischen Rechtsleben und Volksempfinden. Zugleich macht er deutlich, daß zur Erreichung dieses gesteckten Zieles verschiedene Wege vorstellbar sind, gleichwohl er in großen Zügen die Wege andeute, die allmählich zum Ziele führen könnten.[709] Bezogen auf die Reformanstrengungen in der juristischen Methodenlehre formuliert *Börngen* auch hier das Verbindende der im einzelnen so unterschiedlichen Ansätze und das zugleich eigene methodologische Anliegen als „besondere Kunst des Richters, bei der Entscheidung des einzelnen Falles die richtige Stellung zu finden innerhalb der Richtlinien des Gesetzes und des Rechtes.“[710] Es ist die Forderung nach einer Begrenzung gefundener Freiräume richterlichen Judizierens, die *Börngen* – und damit geht er über den von *Hedemann* konstatierten Grundkonsens hinaus[711] - als gemeinsamen Nenner derjenigen Methodenkonzeptionen ansieht, die er erreichen will. In dieser Richtung gäre es in der Juristenwelt. Seit Monaten sei „eine Bewegung im Gange, die Strömungen, die sich in den letzten Jahren im Schrifttum gezeigt haben, zu fassen, ihre Richtlinien festzulegen und dann damit an die Öffentlichkeit zur Weiterarbeit hervorzutreten.“[712] Zu diesem Zwecke sei, fährt *Börngen* schließlich fort, von Jena aus ein Aufruf in Vorbereitung: ‚Um das Recht der Gegenwart‘. „Er hält sich von allen Übertreibungen fern und bestrebt einen

---

[704] Zur Methodendiskussion als Teil einer umfassenden Justizreformbewegung siehe S. 5 f.
[705] *Wirth*, Adelbert Düringer – Jurist zwischen Kaiserreich und Republik, S. 56 ff.
[706] *Börngen*, Reformbestrebungen im Rechtsleben und der Verein „Recht und Wirtschaft“, S. 17.
[707] *Börngen*, DJZ 1911, Sp. 178 f.; vgl. *Düringer*, DRiZ 1911, Sp. 112, der eine „neuzeitliche(n) Bewegung in der Jurisprudenz“ erkennt.
[708] Siehe S. 126 ff.
[709] *Börngen*, DJZ 1911, Sp. 179.
[710] *Börngen*, DJZ 1911, Sp. 177 f.
[711] Anders *Depping*, Das BGB als Durchgangspunkt, S. 25.
[712] *Börngen*, DJZ 1911, Sp. 178 f.

maßvollen Ausgleich der vorhandenen Gegensätze. Er will den ehrlichen Versuch machen, alle zusammenzuführen, die überzeugt sind, daß es eines verständigen Fortschritts, eines Weiterbauens im Recht und in der Rechtsanwendung, nicht einer Umwälzung bedarf. Er betont das Ganze, das eint, nicht das einzelne, das trennen könnte."[713] In der Folge dieses Aufrufs kam es zur Gründung des Vereins „Recht und Wirtschaft".

---

[713] *Börngen*, DJZ 1911, Sp. 179.

# *D. 1910/1911 - Der Verein „Recht und Wirtschaft"*

## I. Die Anfänge

### 1. Viktor Börngens Appell zur Reform der Rechtspflege in Thüringen

Gründung und Wirkungsfeld des Vereins „Recht und Wirtschaft" sind untrennbar mit dem Namen *Viktor Börngen*[714] verbunden. In seinem Nachruf ehrt *Lehmann*[715], Oberlandesgerichtsrat, Professor und späterer Dekan an der juristischen Fakultät Jena, Mitglied des Vereins und Mitbegründer des Instituts für Wirtschaftsrecht in Jena, *Börngen* als einen Vorkämpfer für eine zweckmäßigere, unseren veränderten Wirtschaftsverhältnissen besser angepaßte Gestaltung der Rechtseinrichtungen. Mit ihm, so *Lehmann* weiter, habe ein neuer Geist in das Oberlandesgericht Einzug gehalten, der Geist einer gesunden lebenswirklichen Tatsachenjurisprudenz.[716] Auch anläßlich des 50jährigen Jubiläums des Oberlandesgerichts Jena im Jahre 1929 sprach der damalige Oberlandesgerichtspräsident *Becker* rückblickend von einem „Geist der Erneuerung", der das Oberlandesgericht damals durchzogen habe. Richtungsgebend und bahnbrechend sei das Wirken *Börngens* und seines Wegbereiters und Weggenossen *Deinhardt*[717] gewesen.[718]

Mit Überlegungen zur Reform der juristischen Methode sowie der Rechtspflege im übrigen tritt *Börngen* erstmals in seiner Antrittsrede als

---

[714] Viktor Börngen (1855 – 1917) studierte Rechtswissenschaften in Jena, Berlin und Leipzig. Nach seinem Wirken als Straf- und Zivilrichter und erster Staatsanwalt in Jena wurde *Börngen* 1893 Oberlandesgerichtsrat. Von 1904 bis 1909 hatte er die Senatspräsidentschaft inne und wurde schließlich 1910 zum Präsidenten des Thüringischen Oberlandesgerichts berufen. In diesem Jahr erhielt er auch die Ehrendoktorwürde der Universität Jena. *Börngen* war bis zu seiner krankheitsbedingten Aufgabe im Jahre 1914 erster Vorsitzender des Vereins „Recht und Wirtschaft", danach Ehrenvorsitzender. Vgl. *Lehmann*, DJZ 1917, Sp. 403 f.; Akten des gemeinschaftlichen Thüringischen Oberlandesgerichts in Jena – AZ 972/ Personalbogen S. 1; an dieser Stelle gilt mein Dank Herrn Prof. Dr. G. Lingelbach für seine engagierte Zuarbeit.

[715] Zu Lehmann ausführlich *Depping*, Das BGB als Durchgangspunkt, 2002.

[716] *Lehmann*, DJZ 1917, Sp. 403 f.

[717] Richard Deinhardt, Oberlandesgerichtsrat in Jena, war ein enger Weggenosse Börngens und Mitinitiator des Jenenser Aufrufs.

[718] Akten des gemeinschaftlichen Thüringischen Oberlandesgerichts in Jena – AZ 1182, S. 49.

Präsident des Jenaer Oberlandesgerichts am 31. Dezember 1909 in Erscheinung. In dieser Rede beschreibt er ein Klima allgemeiner Kritik an der Weltfremdheit der Justiz, der auch er sich nicht zu entziehen vermag. So richten sich seine Klagen gegen das Juristendeutsch, das in weiten Kreisen der Bevölkerung als etwas Fremdartiges empfunden werde, gegen die Langsamkeit der Justiz[719] sowie das Verfahrensrecht.[720] Sie belegen zugleich, daß Reformen nicht nur von der Methode der Rechtsanwendung, sondern auch von der Gesetzgebung und Verwaltung innerhalb einer umfassenden Justizreformbewegung gefordert werden. Schließlich wendet er sich gegen die Konstruktions- und Begriffsjurisprudenz.[721] Hier töne die Klage am lautesten. Zwar sei eine Wissenschaft ohne Begriffe undenkbar. Eine Wissenschaft aber, die den juristischen Begriffshimmel in rechter Distanz zur Erde halte, verliere den Blick für das wirkliche Leben. Für *Börngen* ist es eine schwere Verfehlung des römischen Rechts und der herrschenden Theorie, Begriffe, die in politischer, wirtschaftlicher und sozialer Beziehung dem heutigen Leben fernstehen, konserviert zu haben. Neben grammatischer und logischer Auslegung, Gesetzes- und Rechtsanalogie müsse der gesunde Menschenverstand auf die Rechtsfindung Einfluß gewinnen. Auch belegt er einen Geist der Verknöcherung, der das gemeine Recht beherrscht und ein Grundgesetz der Natur verkannt habe, daß Leben Veränderung und nur der Tod Stillstand sei. Man habe erst viel zu spät erkannt, daß jedes Recht sich stetig unmerklich, aber unaufhaltsam selbst verändere.

Belegen diese Äußerungen ein nunmehr bekanntes argumentatives Reservoir, so deutet *Börngen* im folgenden eine eigene Programmatik an, die sich im Jenenser Aufruf wiederfinden wird. Mit dem kurzen Hinweis, daß er nicht zu den Freunden einer Äquitätsjurisprudenz gehöre, die die Richterschaft mit dem letzten Dorfschöppen auf eine Stufe stelle, noch weniger sich zur Freirechtsschule[722] bekenne, die in hochentwickelten Verhältnissen zur Barbarei führen müsse, schließt *Börngen* mit nachstehendem Anliegen: „Wir müssen das Recht studieren... Aber wir dürfen in den Paragraphen der Gesetze nicht stecken bleiben. Wir dürfen uns den Kopf mit ihnen nicht so anfüllen, daß für anderes kein Raum mehr übrig bleibt. Wir müssen durch die Theorie

---

[719] „Wir leben in einer Zeit, wo das Dampfroß und der Kraftwagen die Lande durchbrausen, wo das Dampfschiff pfeilschnell die Wogen durchschneidet, wo das Luftfahrzeug am Firmament erscheint und alsbald wider verschwindet, wo der elektrische Funke mit und ohne Draht den Erdball umzuckt. Und nun gehen wir in unsere Gerichtsstuben! Meint man da nicht mitunter, durch die Fenster draußen die alte Postkutsche noch vorbeirumpeln zu hören?" *Börngen*, Blätter für Rechtspflege in Thüringen und Anhalt 57 (1910), S. 11.

[720] *Börngen*, Blätter für Rechtspflege in Thüringen und Anhalt 57 (1910), S. 9 ff.

[721] *Börngen*, Blätter für Rechtspflege in Thüringen und Anhalt 57 (1910), S. 12 ff.

[722] Daß sich *Börngen* hier ausschließlich von einem extremen Flügel der Freirechtsbewegung distanziert, wird an anderer Stelle eingehend erörtert werden.

hindurch hinauf auf eine ragende Höhe... Unter uns liegen dann die goldenen, schimmernden, feinen Fäden der Rechtstheorie und dicht unter diesen, von ihnen hellbestrahlt, das kraftvoll sprossende, grüne Leben."[723] Es ist der Richter, dem nach diesem Bild die Fähigkeit und die hohe Verantwortung zukommen soll, die Kluft zwischen Gesetz und Leben zu überwinden, denn er ist es, der aus „ragender Höhe" Rechtsstreitigkeiten zu entscheiden hat. Er muß aber vorher „durch die Theorie hindurch", ist also am Gesetz auszubilden, hat das Gesetz zu kennen, seine immerhin „golden, schimmernden, feinen Fäden" zu durchdringen. Das Gesetz bleibt Ausgangspunkt jeder Rechtsfindung. Gleichwohl ist der Richter mehr als bloßer Gesetzesanwender, denn auch die im Gegensatz zum geschriebenen Recht sich stetig ändernde Lebenswirklichkeit, das „kraftvoll sprossende, grüne Leben" geben Werte ab, die den Prozeß der Entscheidungsfindung leiten.

Diese Rede, die zur Erhaltung des Jenaer Oberlandesgerichts als „Pflegstätte wahren Rechts"[724] auffordert, blieb nicht ohne Resonanz.

## 2. Der Aufruf Alfred Bozis

Wie *Börngen* selbst berichtet, wandte sich *Bozi*, damals Oberlandesgerichtsrat in Hamm, im Juli 1910 als einer der ersten nach Jena mit dem Anliegen, einen nunmehr deutschlandweiten Aufruf zu starten, um Juristen und Laien zusammenzuschließen.[725] „Dort war man", so *Börngen* weiter, „bereit, mit ihm zusammen zu gehen und einen Aufruf zum Zusammenschluß zu erlassen, nur dürfe dieser nicht den Bozischen Standpunkt einseitig betonen."

Wie bereits dargelegt, verfolgt *Bozi* eine Konzeption, die naturwissenschaftliche Gesetze, wie das Gesetz von der Erhaltung der Energie und das Entwicklungsgesetz auf die Methode der Rechtsfindung angewendet wissen will. Die richterliche Fallentscheidung gestaltet sich als ein induktives, nach dem Gesichtspunkt fortschreitender Entwicklung angelegtes Verfahren, daß zwar das gesetzte Recht zum subsumtiven Ausgangspunkt wählt, jenes aber immer durch die Erfahrung, durch die Beobachtung am wirklichen Leben kontrolliert und wenn nötig – *Bozi* erklärt hier die praktische Brauchbarkeit

---

[723] *Börngen*, Blätter für Rechtspflege in Thüringen und Anhalt 57 (1910), S. 15.
[724] *Börngen*, Blätter für Rechtspflege in Thüringen und Anhalt 57 (1910), S. 15.
[725] *Börngen*, Reformbestrebungen im Rechtsleben und der Verein „Recht und Wirtschaft", S. 11 f.

zum Maßstab – fortgebildet, im naturwissenschaftlichen Sinne also falsifiziert werden kann.[726]

*Liebmann*, seines Zeichens Schriftleiter der Deutschen Juristenzeitung, tritt nunmehr als Chronist jener Kontroverse auf, die sich im Vorfeld der Vereinsgründung bereits um die Programmatik eines Zusammenschlusses „freiheitlicher Stimmen“[727] abspielte.[728] In einem Nachwort zum „Jenenser Aufruf“, der letztendlich die Zielstellung des Vereins „Recht und Wirtschaft“ fixieren wird, zeigt der Verfasser, daß es zunächst *Bozis* Aufgabe war, ein solches Grundsatzpapier zu verfassen. Dieser Entwurf[729] habe aber die Übertragung der naturwissenschaftlichen Methode auf die Rechtswissenschaft verlangt und sei wegen dieser Einseitigkeit in Jena verworfen worden. Nachdem sich *Bozi* im November 1910 bereit erklärt habe, einen neuen Entwurf, der immerhin den naturwissenschaftlichen Standpunkt mit erwähne, zu unterschreiben, sei er doch mit einem eigenen Aufruf, der manche Milderung erfahren habe, in die Tagespresse gegangen. So finden sich etwa in der Frankfurter Zeitung[730] „Ein Aufruf zur Rechtsreform“, im Westfälischen Anzeiger[731] „Ein Aufruf zur Reform der Rechtspflege“ sowie in der Kölnischen Zeitung „Bestrebungen zur Versöhnung des Volkes mit der Justiz“[732] mit der Bitte um Anschluß „gleichgesinnter Persönlichkeiten“.[733] Neben späterhin akzeptierten Passagen, die die Rechtssicherheit in der Persönlichkeit des Richters suchen, mithin zu Reformen in der juristischen Ausbildung aufrufen und einer Reform des Prozeßrechts das Wort reden, spricht sich *Bozi* dafür aus, die Rechtswissenschaften aus einer reinen Geisteswissenschaft in eine Erfahrungswissenschaft umzubilden. So „sollen die Rechtsbeflissenen, sei es durch die Geschichte, sei es durch die Naturwissenschaften mit der Methode der Realwissenschaften, soweit bekannt gemacht werden, daß sie aus erfahrungsmäßig beobachteten Vorgängen Prinzipien zu entwickeln und umgekehrt, die Richtigkeit ihrer Theorien an solchen Vorgängen nachzuprüfen vermögen.“[734] Diesem Aufruf folgten Juristen aus der Praxis, wie der

---

[726] Zur Konzeption *Bozis* siehe S. 92 ff., 98 ff.

[727] *Börngen*, Reformbestrebungen im Rechtsleben und der Verein „Recht und Wirtschaft“, S. 12.

[728] *Liebmann*, DJZ 1911, Sp. 183 ff.

[729] Vermutlich handelt es sich um jenen am 2. März 1910 in der Juristischen Gesellschaft zu Wien gehaltenen, nunmehr ausgearbeiteten Vortrag „Die Methode der Rechtsprechung“, in: *Ostwald*, Annalen der Naturphilosophie, Bd. 9, 1910, S. 267 – 289.

[730] Frankfurter Zeitung und Handelsblatt vom 24.12.1910.

[731] Westfälischer Anzeiger vom 24.10.1910.

[732] Kölnische Zeitung vom 13.12.1910 zitiert nach Mendelssohn Bartholdy, DRiZ 1911, Sp. 116.

[733] Ausführlicher wurde der Aufruf mitgeteilt in: DRiZ, 1911, Sp. 103 ff. und Das Recht 1911, S. 25 ff.

[734] Frankfurter Zeitung und Handelsblatt vom 24.12.1910, S. 2.

Bielefelder Landesgerichtspräsident *Barre*, Männer aus dem Wirtschaftsleben, wie *Hinsberg* (Vorstand des Barmer Bankvereins), Landbankrat a.D. *Wiegand* und Vertreter der Politik, wie der geheime Regierungsrat Professor Dr. *Duisburg* und *Freiherr von Camp-Massaunen* (Mitglied der Regierung)[735] sowie einige wenige Rechtsgelehrte[736]. Gleichwohl war die Resonanz „in weiten Kreisen maßgebender Persönlichkeiten" wohl eher ablehnend.[737] Hier wird wieder die Deutsche Juristenzeitung unter Federführung *Liebmanns* aktiv. So habe die Auswertung eingegangener Zuschriften gezeigt, daß es von sehr beachtenswerter Seite als Utopie bezeichnet werde, wollte man die veraltete rechtswissenschaftliche Methode durch die naturwissenschaftliche ersetzen. Auch entzündete sich die Kritik an Äußerungen *Bozis*, nach denen die Weltfremdheit der Justiz als ausgemacht gelte, Gerechtigkeit in der deutschen Rechtspflege also nicht geübt werde. „Mit Recht", so argumentiert *Liebmann*, „wird diese Ansicht von bedeutenden Juristen zurückgewiesen und hervorgehoben, daß in keinem Staate das Recht in besseren Händen sei als bei uns, daß kein Staat der Welt eine bessere Gerechtigkeit garantiere als der unsrige."[738] Eine eigene Stellungnahme der Deutschen Juristenzeitung, die nach eigenen Ausführungen nicht ihrem Charakter entspräche,[739] kommt hier unzweideutig zum Ausdruck. Die Sympathie für den gegnerischen „Jenenser Aufruf" zeigt sich auch in der ausdrücklichen Bereitschaft der Deutschen Juristenzeitung, Stimmen für diesen zu sammeln.[740]

## 3. Der Jenenser Aufruf

In der Deutschen Juristenzeitung vom 1. Februar 1911 erschien *Börngens* Aufsatz „Um das Recht der Gegenwart", der jenen Aufruf im Auszug veröffentlicht, der unter Federführung *Börngens*[741] im weiteren von Oberlandesgerichtsrat *Deinhardt* (Jena), Reichsgerichtsrat *Düringer* (Leipzig), Geheimen Justizrat *Hellwig* und Regierungsrat *Rathenau* (beide Berlin) als

---

[735] Nachzulesen im Westfälischen Anzeiger 24.10.1910.

[736] Vgl. etwa die Zustimmung zum „Modernisten-Aufruf" seitens des Würzburger Universitätsprofessors Mendelssohn Bartholdy, DRiZ 1911, Sp. 116 ff.

[737] *Liebmann*, DJZ 1911, Sp. 184.

[738] *Liebmann*, DJZ 1911, Sp. 184. Vgl. die kontroverse Abwehr führender Richter gegen herbe Kritik an ihrer Person und ihrer Spruchpraxis durch die Kölnische Zeitung *Hirsch*, DRiZ 1911, Sp. 99 ff.; *David*, DRiZ 1911, Sp. 86 ff.

[739] *Liebmann*, DJZ 1911, Sp. 184.

[740] *Liebmann*, DJZ 1911, Sp. 185.

[741] So *Hedemann*, Einführung in die Rechtswissenschaft, S. 201.

„Jenenser Aufruf" die Gründung des Vereins „Recht und Wirtschaft" einleiten sollte.[742]

Unter energischer Abwehr eines generell begründeten Mißtrauens gegenüber der Rechtspflege, das er mit den Stichworten „Klassenjustiz" und „Weltfremdheit der Richter" unterlegt, konstatiert der Verfasser eine allgemeine Aufbruchstimmung, die gegen wohlbekannte Mängel in der Rechtspflege ankämpfen will.[743] Diesen Mängeln, die *Börngen* bereits in seiner Antrittsrede als Oberlandesgerichtspräsident in Jena aufzeigte,[744] gibt er nochmals einen Namen: Es sei das Juristendeutsch[745] in den Gesetzen, Verordnungen und Richtersprüchen, es sei die Langsamkeit der Justiz und die Formalisierungen im Zivil- und Strafprozeß, die es zu überwinden gelte.[746] Auch bringe man sich immer mehr zu Bewußtsein, daß richterliche Entscheidungen nicht im luftleeren Raum ergehen, sondern die Rechtsverhältnisse zwischen lebendigen Menschen ordnen. Das Gesetz sei von Menschen für Menschen gemacht, sei Menschenwerk und als solches lückenhaft und dem Wandel unaufhaltsam unterworfen. In diesem Sinne gelte es, die Methode der richterlichen Fallentscheidung zu reformieren. Sie sollte nunmehr aufbauend auf die „kräftige und lebendige Persönlichkeit" des Richters, aber im Rahmen der Gesetze, die praktische Brauchbarkeit des Ergebnisses im Blick haben. An Stelle einseitiger Nurjuristen sollten nunmehr Gegenwartsjuristen treten.[747] *Börngen* forderte hierfür eine ausreichende Vor- und Fortbildung der Juristen in Psychologie, Tatsachenfeststellung, Kriminalistik, in den Lehren der Volkswirtschaft und des Verkehrswesens und spricht damit einen Großteil derjenigen Literatur an, die seit der Jahrhundertwende 1900 die mangelhafte Ausbildung der Richter beklagt und auf Reformen drängt.[748] Auch an die Gesetzgebung ergeht die Forderung, nicht all zu enge und begriffsmäßige Regeln aufzustellen. Es ist der Gedanke der

---

[742] *Liebmann*, DJZ 1911, Sp. 183.

[743] *Börngen*, DJZ 1911, Sp. 177.

[744] Siehe S. 121 ff.

[745] Vgl. *Deinhardt*, Blätter für Rechtspflege in Thüringen und Anhalt 58 (1911), S. 94 ff., in denen er ein vom Oberlandesgericht Jena empfohlenes Merkblatt veröffentlicht, das „Sprachsünden" und Änderungsvorschläge in richterlichen Entscheidungen behandelt.

[746] An anderer Stelle (*Börngen*, Reformbestrebungen im Rechtsleben und der Verein „Recht und Wirtschaft", 1911) werden die angezeigten Mängel konkretisiert: Es ist die Verhandlungsmaxime, die dem Richter den entscheidenden Einfluß auf den Fortgang des Prozesses genommen habe (S. 22), das Eidesbeweisrecht (S. 28), die Zahl der Rechtsmittel, die geradezu eine Prozeßsucht großziehen helfe (S. 29 f.) und die Besetzung der Gerichte als Kollegialgerichte, die nicht Rechtsprechungscharakter hätten, sondern eher einem Rechtsparlament glichen (S. 30).

[747] *Börngen*, DJZ 1911, Sp. 181.

[748] Siehe dazu *Schröder*, Die Richterschaft, in: FS Gmür, S. 208 ff. mit einer Zusammenstellung zeitgenössischer Aufsätze zur Ausbildungsreform.

Generalklauseln, der so *Hedemann* später, seit den Jenaer Gesprächen der Jahre 1910 so mächtig avanciert sei.[749]

Ausgehend von einem konstatierten Konsens anstehender Reformen ruft *Börngen* zu einer Vereinigung und Institutionalisierung aller Reformwilligen auf, die sich sowohl um die Methoden- als auch um die Justizreform bemühen. Die enge geistige Verbindung zwischen Methoden- und Justizreformbewegung wird sonach auch institutionell greifbar. Denn ausgehend von dem allgemein bewußten, rechtstheoretischen Befund, daß das Wirkliche und Tatsächliche, das wechselnde Leben selbst mit seinen Eindrücken an Herrschaft gewinne[750], fordert *Börngen* eine praktischere Auffassung von allen, die an der Gesetzgebung, der Verwaltung[751], der Rechtsprechung und der Juristenausbildung mitwirken. Aufgerufen werden sollte zur Zusammenarbeit von theoretisch und praktisch arbeitenden Juristen und mit juristischen Laien, vorwiegend mit „führenden Personen des öffentlichen, namentlich des wirtschaftlichen Lebens und mit anderen Männern, die mit uns davon überzeugt sind, daß alle Kräfte unserer Zeit für Gesetzgebung, Verwaltung und Rechtspflege verwertet werden müssen“[752]. In dieser Richtung rege man sich aller Orten, aber es rege sich nur in Büchern, Schriften, Aufsätzen, gelegentlich auch in Zeitungsartikeln. Es gelte nunmehr, die Sache aus dem engen Bette des Schrifttums herauszuheben, alle, die daran interessiert sind, persönlich zusammenzuführen und in gemeinsamer Arbeit das, was bis jetzt verstreut gefordert wurde, zusammenzufassen zu Grundsätzen, mit denen das öffentliche Leben rechnen könne. So allein könne die Bewegung stark auf die Öffentlichkeit wirken, Stimmungen wecken und verbreiten und aus diesen heraus Taten vollbringen.[753]

Im Unterschied zum *Bozischen* Aufruf lasse sich aber die Reform der Rechtspflege nicht auf eine einheitliche Formel zurückführen. Es handele sich dabei um Übergänge und Zusammenhänge von verschiedenartigen Dingen.[754] *Börngens* Ziel war es, die im einzelnen sehr differenzierten, insbesondere methodologischen Konzeptionen zunächst zu erfassen, ihnen eine gemeinsame Plattform zum Meinungsaustausch zu geben, um in dieser Geschlossenheit Ressourcen zu bündeln, aufgrund derer verwertbare gesetzgeberische Vorschläge erarbeitet werden können. Es galt also, möglichst vielen Juristen die

---

[749] *Hedemann*, Die Wahrheit im Recht, in: *Freisler/ Hedemann*, Kampf für ein deutsches Volksrecht, S. 11.
[750] *Börngen*, DJZ 1911, Sp. 179.
[751] Auch in der Verwaltung müsse, so *Börngen*, DJZ 1911, Sp. 180 f., der Geschäftsbetrieb vereinfacht und von Fachkennern, von sachlich, nicht nur juristisch erfahrenen Beamten erledigt werden.
[752] *Börngen*, DJZ 1911, Sp. 179.
[753] *Börngen*, DJZ 1911, Sp. 178 f.
[754] *Börngen*, DJZ 1911, Sp. 179.

Mitarbeit zu ermöglichen. Unter dem Eindruck einer bereits vollzogenen Vereinsgründung nimmt *Börngen* vor der Juristischen Gesellschaft zu Berlin auch inhaltlich zur Übertragung der naturwissenschaftlichen Methode auf die Rechtswissenschaft Stellung: „..., wenn Bozi der Rechtswissenschaft Rückkehr zur Natur predigt, so muß ihm jeder zustimmen, das ist ein gesunder Gedanke. Sollte er jedoch meinen, die Rechtswissenschaft sei nur nach der Methode der Naturwissenschaft zu betreiben, so wäre das nicht richtig. Gewiß können wir von der Erfahrungswissenschaft manches, viel lernen, aber die Rechtswissenschaft ist keine Naturwissenschaft und wird es niemals werden."[755]

Nicht unwesentlich bedingt war der große Zuspruch, den der Jenenser Aufruf schließlich erfuhr, durch die offene Ablehnung zu einseitig empfundener *Bozischer* Gedanken und die dahingehende deutliche Positionierung der Deutschen Juristenzeitung. Als eine der ersten, so ist dort nachzulesen, unterzeichneten die Jenaer Professoren *Danz*, *Hedemann* und *Reichel* neben *Rumpf* (Oldenburg), *Kohler* (Berlin) und anderen namhaften, in ihren methodologischen Positionen doch auseinanderstrebende Juristen aus Wissenschaft und Praxis, Reichs- und Landtagsabgeordneten sowie Vertretern der Wirtschaft den *Börngenschen* Aufruf.[756] Jene Aufbruchstimmung, die *Börngen* in seiner Antrittsrede der Thüringer Justiz nahegelegt hatte, hatte nun auch deutschlandweit erste Mitstreiter zu verzeichnen.

---

[755] *Börngen*, Reformbestrebungen im Rechtsleben und der Verein „Recht und Wirtschaft", S. 11 f.

## II. Die Gründung

Am 19. Februar 1911 beschlossen, so berichtet *Börngen*[757], eine große Zahl angesehener Männer aus Justiz, Verwaltung und Laienwelt die Gründung eines „Vereins zur Förderung zeitgemäßer Rechtspflege und Verwaltung“.[758] Bereits einen Monat später, am 26. März 1911, kam es in Leipzig zur Gründung[759] des Vereins, der nunmehr den Namenszusatz „Recht und Wirtschaft“ erhielt und auch später einzig unter diesem Zusatz Erwähnung finden wird. Diese enge Verknüpfung von Recht und Wirtschaft widerspiegelt die besondere Programmatik des Vereins. Es galt, das Recht als kulturelle Erscheinung in einem vornehmlich wirtschaftlichen Zusammenhang darzustellen. Denn „das Recht hat es“, so ist bei *Deinhardt* nachzulesen, „zunächst mit der Wirtschaft zu tun... Die ethischen Gesichtspunkte sind damit nicht ausgeschlossen... Wirtschaft ist nicht bloß Geschäft. Es ist der Niederschlag aller sittlichen Arbeit durch Gewohnheit und Erziehung“. Während das Recht in seiner Isolation betrachtet eher eine beständige Größe darstellt, ist es der Einfluß der sich stetig ändernden Bedürfnisse des Verkehrslebens, der Anreize für ein lebendiges, zeitgemäßes Judizieren schafft.[760]

Im übrigen gelang es auch, *Bozi* und dessen Anhängerschaft für den Zusammenschluß zu gewinnen.[761] So führt etwa *Schwering*, der den Gegenentwurf *Bozis* zum Jenenser Aufruf zunächst mitunterzeichnete, aus: „Innerhalb des Vereins finden alle Bestrebungen Raum, die einen vernünftigen

---

756 *Liebmann*, DJZ 1911, Sp. 185.

757 *Börngen*, Reformbestrebungen im Rechtsleben und der Verein „Recht und Wirtschaft“, S. 12.

758 Auch die Jenaische Zeitung vom 22. Februar 1911 berichtet unter der Überschrift „Für Recht und Leben“ über eine am 19. Februar 1911 in Berlin abgehaltene Versammlung von etwa 100 „hervorragenden Männern“, praktischen Juristen – darunter Mitglieder des Jenaer Oberlandesgerichts und der Professorenschaft (Danz, Gerland, Hedemann, Reichel und Rosenthal) - Beamten und Anwälten, Abgeordneten und Mitgliedern des Handels und der Industrie, die sich, dem Jenaer Aufruf folgend, zu einer Vereinigung zusammengeschlossen haben.

759 Anders interpretiert *Wirth*, Adelbert Düringer – Jurist zwischen Kaiserreich und Republik, S. 58 Fn. 223 die Gründungsphasen. Er geht davon aus, daß die Gründung bereits am 19. Februar vollzogen, nur der Vereinsname zum späteren Termin geändert wurde. Die zeitgenössischen Quellen bleiben insofern ambivalent. Die DJZ 1911, Sp. 327 spricht in Ansehung des Februartermins von der Begründung einer Vereinigung unter vorläufigem Namen, zugleich aber von einer *alsbaldigen*, also noch zukünftig stattfindenden *endgültigen* Gründung der Gesellschaft (Hervorhebung nicht im Original).

760 *Deinhardt*, Blätter für Rechtspflege in Thüringen und Anhalt 58 (1911), S. 87; zum Gedanken von Recht und Wirtschaft auch *Rumpf*, Wirtschaft und Recht 1913, S. 2 ff.

761 *Börngen*, Reformbestrebungen im Rechtsleben und der Verein „Recht und Wirtschaft“, S. 12; *Wimpfheimer*, JW 1911, S. 295.

Fortschritt im Recht das Wort reden, mögen sie in ihren Grundrichtungen und Methoden auch weit auseinandergehen."[762] Die Resonanz, insbesondere aus wissenschaftlichen Kreisen, war überwiegend positiv.[763] Überlegungen zur Notwendigkeit einer neuen Vereinigung in Anbetracht schon bestehender Juristenvereinigungen parierte *Börngen* umgehend. Im Unterschied zum Deutschen Juristentag mache sich der neue Verein nicht zur Aufgabe, die Einheit des deutschen Rechts zu schaffen und zu überwachen. Auch verfolge der neue Verein eine andere und zwar engagiertere, die Öffentlichkeit bewußt suchende Strategie. Im Gegensatz zum Deutschen Richter- und Anwaltsverein sei der Verein „Recht und Wirtschaft" keine Vereinigung eines bestimmten Berufsstandes. Sein Ziel sei es gerade, auch auf eine Mitwirkung von juristischen Laien im Verein hinzuwirken. Eine wesentliche Abweichung in den Zielstellungen der Vereine sieht *Börngen* in der nur vom neuen Verein geforderten Verstärkung des Laienelements in der Rechtsprechung. Gleichwohl wollte *Börngen* kein Konkurrenzverhältnis: „Halten wir gute Waffenbrüderschaft, marschieren wir getrennt und schlagen wir vereint, wo wir auf den gemeinsamen Feind stoßen."[764]

Unter seinem Vorsitz einigte man sich auf den Jenenser Aufruf als Gründungsstatut.[765] Im Vorstand fanden sich überwiegend all jene wieder, die auch den Aufruf initiierten: Neben *Börngen* als ersten Vorsitzenden wurde *Düringer* zum zweiten, *Hellwig* zum dritten Vorsitzenden gewählt. *Rathenau* wurde zum Schriftführer und *Schrödter* (Direktor der Deutschen Bank) zum Kassenwart bestellt.[766] Die Mitgliederzahl, die zum Zeitpunkt der Gründung 120 betrug, wurde im Jahre 1914 bereits mit 3400 angegeben. Neben besonders in der juristischen Methodenlehre engagierten Persönlichkeiten aus Rechtswissenschaft und Praxis, wie *Radbruch*, *Kipp*, *Sinzheimer* und *Kantorowicz* konnte der Verein auch namhafte Vertreter aus der Politik, wie *Hugo Preuß* und den späteren Justizminister *Eugen Schiffer* aufweisen. Daneben engagierten sich führende Personen der Wirtschaft, so der Generaldirektor von Bayer, später IG Farben *Carl Duisberg*, *Wilhelm* und *Carl Friedrich von Siemens* und der Vorsitzende des Vereins Deutscher Zeitungsverleger *Robert Faber*.[767]

---

[762] *Schwering*, ARW 1911, Beiheft 10, S. 4.
[763] *Düringer*, Blätter für Rechtspflege in Thüringen und Anhalt 58 (1911), S. 87.
[764] *Börngen*, Reformbestrebungen im Rechtsleben und der Verein „Recht und Wirtschaft", S. 13 ff., 14; dazu auch *David*, DRiZ 1912, Sp. 8 ff.
[765] DJZ 1911, Sp. 327.
[766] Zu weiteren Mitgliedern des Vorstandsrates siehe DJZ 1911, Sp. 327.
[767] Nachzulesen bei *Wirth*, Adelbert Düringer – Jurist zwischen Kaiserreich und Republik, S. 60 f.

Es soll im folgenden weder der praktischen Arbeit des Vereins in Ausschüssen[768], Bezirksgruppen und Fortbildungskursen – den Jenaer Pfingstkursen - nachgegangen noch die wissenschaftliche Tätigkeit anhand der Herausgabe der Zeitschrift „Recht und Wirtschaft" und einer Schriftenreihe analysiert werden.[769] In Anbetracht eines kanalisierten Blickes auf die Methodenreformbewegung nach 1900 ist es der methodologische Standort des Vereins, der noch einmal näher untersucht werden soll.

## III. Das methodologische Programm

Im Jahre 1940 erschien in einer Festschrift zu Ehren *Deinhardts* ein Aufsatz, der von „Stellung und Aufgaben des Richters nach der Jenaer Schule und nach heutiger Auffassung" handelt.[770] Danach existiert (noch 1940) eine eigene methodologische Konzeption derjenigen Reformbewegung, die von Jena ihren Ausgang genommen hatte und die deshalb als „Jenaer Richtung" bezeichnet werde. Der Richter sollte sich, so der Verfasser, „nicht mehr hinter dem alles regelnden und ordnenden Gesetz verbergen, sondern sollte selbst die Verantwortung dafür tragen, daß sein Wirken und besonders jeder Urteilsspruch dem einzelnen Fall gerecht würde und ins Leben paßte. Man erkannte schon damals, daß der Richter nicht nur Gesetzesanwender sein darf, sondern daß er darüber hinaus auch Rechtsschöpfer sein muß,..." Diese Auffassung habe sich auch durchgesetzt und sei ein „Vorläufer, ein Wegbereiter der nationalsozialistischen Auffassung vom Wesen des Richteramtes", gleichwohl ihr eine einheitliche, Rechtssicherheit verbürgende Weltanschauung bislang gefehlt habe.[771] Ohne an dieser Stelle in die Ursachenforschung über den Einbruch nationalsozialistischen Gedankengutes in die Rechtswissenschaft und Rechtsanwendung einzusteigen, soll vielmehr die Charakterisierung dieses Richterbildes als „Jenaer Schule" aufgegriffen werden.

---

[768] So wurde beispielsweise ein „Verfassungsausschuß" eingesetzt, dessen Vorschläge einen nicht unerheblichen Einfluß auf die Beratungen der Reichsverfassung 1919 ausübte. *Wirth*, Adelbert Düringer – Jurist zwischen Kaiserreich und Republik, S. 63.

[769] Dazu ausführlich *Wirth*, Adelbert Düringer – Jurist zwischen Kaiserreich und Republik, S. 61 ff.; querschnittartig nunmehr auch *Depping*, Das BGB als Durchgangspunkt, S. 24 ff.

[770] *Löwisch*, Jenaer Schule, in: *Freisler/ Hedemann*, Kampf für ein deutsches Volksrecht, S. 116 ff.

[771] *Löwisch*, Jenaer Schule, in: *Freisler/ Hedemann*, Kampf für ein deutsches Volksrecht S. 117.

Wie bereits dargelegt, erstrebte der Jenenser Aufruf und in dessen Folge der Verein „Recht und Wirtschaft“ eine Zusammenfassung im einzelnen sehr unterschiedlicher Methodenströmungen. Und doch reden auch jene Initiatoren von einer „Bewegung“, deren Bindeglied zunächst nur die gemeinsame, allgemeine Zielstellung – die Beseitigung des Zwiespaltes zwischen Rechtleben und Volksempfinden - bildete. Für die Formulierung eines neuen „Jenaer Richterbildes“ bedarf es aber mehr als die Artikulation eines gemeinsamen Zieles. Auch insofern deutete *Börngen* bereits im Jenenser Aufruf[772] auf ein eigenes Programm hin, das auf einem einheitlichen Streben aller Methodenkonzeptionen nach einer Gesetz und Recht akzeptierenden richterlichen Entscheidungsmacht aufbaut. In der heutigen Literatur werden diese über die allgemeine Zielstellung hinaus gehenden methodologischen Überlegungen als Ausdruck freirechtlichen Gedankengutes gehandelt.[773] Der Begriff Freirechtsbewegung ist, wie heute zunehmend betont wird, vage geblieben und vom jeweiligen Definitionszusammenhang abhängig.[774] Von einer engagierten Parteinahme für die freirechtliche Bewegung kann daher nur in der von den Initiatoren des Jenenser Aufrufs selbst vorgenommenen Definition dieser Methodenrichtung gesprochen werden.

Nachweisbar ist in diesem Zusammenhang, daß *Börngen* in der Rede vor der Juristischen Gesellschaft zu Berlin eine „Entwicklung des Rechts nach der Richtung des Freirechts“ ausdrücklich begrüßt.[775] Gleichwohl gebraucht er den Begriff Freirecht nicht, wie in seiner Antrittsrede als Oberlandesgerichtspräsident in Jena, als Synonym für contra legales - Judizieren. Vielmehr macht *Börngen* unmißverständlich deutlich, daß er eine Kluft zwischen Gesetzestreue und Freirecht gerade nicht sehe. Bereits im Jenenser Aufruf forderte *Börngen* Gegenwartsjuristen, Persönlichkeiten also, die nicht im Kleinlichen steckenbleiben, sondern im Rahmen der Gesetze reale Werte des Lebens hervorbringen.[776] „Und siehe da“, so berichtet der Verfasser später, „alle kamen sie, die Häupter der Freirechtsschule, und unterzeichneten unseren Aufruf.“[777] Und das sei kein Widerspruch, denn „auch der Freirechtler will nach objektiven Normen, nach Recht, nicht nach Gutdünken, nach Willkür entscheiden. Und auch die Freirechtler wollen den Gesetzesbefehlen nachkommen und freies Recht, soweit es ihnen das Gesetz nicht selbst vorschreibt, nur da zur Anwendung bringen, wo das Gesetz eine Lücke

---

772 Siehe S. 126 ff.

773 Vgl. *Depping*, Das BGB als Durchgangspunkt, S. 25 Fn. 90 m.w.N.

774 So wieder *Depping*, Das BGB als Durchgangspunkt, S. 25.

775 *Börngen*, Reformbestrebungen im Rechtsleben und der Verein „Recht und Wirtschaft“, S. 27.

776 *Börngen*, DJZ 1911, Sp. 181.

777 *Börngen*, Reformbestrebungen im Rechtsleben und der Verein „Recht und Wirtschaft“, S. 17.

enthält,...“[778] Hier kommt wieder der bereits dargelegte Ansatz *Börngens* zum Ausdruck, das Verbindende aller Reformbestrebungen nicht nur in der gemeinsamen Zielstellung, sondern auch in der methodologischen Mittelbetrachtung, in der von einem Grundkonsens getragenen Begrenzung richterlicher Freiheit anzunehmen. Freirecht in diesem Sinne plädiert für eine Freiheit des Richters kraft Gesetzes. Diese sei dann unbedenklich, wenn die Intelligenz des Volkes, das sich nach den Gesetzen zu richten habe, wachse, und die Fähigkeit des Richterstandes, das Freirecht anzuwenden, gesteigert werde. Ganz freies Recht werde ein Kulturvolk nicht haben, das habe seinen Platz nur in einfachen Verhältnissen.[779] Freirechtliches Urteilen, das sonach im Falle gesetzgeberischer Delegation oder Lücken legitim sei, findet seinen Objektivitätsgaranten letztlich in der Persönlichkeit des Richters. Das Rechtsgefühl, so erklärt *Börngen*, sei zwar nicht angeboren, es entwickele sich aber: „Was wir verständige Männer unter Billigung der Allgemeinheit täglich tun sehen, das entspricht unserem Rechtsgefühle.“[780] Und dieses professionalisierte, durch Praxis und entsprechende Aus- und Fortbildung geschulte Rechtsgefühl soll es dem Rechtsanwender ermöglichen, die Gesetzeslücken in Anbetracht des konkreten Falles zu finden und diese auch – hier weist *Börngen* auf Art. 1 des Schweizerischen Zivilgesetzbuches hin[781] - auszufüllen.

Es sind diese Aussagen zu Gesetz und Richtermacht, die die eingangs formulierte „Jenaer Schule“ kennzeichnen. *Börngen* selbst sah den Verein „Recht und Wirtschaft“ als Kristallisationspunkt all jener nicht einheitlichen, gleichwohl „freirechtlichen“ Lehren, die er als Zweckjurisprudenz, Interessenjurisprudenz und soziologische Jurisprudenz bezeichnet und die jeweils ein Stück der Sache besonders betonen würden. Gerade der tüchtige Praktiker, so ist bei ihm nachzulesen, sei Freirechtler schon immer gewesen.[782]

---

[778] *Börngen*, Reformbestrebungen im Rechtsleben und der Verein „Recht und Wirtschaft“, S. 17.
[779] *Börngen*, Reformbestrebungen im Rechtsleben und der Verein „Recht und Wirtschaft“, S. 27.
[780] *Börngen*, Reformbestrebungen im Rechtsleben und der Verein „Recht und Wirtschaft“, S. 24.
[781] *Börngen*, Reformbestrebungen im Rechtsleben und der Verein „Recht und Wirtschaft“, S. 20 f.
[782] *Börngen*, Reformbestrebungen im Rechtsleben und der Verein „Recht und Wirtschaft“, S. 21.

# IV. Recht und Wirtschaft in Jena

Es waren Jenaer Juristen, die erstmalig diese neuen Methoden- und Justizreformkonzeptionen als einheitliche Reformbewegung deuteten und die allgemeinen Forderungen nach zeitgemäßer Rechtspflege in eine Wechselwirkung zwischen Recht und Wirtschaft kanalisierten. Gab es eine besondere Jenaer Situation, die solche innovativen Überlegungen veranlaßte?

In seiner Antrittsrede beschreibt *Börngen* das letzte halbe Jahrhundert als eine Zeit der Umwälzung in politischer, wirtschaftlicher und sozialer Beziehung, wie sie in der Geschichte der Kultur fast einzig dastehe. „Werfen wir“, so ist nachzulesen, „einen Blick aus den Fenstern dieses Saales! Zu unseren Füßen liegt eine Stadt, die in der Zeit von wenig über 10 Jahren die Zahl ihrer Einwohner verdoppelt hat. Und ähnlich wie hier ist es an anderen Orten.“[783] Der Anstieg der Bevölkerungszahlen, ein gänzlicher Wandel in den Perspektiven und Lebenssituationen der Menschen, die Schnelligkeit, mit der sich Handel, Verkehr, Landwirtschaft und Industrie verändert hatten, konfrontierten die Rechsprechung mit einem erhöhten Maß neuer, gerade wirtschaftlicher Materien. Doch das war ein gesamtdeutsches, kein lokales Phänomen. Gleichwohl ist nicht zu verkennen, daß mit der von Carl Zeiss gegründeten Werkstatt für mechanische und optische Geräte und dem glastechnischen Laboratorium Otto Schotts moderne, weltbekannte Unternehmen emporwuchsen, die das Bild Jenas als reine Universitätsstadt mehr und mehr relativieren mußten. Das konnte auf die Rechtsprechung nicht ohne Folgen bleiben. Auch ergaben sich aus dieser neuen Konfrontation von Industrie und Wissenschaft eine in der Universitätsgeschichte einzigartige Verbindung von Recht und Wirtschaft, die durch große finanzielle Zuschüsse der Carl-Zeiss-Stiftung etwa für die Errichtung des Instituts für Wirtschaftsrecht dokumentiert ist.[784] Zudem war die Gelegenheit einer theoretisch fundierten, gleichzeitig an praktischen Bedürfnissen orientierten Rechtsprechung in Jena günstig. An der juristischen Fakultät existierte bis 1879 ein Schöppenstuhl, der aktiv praktische Fälle zu entscheiden hatte. Auch bestand eine enge personelle Verknüpfung der Jenaer Juristenfakultät mit der Praxis des Oberappellations- und späteren Thüringischen Oberlandesgerichts.[785] Noch anläßlich des fünfzigjährigen Bestehens des

---

[783] *Börngen*, Blätter für Rechtspflege in Thüringen und Anhalt 57 (1910), S. 8.

[784] *Steinmetz*, Geschichte der Universität Jena 1548/58-1958, II, S. 502; *Maschke*, Universität Jena, S. 103.

[785] *Steinmetz*, Geschichte der Universität Jena 1548/58-1958, II, S. 489. Eine solche Verbindung, so ist dort nachzulesen, habe es nur noch an den Universitäten Leipzig und Breslau gegeben.

Oberlandesgerichts Jena begrüßt der Dekan der Rechts- und Wirtschaftswissenschaftlichen Fakultät *Pape* die „alte, einzigartige Tradition, daß juristische Professoren den Richterkollegien der Obergerichte in Jena angehören... Die Praxis der Rechtsprechung und die Rechtswissenschaft haben sich wechselseitig befruchtet.“[786]

Einen „Geist der Freiheit und Gleichheit, eine durch und durch liberale, natürliche Richtung“, wie ihn der Naturwissenschaftler Ernst Haeckel Mitte des 19. Jahrhunderts verspürte[787] und der schon um die Jahrhundertwende 1800 große Philosophen, wie Kant und Fichte die neue Philosophie des Idealismus lehren ließ, scheint nun auch zu Beginn des 20. Jahrhunderts ein Nährboden progressiven Gedankengutes in der Rechtswissenschaft zu sein. Wie *Börngen* und sein Weggefährte *Deinhardt* für den Bereich der Praxis, dokumentiert sich dies auch auf wissenschaftlicher Ebene.[788] So hatten führende Personen der Methoden- und Justizreformbewegung Professorate an der Juristischen Fakultät inne. Hier lehrten etwa *Danz*, der vielbeachtete Schriften „Laienverstand und Rechtsprechung“ 1901 und „Die Auslegung der Rechtsgeschäfte“ 1906 verfaßte und *Lehmann*[789], der in seiner Antrittsrede über „Die Grundlinien des deutschen Industrierechts“ eine Verbindung von Recht und Wirtschaft formulierte. Auch *Hedemann*, der seit 1909 ordentlicher Professor in Jena und Richter am Oberlandesgericht war, nahm nicht nur zur Methodendiskussion aktiv Stellung, sondern gründete in Jena das erste Universitätsinstitut für Wirtschaftsrecht. Diese kategoriale und institutionelle Verknüpfung von Recht und Wirtschaft sollte jedoch die bislang einzelwirtschaftliche, in privatrechtlichen Denkstrukturen des Verhältnisses Richter - Gesetz verhaftete Methodenanschauung aufgeben und in die Mischzonen gesamtwirtschaftlichen Denkens zwischen Privat- und öffentlichem Recht hinüber weisen.[790] Doch das ist ein anderes Thema.

---

786 Thüringisches Hauptstaatsarchiv Weimar, Thüringisches Oberlandesgericht Jena Nr. 1182, Bl. 2169.

787 *Maschke*, Universität Jena, S. 101.

788 Vgl. *Depping*, Das BGB als Durchgangspunkt, S. 29.

789 Zu *Lehmann* ausführlich *Depping*, Das BGB als Durchgangspunkt, 2002.

790 Dazu *Nörr*, Auf dem Wege zur Kategorie der Wirtschaftsverfassung, in: *Nörr/ Schefold/ Tenbruck*, Geisteswissenschaften zwischen Kaiserreich und Republik, S. 423, 431 ff., 447; ders., Zwischen den Mühlsteinen, S. 166 ff.; *Rittner*, ZNR 13 (1991), S. 173 ff.

# Literaturverzeichnis

*Arndt, Adolf*, Die Verfassung des Deutschen Reichs: mit Einleitung und Kommentar, Berlin 1895

*Bartels-Ishikawa, Anna*: Theodor Sternberg einer der Begründer des Freirechts in Deutschland und Japan, (Schriftenreihe zur Rechtssoziologie und Rechtstatsachenforschung, Band 79), Berlin 1998

*Beck, Gustav*: „Demokratie und Gerichte", in: Deutsche Richterzeitung 1914, Sp. 63 ff.
(zit.: Beck, DRiZ 1914)

*Böckh, August*: Encyklopädie und Methodologie der philologischen Wissenschaften, Leipzig 1877

*Boehmer, Gustav*: Grundlagen der Bürgerlichen Rechtsordnung, II/ 1, Tübingen 1951

*Börngen, Viktor*: „Bericht zum Wechsel im Präsidium des gemeinschaftlichen Thüringischen Oberlandesgerichts in Jena am 1.1.1910", in: Blätter für Rechtspflege in Thüringen und Anhalt, Band 57 (1910), S. 5 ff.
(zit.: Börngen, Blätter für Rechtspflege in Thüringen und Anhalt 57 (1910))
- „Um das Recht der Gegenwart", in: Deutsche Juristenzeitung 1911, Sp. 177 ff.
(zit.: Börngen, DJZ 1911)
- Reformbestrebungen im Rechtsleben und der Verein „Recht und Wirtschaft", (Schriften des Vereins Recht und Wirtschaft, Band 1, Heft 1), Berlin 1911

*Bozi, Alfred*: Die Weltanschauung der Jurisprudenz, Hannover 1907
- „Die Fortbildung des Rechts durch die Rechtsprechung", in: Das Recht 1906, Sp. 209 ff.
- Lebendes Recht. Ein Ausblick in die Probleme der Justizreform, Hannover 1915

*Brodhun, Rüdiger*: Paul Ernst Wilhelm Oertmann (1865 – 1938). Leben, Werk, Rechtsverständnis sowie Gesetzeszwang und Richterfreiheit, (Fundamenta Juridica. Hannoversche Beiträge zur rechtswissenschaftlichen Grundlagenforschung, Band 34), Baden Baden 1999
(zit.: Brodhun, Paul Ernst Wilhelm Oertmann)

*Brütt, Lorenz*: Die Kunst der Rechtsanwendung. Zugleich ein Beitrag zur Methodenlehre der Geisteswissenschaften, Berlin 1907

*Bucher, Eugen*: „Was ist ‚Begriffsjurisprudenz'?", in: Krawietz (Hrsg.), Theorie und Technik der Begriffsjurisprudenz, Darmstadt 1976, S. 358 ff.

*Canaris, Claus-Wilhelm*: Die Feststellung von Lücken im Gesetz, (Schriften zur Rechtstheorie, Heft 3), 2. Auflage, Berlin 1983

*Coing, Helmut* : Grundzüge der Rechtsphilosophie, 5. Auflage, Berlin, New York 1993
- Europäisches Privatrecht, München 1985

*Crome, Carl:* System des Deutschen Bürgerlichen Rechts, Band 1: Einleitung und Allgemeiner Teil, Tübingen, Leipzig 1900
(zit.: Crome, System des Deutschen Bürgerlichen Rechts, I)

*Dahm, Georg*: Deutsches Recht: die geschichtlichen und dogmatischen Grundlagen des geltenden Rechts; eine Einführung, 2. Auflage, Stuttgart 1963

*Damm, Reinhard*: „Norm und Faktum in der historischen Entwicklung der juristischen Methodenlehre", in: Rechtstheorie, Band 7/ 8 (1976), S. 213 ff.
(zit.: Damm, Rechtstheorie 7/ 8 (1976))

*Danz, H.A.A.*: Die Wirkung der Codificationsformen auf das materielle Recht: erläutert durch Beispiele aus dem Entwurfe des bürgerlichen Gesetzbuchs für das Königreich Sachsen, Leipzig 1861

*David*: „Tagespresse und Richterstand", in: Deutsche Richterzeitung 1911, Sp. 86 ff.
(zit.: David, DRiZ 1911)

*Depping, André*: Das BGB als Durchgangspunkt. Privatrechtsmethode und Privatrechtsleitbilder bei Heinrich Lehmann (1876 – 1963), Beiträge zur Rechtsgeschichte des 20. Jahrhunderts, Band 34, Tübingen 2002
(zit.: Depping, Das BGB als Durchgangspunkt)

*Dernburg, Heinrich*: Pandekten, Band 1, 5. Auflage, Berlin 1896

*Düringer, Adelbert*: „Zur Kritik der Rechtsprechung", in: Deutsche Richterzeitung 1910, Sp. 82 ff.
(zit.: Düringer, DRiZ 1910)
- „Um das Recht der Gegenwart", in: Deutsche Richterzeitung 1911, Sp. 109 ff.
(zit.: Düringer, DRiZ 1911)

*Eck, Ernst/ Leonhard, Rudolf* : Vorträge über das Recht des Bürgerlichen Gesetzbuchs, 1. und 2. Auflage, Berlin 1903

*Ehrlich, Eugen*: Freie Rechtsfindung und freie Rechtswissenschaft, Leipzig 1903;
Neuabdruck in: Manfred Rehbinder (Hrsg.), Recht und Leben, Berlin 1967, S. 170 ff.
(zit.: Ehrlich, Freie Rechtsfindung und freie Rechtswissenschaft, in: Rehbinder, Recht und Leben)
- „Über Lücken im Rechte", in: Juristische Blätter 1888, S. 447 – 630;
Neuabdruck in: Manfred Rehbinder (Hrsg.), Recht und Leben, Berlin 1967, S. 80 ff.
(zit.: *Ehrlich*, Über Lücken im Rechte, in: Rehbinder, Recht und Leben)
- „Die richterliche Rechtsfindung auf Grund des Rechtssatzes. Vier Stücke aus dem in Vorbereitung begriffenen Werke: Theorie der richterlichen Rechtsfindung", in: Jherings Jahrbücher für die Dogmatik des bürgerlichen Rechts, Band 67 (1917), S. 1 – 80; Neuabdruck in: Manfred Rehbinder (Hrsg.), Recht und Leben, Berlin 1967, S. 203 ff.
(zit.: Die richterliche Rechtsfindung auf Grund des Rechtssatzes, in: Rehbinder, Recht und Leben)
- „Die Neuordnung der Gerichtsverfassung", in: Deutsche Richterzeitung 1912, Sp. 436 – 465; Neuabdruck in: Manfred Rehbinder (Hrsg.), Gesetz und lebendes Recht, Berlin 1968, S. 146 ff.
(zit.: Die Neuordnung der Gerichtsverfassung, in: Rehbinder, Gesetz und lebendes Recht)
- Die juristische Logik, Tübingen 1918

*Eisenhardt, Ulrich*: Deutsche Rechtsgeschichte, 2. Auflage, München 1995

*Ellscheid, Günter/ Hassemer, Winfried*: Interessenjurisprudenz, Darmstadt 1974

*Endemann, Friedrich*: Lehrbuch des bürgerlichen Rechts, Band 1: Einführung in das Studium des Bürgerlichen Gesetzbuchs, 5. Auflage, Berlin 1899
(zit.: Endemann, Einführung in das Studium des Bürgerlichen Gesetzbuchs)

*Falk, Ulrich*: Ein Gelehrter wie Windscheid. Erkundungen auf den Feldern der sogenannten Begriffsjurisprudenz, Frankfurt a. M. 1989
(zit.: Falk, Ein Gelehrter wie Windscheid)

*Falk, Ulrich/ Mohnhaupt, Heinz*: Das Bürgerliche Gesetzbuch und seine Richter. Zur Reaktion der Rechtsprechung auf die Kodifikation des deutschen Privatrechts (1896 – 1914), Frankfurt a.M. 2000
(zit.: Falk/ Mohnhaupt: Das Bürgerliche Gesetzbuch und seine Richter)

*Fikentscher, Wolfgang*: Methoden des Rechts in vergleichender Darstellung, Band III (Mitteleuropäischer Rechtskreis), Tübingen 1976
(zit.: Fikentscher, Methoden des Rechts, III)

*Foulkes, Albert/ Kaufmann, Arthur* (Hrsg.): Gerechtigkeitswissenschaft. Ausgewählte Schriften zur Freirechtslehre, Karlsruhe 1965
(zit.: Foulkes/ Kaufmann, Gerechtigkeitswissenschaft)

*Frommel, Monika*: Präventionsmodelle in der deutschen Strafzweck - Diskussion (Schriften zum Strafrecht, Heft 71), Berlin 1987

*Fuchs, Ernst*: Schreibjustiz und Richterkönigtum. Ein Mahnruf zur Schul- und Justizreform, Leipzig 1907
(zit.: Fuchs, Schreibjustiz und Richterkönigtum)
- „Protokolljustiz, Pandektologie u. Rechtswissenschaft“, in: Monatsschrift für Handelsrecht und Bankwesen 1907, S. 305 ff.
(zit.: Fuchs, Monatsschrift für Handelsrecht und Bankwesen)
- Die Gemeinschädlichkeit der konstruktiven Jurisprudenz, Karlsruhe 1909
- „Freirechtlerei und soziologische Rechtslehre“, in: Deutsche Richterzeitung 1910, Sp. 303 ff.
(zit.: Fuchs, DRiZ 1910)

- Juristischer Kulturkampf, Karlsruhe 1912
- „Eugen Ehrlich. Die juristische Logik“, in: Juristische Wochenschrift 1919, S. 80 f.
(zit.: Fuchs, JW 1919)
- „Die gesellschaftskundliche (soziologische) Rechtsgestaltung und die §§ 829 und 831 BGB“, in: Recht und Wirtschaft (Monatsschrift der Vereinigung zur Förderung zeitgemässer Rechtspflege und Verwaltung ‚Recht und Wirtschaft‘), Band 8, 1919, S. 171 ff.
(zit.: Fuchs, Recht und Wirtschaft 1919)
- „Recht und Wahrheit in unserer heutigen Justiz“, in: Foulkes, Albert/ Kaufmann, Arthur (Hrsg.), Gerechtigkeitswissenschaft. Ausgewählte Schriften zur Freirechtslehre, Karlsruhe 1965, S. 65 ff.
(zit.: Fuchs, Recht und Wahrheit, in: Foulkes/ Kaufmann, Gerechtigkeitswissenschaft)

*Gängel, Andreas/ Mollnau, Karl A.*: Gesetzesbindung und Richterfreiheit. Texte zur Methodendebatte 1900 – 1914, Freiburg, Berlin 1992
(zit.: Gängel/ Mollnau, Gesetzesbindung und Richterfreiheit)

*Gierke, Otto von*: Der Entwurf eines bürgerlichen Gesetzbuchs und das deutsche Recht, Leipzig 1889
- Die soziale Aufgabe des Privatrechts. Vortrag, gehalten am 5. April 1889 in der juristischen Gesellschaft zu Wien, Wien 1889
(zit.: Gierke, Die soziale Aufgabe des Privatrechts)

*Gmür, Max*: Die Anwendung des Rechts nach Art. 1 des schweizerischen Zivilgesetzbuches, Bern 1908

*Gröschner, Rolf*: „Die richterliche Rechtsfindung: ‚Kunst‘ oder ‚Methode‘?“, in: Juristen Zeitung 1983, S. 944 ff.
(zit.: Gröschner, JZ 1983)

*Hagg, Hansjörg*: Die Stellung des 19. Jahrhunderts zum Wegfall des Gesetzesgrundes: eine Studie zum Untergang der gemeinen Rechtsregel „cessante ratione legis cessat lex ipsa“, München 1966

*Hahn, Carl*: Die gesamten Materialien zu den Reichs-Justizgesetzen, Band 1: Die gesamten Materialien zu dem Gerichtsverfassungsgesetz und dem Einführungsgesetz zu demselben vom 27. Januar 1877, 1. und 2. Abtheilung, 2. Auflage (Hrsg. Eduard Stegemann), Berlin 1883 (Neudruck der Ausgabe: Aalen 1983)

(zit.: *Hahn*, Die gesamten Materialien zu den Reichs-Justizgesetzen, I, Abt. 1/ Abt. 2)

*Hall, Stanley*: Wilhelm Wundt. Der Begründer der modernen Psychologie, Leipzig 1914

*Haney, Gerhard*: „Soziologische Rechtswissenschaft am Beginn des 20. Jahrhunderts", in: Archiv für Rechts- und Sozialphilosophie 1991, Beiheft Nr. 43, S. 29 ff.

(zit.: Haney, ARSP 1991, Beiheft 43)

- „Politische Spannungen im Privatrecht. Für Martin Posch zum Achzigsten", in: Neue Justiz, Band 10 (1999), S. 505 ff.

(zit.: Haney, Neue Justiz 10 (1999))

*Hartmann, G.*: „Der Civilgesetzentwurf, das Aequitätsprincip und die Richterstellung", in: Archiv für die civilistische Praxis, Band 73 (1888), S. 309 ff.
(zit.: Hartmann, AcP 73 (1888))

*Hattenhauer, Hans*: Europäische Rechtsgeschichte, 3. Auflage, Heidelberg 1999
- „Wandlungen des Richterbildes im 19. Und 20. Jahrhundert", in: Dreier, Ralf/ Sellert, Wolfgang (Hrsg.), Recht und Justiz im ‚Dritten Reich', Frankfurt a.M. 1989, S. 9 ff.
(zit.: Hattenhauer, Wandlungen des Richterbildes, in: Dreier/ Sellert, Recht und Justiz im Dritten Reich)

*Heck, Philipp*: „Die Lebensversicherung zu Gunsten Dritter, eine Schenkung auf den Todesfall", in: Archiv für Bürgerliches Recht, Band 4 (1890), S. 17 ff.
(zit.: Heck, Archiv für Bürgerliches Recht 4 (1890))
- „Die rechtliche Natur der Inhaberpapiere", in: Zeitschrift für das Gesamte Handelsrecht Band 37 (1890), S. 277 ff.
(zit.: Heck, ZHR 37 (1890))
- „Was ist diejenige Begriffsjurisprudenz, die wir bekämpfen?", in: Deutsche Juristenzeitung 1909, Sp. 1457 ff.
(zit.: Heck, DJZ 1909)
- Das Problem der Rechtsgewinnung. Rede gehalten am Geburtstag des Königs 1912, Tübingen 1912
(zit.: Heck, Das Problem der Rechtsgewinnung)

- „Gesetzesauslegung und Interessenjurisprudenz", in: Archiv für die civilistische Praxis, Band 112 (1914), S. 1 ff.
(zit.: Heck, AcP 112 (1914))
- Begriffsbildung und Interessenjurisprudenz, Tübingen 1932

*Hedemann, Justus Wilhelm*: Werden und Wachsen im Bürgerlichen Recht (Schriften des Vereins Recht und Wirtschaft, Band III, Heft 2), Berlin 1913
(zit.: Hedemann, Werden und Wachsen im Bürgerlichen Recht)
- Einführung in die Rechtswissenschaft, Berlin 1919
- Die Flucht in die Generalklauseln. Eine Gefahr für Recht und Staat, Tübingen 1933
(zit.: Hedemann, Die Flucht in die Generalklauseln)

*Heilfron, Ed./ Pick,* Georg: Lehrbuch des Civilprozeßrechts, Band 1: GVG; CPO Buch I und II, Berlin 1904

*Heinrichs, Helmut/ Franzki, Harald/ Schmalz, Klaus/ Stolleis, Michael:* Deutsche Juristen jüdischer Herkunft, München 1993
(zit.: Heinrichs/ Franzki/ Schmalz/ Stolleis, Deutsche Juristen jüdischer Herkunft)

*Hirsch*: „Die Kölnische Zeitung und die heutige Methode der Rechtsprechung in Zivilsachen", in: Deutsche Richterzeitung 1911, Sp. 99 ff.
(zit.: Hirsch, DRiZ 1911)

*Hofer, Sibylle*: Zwischen Gesetzestreue und Juristenrecht – Die Zivilrechtslehre Friedrich Endemanns (1857 – 1936), (Fundamenta Juridica. Hannoversche Beiträge zur rechtswissenschaftlichen Grundlagenforschung, Band 22), Baden Baden 1993
(zit.: Hofer, Zwischen Gesetzestreue und Juristenrecht)
- Freiheit ohne Grenzen, (Jus Privatum. Beiträge zum Privatrecht, Band 53), Tübingen 2001

*Hönigswald, Richard*: „‚Begriff' und ‚Interesse'". Eine methodologische Skizze, in: Archiv für die civilistische Praxis, Band 138 (1934), S. 1 ff.
(zit.: Hönigswald, AcP 138 (1934))

*Honsell, Thomas*: Historische Argumente im Zivilrecht. Ihr Gebrauch und ihre Wertschätzung im Wandel unseres Jahrhunderts, (Abhandlungen zur rechtswissenschaftlichen Grundlagenforschung, Band 50), Ebelsbach am Main 1982
(zit.: Honsell, Historische Argumente im Zivilrecht)

*Huber, Ernst Rudolf*: Deutsche Verfassungsgeschichte seit 1789, Band III: Bismarck und das Reich; Stuttgart 1963

*Isay, Hermann*: Rechtsnorm und Entscheidung, Berlin 1929

*Isele, Helmut Georg*: „Ein halbes Jahrhundert deutsches Bürgerliches Gesetzbuch", in: Archiv für die civilistische Praxis, Band 150 (1949), S. 1 ff.
(zit.: Isele, AcP 150 (1949))

*Jakobs, Horst Heinrich*: Wissenschaft und Gesetzgebung im bürgerlichen Recht nach der Rechtsquellenlehre des 19. Jahrhunderts, Paderborn, München, Wien, Zürich 1983
(zit.: Jakobs, Wissenschaft und Gesetzgebung im bürgerlichen Recht)

*Jhering, Rudolf von*: Der Zweck im Recht, Band 1, Leipzig 1877
- Geist des römischen Rechts auf den verschiedenen Stufen seiner Entwicklung, Band II/ 2. Abtheilung, 2. Auflage, Leipzig 1869
(zit.: Jhering, Geist des römischen Rechts, II/ 2)
- Geist des römischen Rechts auf den verschiedenen Stufen seiner Entwicklung, Band III, 1. Abtheilung, 2. Auflage, Leipzig 1871
(zit.: Jhering, Geist des römischen Rechts, III/ 1)
- Scherz und Ernst in der Jurisprudenz. Eine Weihnachtsgabe für das juristische Publikum, 10. Auflage, Leipzig 1909
(zit.: Jhering, Scherz und Ernst)
- Über die Entstehung des Rechtsgefühles (1884). Mit einer Vorbemerkung und einem anschließenden Interpretations- und Einordnungsversuch von Okko Behrends, Neudruck Neapel 1986
(zit.: Jhering, Über die Entstehung des Rechtsgefühles)

*Kallfass, Wilfried*: Die Tübinger Schule der Interessenjurisprudenz, Frankfurt a. M. 1972

*Kanigs, Hanskarl*: 25 Jahre Freirechtsbewegung. Zur Entwickelung eines Methodenstreites über die Rechtsanwendung, Erlangen 1932

*Kantorowicz, Hermann U.*: Der Kampf um die Rechtswissenschaft (1906), (Juristische Zeitgeschichte, Kleine Reihe, Band 2), Baden-Baden 2002
- „Zur Lehre vom Richtigen Recht", in: Archiv für Rechts- und Wirtschaftsphilosophie, Band 2 (1908/ 1909), S. 42 – 74
(zit.: Kantorowicz, ARW II (1908/ 1909))
- „Methodenreform und Justizreform", in: Deutsche Richterzeitung 1911, Sp. 349 – 356
(zit.: Kantorowicz, DRiZ 1911)
- „Rechtswissenschaft und Soziologie", in: Simmel, Georg u.a.(Hrsg.), Verhandlungen des Ersten Deutschen Soziologentages vom 19. - 22. Oktober 1910 in Frankfurt a.M., (Schriften der Deutschen Gesellschaft für Soziologie, Serie 1, Band 1), Tübingen 1911, S. 275 ff.
(zit.: Kantorowicz, Rechtswissenschaft und Soziologie, in: Verhandlungen des Ersten Deutschen Soziologentages)
- „Diskussion", in: Simmel, Georg u.a.(Hrsg.), Verhandlungen des Ersten Deutschen Soziologentages vom 19.-22. Oktober 1910 in Frankfurt a.M., (Schriften der Deutschen Gesellschaft für Soziologie, Serie 1, Band 1), Tübingen 1911, S. 330 ff.
(zit.: Kantorowicz, Diskussion, in: Verhandlungen des Ersten Deutschen Soziologentages)
- „Iherings Bekehrung", in: Deutsche Richterzeitung 1914, Sp. 84 ff.
(zit.: Kantorowicz, DRiZ 1914)

*Kempner, M.*: „Unsere Aufgabe", in: Juristische Wochenschrift 1900, S. 1 ff.
(zit.: Kempner, JW 1900)

*Kierulff, Johann Friedrich Martin*: Theorie des gemeinen Civilrechts, Band 1, Altona 1839

*Kisch, Wilhelm*: Unsere Gerichte und ihre Reform; (Schriftenreihe Wissenschaft und Bildung, Band 36); Leipzig 1908

*Kleinheyer, Gerd/ Schröder, Jan*: Deutsche und Europäische Juristen aus neun Jahrhunderten, 4. Auflage, Heidelberg 1996

*Klemmer, Markus*: Gesetzesbindung und Richterfreiheit: die Entscheidungen des Reichsgerichts in Zivilsachen während der Weimarer Republik und im späten Kaiserreich, Baden Baden 1996
(zit.: Klemmer, Gesetzesbindung und Richterfreiheit)

*Koch, Elisabeth*: „Wege zur Rechtseinheit in der deutschen Geschichte“, in: Koch (Hrsg.), 10 Jahre Deutsche Rechtseinheit, Tübingen 2001, S. 229 ff.

*Kohler, Josef*: Das Recht als Kulturerscheinung. Einleitung in die vergleichende Rechtswissenschaft, Würzburg 1885
(zit.: Kohler, Das Recht als Kulturerscheinung)
- „Über die Interpretation von Gesetzen“, in: Zeitschrift für das Privat- und öffentliche Recht der Gegenwart, Band 13 (1886), S. 1 ff.
(zit.: Kohler, Zeitschrift für das Privat- und öffentliche Recht der Gegenwart 13 (1886))
- Lehrbuch des bürgerlichen Rechts, Band 1, Berlin 1906

*Korioth, Stefan*: „Erschütterungen des staatsrechtlichen Positivismus im ausgehenden Kaiserreich - Anmerkungen zu frühen Arbeiten von Carl Schmitt, Rudolf Smend und Erich Kaufmann“, in: Archiv des öffentlichen Rechts, Band 117 (1992), S. 212 ff.
(zit.: Korioth, AöR 117 (1992))

*Koschaker, Paul*: Europa und das Römische Recht, 4. Auflage, München, Berlin 1966

*Krawietz, Werner*: Theorie und Technik der Begriffsjurisprudenz, Darmstadt 1976

*Kübler, Friedrich Karl*: „Der deutsche Richter und das demokratische Gesetz. Versuch einer Deutung aus richterlichen Selbstzeugnissen“, in: Archiv für die civilistische Praxis, Band 162 (1963), S. 104 ff.
(zit.: Kübler, AcP 162 (1963))

*Larenz, Karl*: Methodenlehre der Rechtswissenschaft, 3. Auflage, Berlin, Heidelberg, New York, Barcelona, Budapest, Hong Kong, Mailand, Paris, Tokyo 1995

*Lehmann, Heinrich*: „Viktor Börngen †“, in: Deutsche Juristenzeitung 1917, Sp. 403 f.
(zit.: Lehmann, DJZ 1917)

*Leonhard, Rudolf*: Das neue Gesetzbuch als Wendepunkt der Privatrechtswissenschaft, (Studien zur Erläuterung des Bürgerlichen Rechts, 1. Heft), Breslau 1900

*Liebmann, Otto*: „Nachwort zu vorstehendem Aufsatze", in: Deutsche Juristenzeitung 1911, Sp. 183 ff.
(zit.: Liebmann, DJZ 1911)

*Lombardi Vallauri, Luigi*: Geschichte des Freirechts, Frankfurt a.M. 1971

*Löwisch, Manfred*: „Stellung und Aufgaben des Richters nach der Jenaer Schule und nach heutiger Auffassung", in: Freisler/ Hedemann, Kampf für ein deutsches Volksrecht. Richard Deinhardt zum 75. Geburtstage, Berlin 1940
(zit.: Löwisch, Jenaer Schule, in: Freisler/ Hedemann, Kampf für ein deutsches Volksrecht)

*Maschke, Erich*: Universität Jena, Köln, Graz 1969

*Mendelssohn Bartholdy, Albrecht*: „Ein Modernisten-Aufruf", in: Deutsche Juristenzeitung 1911, Sp. 116 ff.
(zit.: Mendelssohn Bartholdy, DJZ 1911)

*Menger, Anton*: „Das bürgerliche Recht und die besitzlosen Volksklassen. Eine Kritik des Entwurfs eines bürgerlichen Gesetzbuches für das Deutsche Reich", in: Brauns Archiv für sociale Gesetzgebung und Statistik, Jahrgang 2, 1889, S. 1 ff.
(zit.: Menger, Archiv für soziale Gesetzgebung und Statistik 2 (1889))

*Mertens, Hans-Georg*: „Untersuchungen zur zivilrechtlichen Judikatur des Reichsgerichts vor dem Inkrafttreten des BGB", in: Archiv für die civilistische Praxis, Band 174 (1974), S. 333 ff.
(zit.: Mertens, AcP 174 (1974))

*Moench, Dietmar*: Die methodologischen Bestrebungen der Freirechtsbewegung auf dem Wege zur Methodenlehre der Gegenwart, Frankfurt a. M. 1971

*Mugdan, Benno*: Die gesamten Materialien zum Bürgerlichen Gesetzbuch für das Deutsche Reich, Band 1: Einführungsgesetz und Allgemeiner Theil, Berlin 1899 (Neudruck Aalen 1979)
(zit.: Mugdan, Materialien, I)

*Müller-Erzbach, Rudolf*: Die Grundsätze der mittelbaren Stellvertretung, Berlin 1905
- „Rechtsfindung auf realer Grundlage“, in: Deutsche Juristenzeitung 1906, Sp. 1235 ff.
(zit.: Müller-Erzbach, DJZ 1906)
- „Die Relativität der Begriffe und ihre Begrenzung durch den Zweck des Gesetzes. Zur Beleuchtung der Begriffsjurisprudenz“, in: Jherings Jahrbücher, Band 61 (1912), S. 343 ff.
(zit.: Müller-Erzbach, Jherings Jahrbücher 61 (1912))

*Muscheler, Karlheinz*: Relativismus und Freirecht. Ein Versuch über Hermann Kantorowicz, Heidelberg 1984

*Nipperdey, Thomas*: Deutsche Geschichte 1866 – 1918, Band I: Arbeitswelt und Bürgergeist, München 1998
(zit.: Nipperdey, Deutsche Geschichte, I)
Deutsche Geschichte 1866 – 1918, Band II: Machtstaat vor der Demokratie, München 1998
(zit.: Nipperdey, Deutsche Geschichte, II)

*Nörr, Knut Wolfgang*: „Auf dem Wege zur Kategorie der Wirtschaftsverfassung: Wirtschaftliche Ordnungsvorstellungen im juristischen Denken vor und nach dem ersten Weltkrieg“, in: Nörr, Knut Wolfgang/ Schefold, Bertram/ Tenbruck, Friedrich (Hrsg.), Geisteswissenschaften zwischen Kaiserreich und Republik, Stuttgart 1994, S. 423 ff.
(zit.: Nörr, Auf dem Wege zur Kategorie der Wirtschaftsverfassung, in: Nörr/ Schefold/ Tenbruck, Geisteswissenschaften)
- Zwischen den Mühlsteinen. Eine Privatrechtsgeschichte der Weimarer Republik, Tübingen 1988
(zit.: Nörr, Zwischen den Mühlsteinen)

*Oertmann, Paul*: „Zum 1. Januar 1900“, in: Juristisches Literaturblatt Nr. 110, Band 11, S. 221 ff.
(zit.: Oertmann, Juristisches Literaturblatt Nr. 110 (Bd. 11))

- Gesetzeszwang und Richterfreiheit. Rede beim Antritt des Prorektorates der Königlich Bayrischen Friedrich-Alexanders-Universität Erlangen am 4. November 1908, Erlangen 1908
(zit.: Oertmann, Gesetzeszwang und Richterfreiheit)
- „Soziologische Rechtsfindung“, in: Monatsschrift für Handelsrecht und Bankwesen 1911, S. 1 ff.
(zit.: Oertmann, Monatsschrift für Handelsrecht und Bankwesen 1911)

*Ogorek, Regina*: Richterkönig oder Subsumtionsautomat. Zur Justiztheorie im 19. Jahrhundert, Frankfurt a. M. 1986
(zit.: Ogorek, Richterkönig oder Subsumtionsautomat)
- „De l'Esprit des légendes oder wie gewissermaßen aus dem Nichts eine Interpretationslehre wurde“, in: Rechtshistorisches Journal, Band 2 (1983), S. 277 ff.
(zit.: Ogorek, Rechtshistorisches Journal 2 (1983))

*Ostwald, Wilhelm*: Annalen der Naturphilosophie, Band 9, Leipzig 1910

*Ott, Walter*: Der Rechtspositivismus: kritische Würdigung auf der Grundlage eines juristischen Pragmatismus, 2. Auflage, Berlin 1992

*Paulson, Stanley L.*: Hans Kelsen und die Rechtssoziologie. Auseinandersetzung mit Hermann U. Kantorowicz, Eugen Ehrlich und Max Weber, Darmstadt 1992
(zit.: Paulson, Hans Kelsen und die Rechtssoziologie)

*Pauly, Walter*: Der Methodenwandel im deutschen Spätkonstitutionalismus, Tübingen 1993

*Planck, Gottlieb*: „Zur Kritik des Entwurfes eines bürgerlichen Gesetzbuches für das deutsche Reich“, in: Archiv für die civilistische Praxis, Band 75 (1889), S. 327 ff.
(zit.: Planck, AcP 75 (1889))
- „Die soziale Tendenz des Bürgerlichen Gesetzbuchs“, in: Deutsche Juristenzeitung 1899, S. 181 ff.
(zit.: Planck, DJZ 1899)

*Planitz, Hans*: Die Rechtswissenschaft in Selbstdarstellungen, Band 1, Leipzig 1924

*Pohl, Hans*: Sozialgeschichtliche Probleme in der Zeit der Hochindustrialisierung (1870-1914), Paderborn 1979

*Puchta, Georg Friedrich*: Das Gewohnheitsrecht, 1. Theil, Erlangen 1828
- Pandekten, 7. Auflage, Leipzig 1853
- Vorlesungen über das heutige römische Recht, Band 1, 6. Auflage, Leipzig 1873
(zit.: Puchta, Pandektenvorlesungen)

*Radbruch, Gustav*: Vorschule der Rechtsphilosophie, Heidelberg 1948
- „Rechtswissenschaft als Rechtsschöpfung", in: Archiv für Sozialwissenschaft und Sozialpolitik , Band 22 (1906); S. 357 ff.
(zit.: Radbruch, Archiv für Sozialwissenschaft und Sozialpolitik, 22 (1906))
- „Literaturbericht. Rechtsphilosophie", in: Zeitschrift für die Gesamte Strafrechtswissenschaft, Band 25 (1905), S. 251 ff.
(zit.: Radbruch, ZStW 25 (1905))
- „Rechtswissenschaft. Referate. ‚Theodor Sternberg'", in: Deutsche Literaturzeitung, Band XXV (1904), Sp. 1648 f.
(zit.: Radbruch, Deutsche Literaturzeitung XXV (1904))
- Rechtsphilosophie (Hrsg. Erik Wolf), 4. Auflage, Stuttgart 1950
- Der innere Weg. Aufriß meines Lebens, Stuttgart 1951
(zit.: Radbruch, Der innere Weg)
- Der Mensch im Recht. Ausgewählte Vorträge und Aufsätze über Grundfragen des Rechts, Göttingen 1957, S. 9 ff.
(zit.: Radbruch, Der Mensch im Recht)

*Rehbinder, Manfred*: Die Begründung der Rechtssoziologie durch Eugen Ehrlich, (Schriftenreihe zur Rechtssoziologie und Rechtstatsachenforschung, Band 6), 2. Auflage, Berlin 1986
- „Einleitung", in: Rehbinder (Hrsg.), Zur Methodenfrage der Rechtswissenschaft und andere juristische Schriften. Von Theodor Sternberg, (Schriftenreihe zur Rechtssoziologie und Rechtstatsachenforschung, Band 67), Berlin 1988
(zit.: Rehbinder, Einleitung, in: Rehbinder (Hrsg.), Zur Methodenfrage der Rechtswissenschaft und andere juristische Schriften)

*Reichel, Hans*: Gesetz und Richterspruch. Zur Orientierung über Rechtsquellen- und Rechtsanwendungslehre der Gegenwart, Zürich 1915
(zit.: Reichel, Gesetz und Richterspruch)

*Reichsjustizamt* (Hrsg.): Zusammenstellung der gutachterlichen Äußerungen zu dem Entwurf eines bürgerlichen Gesetzbuches, Bände 1-5, Neudruck der Auflage von 1890, Osnabrück 1967; Band 6, Neudruck der Auflage von 1891, Osnabrück 1967

*Repgen, Tilman*: „Was war und wo blieb das soziale Öl?“, in: Zeitschrift für Neuere Rechtsgeschichte 2000, S. 406 ff.
(zit.: Repgen, ZNR 2000)

*Rickert, Heinrich*: Die Grenzen der naturwissenschaftlichen Begriffsbildung. Eine logische Einleitung in die historischen Wissenschaften, 3. und 4. Auflage, Tübingen 1921
- Kulturwissenschaft und Naturwissenschaft, 6. und 7. Auflage, Tübingen 1926 (Nachdruck Reclam, Stuttgart 1986)
- „Geschichtsphilosophie“, in: Wilhelm Windelband (Hrsg.), Die Philosophie im Beginn des zwanzigsten Jahrhunderts. Festschrift für Kuno Fischer, 2. Auflage, Heidelberg 1907
(zit.: Rickert, Geschichtsphilosophie, in: Windelband, FS Fischer)

*Riebschläger, Klaus*: Die Freirechtsbewegung. Zur Entwicklung einer soziologischen Rechtsschule, (Schriftenreihe des Instituts für Rechtssoziologie und Rechtstatsachenforschung der Freien Universität Berlin, Band 11), Berlin 1968
(zit.: Riebschläger, Die Freirechtsbewegung)

*Rittner, Fritz*: „Neueste Privatrechtsgeschichte und Wirtschaftsrechtsgeschichte“, in: Zeitschrift für Neuere Rechtsgeschichte 1991, S. 173 ff.
(zit.: Rittner, ZNR 1991)

*Rückert, Joachim*: „Philipp Lotmars Konzeption von Freiheit und Wohlfahrt durch ‚soziales‘ Recht (1850-1922)“, in: Rückert (Hrsg.), Philipp Lotmar, Schriften zu Arbeitsrecht, Zivilrecht und Rechtsphilosophie, Frankfurt a. M. 1992
(zit.: Rückert, Philipp Lotmars Konzeption, in: Rückert, Schriften zu Arbeitsrecht, Zivilrecht und Rechtsphilosophie)
- „‚Frei‘ und ‚sozial‘: Arbeitsvertragskonzeptionen um 1900 zwischen Liberalismen und Sozialismen“, Zeitschrift für Arbeitsrecht 1992, S. 225 ff.
(zit.: Rückert, ZfA 1992)
- „Richterrecht seit Weimar?“, in: Kriechbaum (Hrsg.), Festschrift für Sten Gagnér zum 3. März 1996, Ebelsbach 1996, S. 203 ff.

(zit.: Rückert, Richterrecht seit Weimar, in: FS Gagnér)
- „Richtertum als Organ des Rechtsgeistes: Die Weimarer Erfüllung einer alten Versuchung“, in: Nörr, Knut Wolfgang/ Schefold, Bertram/ Tenbruck, Friedrich (Hrsg.), Geisteswissenschaften zwischen Kaiserreich und Republik, Stuttgart 1994, S. 267 ff.
(zit.: Rückert, Richtertum als Organ des Rechtsgeistes, in: Nörr/ Schefold/ Tenbruck, Geisteswissenschaften)

*Rümelin, Gustav*: Werturteile und Willensentscheidungen im Civilrecht. Rede des antretenden Prorectors, Freiburg i.B. 1881
- Zur Lehre von den Schuldversprechen und Schuldanerkenntnissen, Tübingen 1905/ 1906

*Rumpf, Max*: Gesetz und Richter. Versuch einer Methodik der Rechtsanwendung, Berlin 1906
- „Rechtsphilosophie“, in: Kritische Vierteljahresschrift III, Folge 13, S. 450 ff.
- „Recht und Wirtschaft – Recht und Kultur“, in: Recht und Wirtschaft (Monatsschrift der Vereinigung zur Förderung zeitgemässer Rechtspflege und Verwaltung ‚Recht und Wirtschaft‘), Band II, 1913, S. 2 ff.
(zit.: Rumpf, Recht und Wirtschaft 1913)

*Savigny, Friedrich Carl von*: System des heutigen Römischen Rechts, Band 1, Berlin 1840
(zit.: Savigny, System des heutigen römischen Rechts, I)

*Schlosser, Hans*: Grundzüge der Neueren Privatrechtsgeschichte, 7. Auflage, Heidelberg 1993

*Schmitt, Carl*: Gesetz und Urteil. Eine Untersuchung zum Problem der Rechtspraxis, 2. Auflage, München 1969

*Schönberger, Christoph*: Das Parlament im Anstaltsstaat. Zur Theorie parlamentarischer Repräsentation in der Staatsrechtslehre des Kaiserreichs (1871 – 1918), Frankfurt a.M. 1997
(zit.: Schönberger, Das Parlament im Anstaltsstaat)

*Schoppmeyer, Heinrich*: Juristische Methode als Lebensaufgabe, (Beiträge zur Rechtsgeschichte des 20. Jahrhunderts, Band 29), Tübingen 2001

*Schröder, Jan*: „Savignys Spezialistendogma und die ‚Soziologische' Jurisprudenz", in: Rechtstheorie, Band 7 (1976), S. 23 ff.
(zit.: Schröder, Rechtstheorie 7 (1976))
- Gesetzesauslegung und Gesetzesumgehung. Das Umgehungsgeschäft in der rechtswissenschaftlichen Doktrin von der Spätaufklärung bis zum Nationalsozialismus, Paderborn, München, Wien, Zürich 1985
(zit.: Schröder, Gesetzesauslegung und Gesetzesumgehung)

*Schröder, Rainer*: „Die Richterschaft am Ende des zweiten Kaiserreiches unter dem Druck polarer sozialer und politischer Anforderungen", in: Festschrift für Rudolf Gmür zum 70. Geburtstag, Bielefeld 1983, S. 201 ff.
(zit.: Schröder, Die Richterschaft, in: FS Gmür)
- „Die deutsche Methodendiskussion um die Jahrhundertwende: Wissenschaftstheoretische Präzisierungsversuche oder Antworten auf den Funktionswandel von Recht und Justiz", in: Rechtstheorie, Band 19 (1988), S. 323 ff.
(zit.: Schröder, Rechtstheorie 19 (1988))

*Schulte-Nölke, Hans:* Das Reichsjustizamt und die Entstehung des Bürgerlichen Gesetzbuchs, (Studien zur Europäischen Rechtsgeschichte, Band 71), Frankfurt a. M. 1995
- „Die späte Aussöhnung mit dem Bürgerlichen Gesetzbuch", in: Willingmann (Hrsg.), Das deutsche Zivilrecht 100 Jahre nach Verkündung des BGB : Erreichtes, Verfehltes, Übersehenes, (Jahrbuch Junger Zivilrechtswissenschaftler 1996), Stuttgart, München, Hannover, Berlin, Weimar, Dresden 1997
(zit.: Schulte-Nölke, Die späte Aussöhnung mit dem Bürgerlichen Gesetzbuch, in: Jahrbuch Junger Zivilrechtswissenschaftler 1996)

*Schwab, Dieter*: „Das BGB und seine Kritiker", in: Zeitschrift für Neuere Rechtsgeschichte 2000, S. 325 ff.
(zit.: Schwab ZNR 2000)
*Schwering*: „Das Grundproblem der Rechtsreform", in: Archiv für Rechts- und Wirtschaftsphilosophie 1911, Beiheft Nr. 10, S. 3 ff.
(zit.: Schwering ARW 1911, Beiheft 10)

*Simon, Dieter*: Die Verantwortung des Juristen heute, (Schriftenreihe der Juristischen Studiengesellschaft Hannover, Heft 21), Hannover 1992

*Sohm, Rudolf*: „Die Entstehung des deutschen Bürgerlichen Gesetzbuches", in: Deutsche Juristenzeitung 1900, S. 6 ff.
(zit.: Sohm, DJZ 1900)

*Stammler, Rudolf*: Die Bedeutung des deutschen bürgerlichen Gesetzbuches für den Fortschritt der Kultur. Rede zur Feier des Geburtstages Sr. Majestät des Kaisers am 27. Januar 1900, Halle a.S. 1900
(zit.: Stammler, Die Bedeutung des deutschen bürgerlichen Gesetzbuches für den Fortschritt der Kultur)
- Die Lehre von dem richtigen Rechte, Berlin 1902
- Wirtschaft und Recht nach der materialistischen Geschichtsauffassung, 3. Auflage, Leipzig 1914
- Das gesamte Deutsche Recht, Band 1, Berlin 1931
(zit.: Stammler, Das gesamte Deutsche Recht, I)

*Stampe, Ernst*: „Gesetz und Richtermacht", in: Deutsche Juristenzeitung 1905, Sp. 1017 ff.
(zit.: Stampe, DJZ 1905)
- „Rechtsfindung durch Interessenwägung", in: Deutsche Juristenzeitung 1905, Sp. 713 ff.
(zit.: Stampe, DJZ 1905)
- Die Freirechtsbewegung. Gründe und Grenzen ihrer Berechtigung (Vorträge gehalten vor Richtern und Staatsanwälten des Kammergerichtsbezirks), Berlin 1911
(zit.: Stampe, Die Freirechtsbewegung)

*Steinmetz, Max*: Geschichte der Universität Jena 1548/58-1958, Band II, Jena 1962

*Sternberg, Theodor*: Allgemeine Rechtslehre, 1. Teil: Die Methode, (Sammlung Göschen), Leipzig 1904
(zit. Sternberg, Allgemeine Rechtslehre, I)
- „Selbstanzeige", in: Archiv für Rechts- und Wirtschaftsphilosophie, Band V 1911/ 1912, S. 492 f.
(zit.: Sternberg, ARW V (1911/1912))
- „Die Rechtsfindung", in: Rehbinder (Hrsg.), Zur Methodenfrage der Rechtswissenschaft und andere juristische Schriften. Von Theodor Sternberg, (Schriftenreihe zur Rechtssoziologie und Rechtstatsachenforschung, Band 67), Berlin 1988, S. 19 ff.
(zit.: Sternberg, Rechtsfindung, in: Rehbinder, Zur Methodenfrage der Rechtswissenschaft und andere juristische Schriften)

- „Vergleichende Methode und Struktur der Wissenschaft mit besonderer Berücksichtigung der vergleichenden Rechtswissenschaft und ihrer Geschichte", in: Rehbinder (Hrsg.), Zur Methodenfrage der Rechtswissenschaft und andere juristische Schriften. Von Theodor Sternberg, (Schriftenreihe zur Rechtssoziologie und Rechtstatsachenforschung, Band 67), Berlin 1988, S. 78 ff.
(zit.: Sternberg, Vergleichende Methode und Struktur, in: Rehbinder, Zur Methodenfrage der Rechtswissenschaft und andere juristische Schriften)

*Stoll, Heinrich*: „Begriff und Konstruktion in der Lehre der Interessenjurisprudenz", in: Festgabe für Philipp Heck, Max Rümelin, Arthur Benno Schmidt, Tübingen 1931, S. 60 ff.
(zit.: Stoll, Begriff und Konstruktion in der Lehre der Interessenjurisprudenz, in: Festgabe Heck/ Rümelin/ Schmidt)

*Stolleis, Michael*: Geschichte des öffentlichen Rechts in Deutschland, Band II: 1800 – 1914, München 1992
(zit.: Stolleis, Geschichte des öffentlichen Rechts in Deutschland, II)
- „Die Entstehung des Interventionsstaates und das öffentliche Recht", in: Zeitschrift für Neuere Rechtsgeschichte 1989, S. 129 ff.
(zit.: Stolleis, ZNR 1989)

*Thüringisches Hauptstaatsarchiv* Weimar, Thüringisches Oberlandesgericht Jena, Nr. 1182, Bl. 2169

*Vierhaus, Felix*: Über die Methode der Rechtsprechung, Hannover 1911

*Warschauer, Erich*: „Versuch einer Rechtsenergetik", in: Archiv für Rechts- und Wirtschaftsphilosophie, Band X (1916/ 1917), S. 352 ff.
(zit.: Warschauer, ARW X (1916/ 1917))

*Weber, Max*: Gesammelte Aufsätze zur Wissenschaftslehre, (Hrsg. Johannes Winckelmann), 7. Auflage, Tübingen 1988
- „Roscher und Knies und die logischen Probleme der historischen Nationalökonomie", in: Schmollers Jahrbuch für Gesetzgebung, Verwaltung und Volkswirtschaft im Deutschen Reich, Band 30 (1906), S. 95 ff.
(zit.: Weber, Schmollers Jahrbuch 30 (1906))

*Wieacker, Franz*: Privatrechtsgeschichte der Neuzeit, 2. Auflage, Göttingen 1967

- Rudolph von Jhering, 2. Auflage, Stuttgart 1968
- Gesetz und Richterkunst. Zum Problem der außergesetzlichen Rechtsordnung, Karlsruhe 1958
(zit.: Wieacker, Gesetz und Richterkunst)

*Wildenbruch, Ernst von*: „Das deutsche Recht“, in: Deutsche Juristenzeitung 1900, S. 1
(zit.: Wildenbruch, DJZ 1900)

*Wilhelm, Walter*: Zur juristischen Methodenlehre im 19. Jahrhundert. Die Herkunft der Methode Paul Labands aus der Privatrechtswissenschaft, Frankfurt a. M. 1958
(zit.: Wilhelm, Zur juristischen Methodenlehre im 19. Jahrhundert)

*Wimpfheimer*: „Vereinigung für zeitgemäße Rechtspflege und Verwaltung“, in: Juristische Wochenschrift 1911, S. 295
(zit.: Wimpfheimer, JW 1911)

*Windscheid, Bernhard*: „Die Aufgaben der Rechtswissenschaft“, in: Oertmann (Hrsg.), Bernhard Windscheid. Gesammelte Reden und Abhandlungen, Leipzig 1904
(zit.: Windscheid, Die Aufgaben der Rechtswissenschaft, in: Gesammelte Reden und Abhandlungen)
- „Die geschichtliche Schule der Rechtswissenschaft“, in: Bernhard Windscheid. Kleine Schriften, Reden und Rezensionen, Teil II: 1859 – 1892, Leipzig 1984, S. 216 ff.
(zit.: Windscheid, Die geschichtliche Schule der Rechtswissenschaft, in: Kleine Schriften, Reden und Rezensionen, II)
- „Recht und Rechtswissenschaft“, in: Bernhard Windscheid. Kleine Schriften, Reden und Rezensionen, Teil II: 1859 – 1892, Leipzig 1984, S. 429 ff.
(zit.: Windscheid, Recht und Rechtswissenschaft, in: Kleine Schriften, Reden und Rezensionen, II)

*Windscheid, Bernhard/ Kipp, Theodor*: Lehrbuch des Pandektenrechts, Band 1, 8. Auflage, Frankfurt a.M. 1900

*Wirth, Thomas*: Adelbert Düringer. Jurist zwischen Kaiserreich und Republik, Mannheim 1989

*Wolf, Erik*: Große Rechtsdenker der deutschen Geistesgeschichte, 2. Auflage, Tübingen 1944

*Wurzel, Karl Georg*: Das juristische Denken, Wien 1904

*Zitelmann, Ernst*: „Zur Begrüßung des neuen Gesetzbuches“, in: Deutsche Juristenzeitung 1900, S. 2 ff.
(zit.: Zitelmann, DJZ 1900)
- „Lücken im Recht“, in: Gängel, Andreas/ Mollnau, Karl A. (Hrsg.), Gesetzesbindung und Richterfreiheit. Texte zur Methodendebatte 1900 – 1914, Freiburg, Berlin 1992
(zit.: Zitelmann, Lücken im Recht, in: Gängel/ Mollnau, Gesetzesbindung und Richterfreiheit)

## RECHTSHISTORISCHE REIHE

Band 1 Studien zu den germanischen Volksrechten. Gedächtnisschrift für Wilhelm Ebel. Vorträge gehalten auf dem Fest-Symposion anläßlich des 70. Geburtstages von Wilhelm Ebel am 16. Juni 1978 in Göttingen. Götz Landwehr (Hrsg.) 1982.

Band 2 Hans Poeschel: Die Statuten der Banken, Sparkassen und Kreditgenossenschaften in Hamburg und Altona von 1710 bis 1889. 1978.

Band 3 Thomas Kolbeck: Juristenschwemmen, Untersuchungen über den juristischen Arbeitsmarkt im 19. und 20. Jahrhundert. 1978.

Band 4 Norbert Hempel: Richterleitbilder in der Weimarer Republik. 1978.

Band 5 Rolf Stratmann: Die Scheinbußen im mittelalterlichen Recht. 1978.

Band 6 Martin C. Lockert: Die niedersächsischen Stadtrechte zwischen Aller und Weser. Vorkommen und Verflechtungen. Eine Bestandsaufnahme. 1979.

Band 7 Joachim Rückert/Wolfgang Friedrich: Betriebliche Arbeiterausschüsse in Deutschland, Großbritannien und Frankreich im späten 19. und frühen 20. Jahrhundert. Eine vergleichende Studie zur Entwicklung des kollektiven Arbeitsrechts. 1979.

Band 8 Peter Bender: Die Rezeption des römischen Rechts im Urteil der deutschen Rechtswissenschaft. 1979.

Band 9 Friedrich Karl Alsdorf: Untersuchungen zur Rechtsgestalt und Teilung deutscher Ganerbenburgen. 1980.

Band 10 Dietmar Willoweit/Winfried Schich (Hrsg.): Studien zur Geschichte des sächsisch-magdeburgischen Rechts in Deutschland und Polen (Sammelband). 1980.

Band 11 Brigitte Hempel: Der Entwurf einer Polizeiordnung für das Herzogtum Sachsen-Lauenburg aus dem Jahre 1591. 1980.

Band 12 Klaus-Detlev Godau-Schüttke: Rechtsverwalter des Reiches. Staatssekretär Dr. Curt Joël. 1981.

Band 13 Rainer Polley: Anton Friedrich Justus Thibaut (AD 1772-1840) in seinen Selbstzeugnissen und Briefen. Teil 1: Abhandlung. Teil 2: Briefwechsel. Teil 3: Register zum Briefwechsel. 1982.

Band 14 Michael Wettengel: Der Streit um die Vogtei Kelkheim 1275-1276. Ein kanonischer Prozeß.1981.

Band 15 Otto Wilhelm Krause: Naturrechtler des sechzehnten Jahrhunderts. Ihre Bedeutung für die Entwicklung eines natürlichen Privatrechts. 1982.

Band 16 Helga Spindler: Von der Genossenschaft zur Betriebsgemeinschaft. Kritische Darstellung der Sozialrechtslehre Otto von Gierkes. 1982.

Band 17 Holger Otte: Gustav Radbruchs Kieler Jahre 1919 - 1926. 1982.

Band 18 Rüdiger Teuner: Die fuldische Ritterschaft 1510 - 1656. 1982.

Band 19 Gerhard Dilcher/Rudolf Hoke/Gian Savino Pene Vidari/Hans Winterberg (Hrsg.): Grundrechte im 19. Jahrhundert. 1982.

Band 20 Karl-Hans Schloßstein: Die westfälischen Fabrikengerichtsdeputationen - Vorbilder, Werdegang und Scheitern. 1982.

Band 21 Birger Schulz: Der Republikanische Richterbund (1921-1933). 1982.

Band 22 Engelbert Krause: Die gegenseitigen Unterhaltsansprüche zwischen Eltern und Kindern in der deutschen Privatrechtsgeschichte. 1982.

Band 23 Meent W. Francksen: Staatsrat und Gesetzgebung im Großherzogtum Berg (1806-1813). 1982.

Band 24 Gerd von Sonnleithner: Bearbeitung des Handelsrechts durch Ignaz von Sonnleithner in seinem "Leitfaden über das österreichische Handels- und Wechselrecht". 1982.

Band 25 Rudolf Palme: Rechts-, Wirtschafts- und Sozialgeschichte der inneralpinen Salzwerke bis zu deren Monopolisierung. 1983.

Band 26 Helen Bosshard: Pestalozzis Staats- und Rechtsverständnis und seine Stellung in der Aufklärung. 1983.

Band 27 Jens Jessen: Die Selbstzeugnisse der deutschen Juristen. Erinnerungen, Tagebücher und Briefe. Eine Bibliographie. 1983.

Band 28 Günter Martin Jensen: Das Domanium Waldeck. Die rechtliche Zuordnung eines Fürstenvermögens. 1984.

Band 29 Johann Heinrich Kumpf: Petitionsrecht und öffentliche Meinung im Entstehungsprozeß der Paulskirchenverfassung 1848/49. 1983.

Band 30 Sabine Frey: Rechtsschutz der Juden gegen Ausweisungen im 16. Jahrhundert. 1983.

Band 31 Dietrich Joswig: Die germanische Grundstücksübertragung. 1984.

Band 32 Andreas Baryli: Konzessionssystem contra Gewerbefreiheit. Zur Diskussion der österreichischen Gewerberechtsreform 1835 bis 1860. 1984.

Band 33 Gerhard Oberkofler: Studien zur Geschichte der österreichischen Rechtswissenschaft. 1984.

Band 34 Rudolf Lauda: Kaufmännische Gewohnheit und Burgrecht bei Notker dem Deutschen. Zum Verhältnis von literarischer Tradition und zeitgenössischer Realität in der frühmittelalterlichen Rhetorik. 1984.

Band 35 Jens Jensen: Die Ehescheidung des Bischofs Hans von Lübeck von Prinzessin Julia Felicitas von Württemberg-Weiltingen AD 1648-1653. Ein Beitrag zum protestantischen Ehescheidungsrecht im Zeitalter des beginnenden Absolutismus. 1984.

Band 36 Horst Schröder: Friedrich Karl von Savigny. Geschichte und Rechtsdenken beim Übergang vom Feudalismus zum Kapitalismus in Deutschland. 1984.

Band 37 Andreas Hatzung: Dogmengeschichtliche Grundlagen und Entstehung des zivilrechtlichen Notstands. 1984.

Band 38 Matthias Klasen: Das Billwerder Landrecht. Landrecht und Landgericht in den Hamburger Elbmarschen. 1985.

Band 39 Rainer Jamin: Aufbau, Tätigkeit und Verfahren der Auseinandersetzungsbehörden bei der Durchführung der preußischen Agrarreformen. 1985.

Band 40 Henry Winter: Teilschuld, Gesamtschuld und unechte Gesamtschuld. Zur Konzeption der §§ 420 ff. BGB - Ein Beitrag zur Entstehungsgeschichte des BGB. 1985.

Band 41 Hermann Eichler: Verfassungsbewegung in Amerika und Europa. 1985.

Band 42 Dagmar Bandemer: Heinrich Albert Zachariae. Rechtsdenken zwischen Restauration und Reformation. 1985.

Band 43 Eva-Christine Frentz: Das Hamburgische Admiralitätsgericht (1623-1811). Prozeß und Rechtsprechung. 1985.

Band 44 Karl Lillig: Rechtsetzung im Herzogtum Pfalz-Zweibrücken während des 18. Jahrhunderts. Ein Beitrag zur Geschichte der territorialen Rechtsbildung. 1985.

Band 45 Walter Weber: Die Entwicklung der Sparkassen zu selbständigen Anstalten des öffentlichen Rechts. Ein Beitrag zur Entwicklung des Anstaltsbegriffs im 19. Jahrhundert. 1985.

Band 68 Otmar Jung: Senatspräsident Freymuth. Richter, Sozialdemokrat und Pazifist in der Weimarer Republik. Eine politische Biographie. 1989.

Band 69 Joachim Lohner: Das landeshauptmannschaftliche Gericht in Oberösterreich zu Beginn der Neuzeit. Eine Darstellung des oberösterreichischen Prozeßrechts am obersten Territorialgericht des Landes anhand der oberösterreichischen Landtafel.1989.

Band 70 Bernd Klemann: Rudolf von Jhering und die Historische Rechtsschule. 1989.

Band 71 Adalbert Langer: Männer um die österreichische Zivilprozeßordnung 1895. Zusammenspiel / Soziales Ziel. 1990.

Band 72 Robert-Dieter Klee: Die Landessuperintendentur Lauenburg. Ursprung und Entwicklung sowie Ende der Sonderstellung des Kirchenkreises Herzogtum Lauenburg durch die nordelbische Kirchenvereinigung. 1989.

Band 73 Heinrich Herrmann: Die Gehöferschaften im Bezirk Trier. 1989.

Band 74 Wilhelm Brauneder, Franz Baltzarek (Hrsg.): Modell einer neuen Wirtschaftsordnung. Wirtschaftsverwaltung in Österreich 1914 - 1918. 1991.

Band 75 Thomas Dreyer: Die "Assecuranz- und Haverey-Ordnung" der Freien und Hansestadt Hamburg von 1731. 1990.

Band 76 Bernhard Sendler: Die Rechtssprache in den süddeutschen Stadtrechtsreformationen. 1990.

Band 77 Brigitte Lehmann: Ehevereinbarungen im 19. und 20. Jahrhundert. 1990.

Band 78 Michael Sunnus: Der NS-Rechtswahrerbund (1928-1945). Zur Geschichte der nationalsozialistischen Juristenorganisation. 1990.

Band 79 Stefan Schulz: Die historische Entwicklung des Rechts an Bienen. (§§ 961 - 964 BGB). 1990.

Band 80 Gerhard Lingelbach, Heiner Lück (Hrsg.): Deutsches Recht zwischen Sachsenspiegel und Aufklärung. Rolf Lieberwirth zum 70. Geburtstag dargebracht von Schülern, Freunden und Kollegen, herausgegeben von Gerhard Lingelbach und Heiner Lück. 1991.

Band 81 Manfred Krohn: Die deutsche Justiz im Urteil der Nationalsozialisten 1920 - 1933. 1991.

Band 82 Angelika Kühn: Privilegierung nationaler Minderheiten im Wahlrecht der Bundesrepublik Deutschland und Schleswig-Holsteins. 1991.

Band 83 Georg Brun: Leben und Werk des Rechtshistorikers Heinrich Mitteis unter besonderer Berücksichtigung seines Verhältnisses zum Nationalsozialismus. 1991.

Band 84 Wolfgang Simon: Claudius Freiherr von Schwerin. Rechtshistoriker während dreier Epochen deutscher Geschichte. 1991.

Band 85 Friedrich-Carl Wachs: Das Verordnungswerk des Reichsdemobilmachungsamtes. Stabilisierender Faktor zu Beginn der Weimarer Republik. 1991.

Band 86 Jens-Uwe Petersen: Die Vorgeschichte und die Entstehung des Mieterschutzgesetzes von 1923 nebst der Anordnung für das Verfahren vor dem Mieteinigungsamt und der Beschwerdestelle. 1991.

Band 87 Ulrike Haibach: Familienrecht in der Rechtssprache. Die historische Entwicklung zentraler Ausdrücke des geltenden Familienrechts. 1991.

Band 88 Joern Christian Nissen: Die Beratungen des Seeversicherungsausschusses der Akademie für Deutsches Recht zu einem neuen Seeversicherungsgesetz (1934-1939). Ein Beitrag zur Entwicklung der allgemeinen Lehren des Seeversicherungsrechts unter besonderer Berücksichtigung des Handelsgesetzbuchs und der Allgemeinen Deutschen Seeversicherungs-Bedingungen 1919. 1991.

Band 89 Diethard Bühler: Die Entstehung der allgemeinen Vertragsschluß-Vorschriften im Allgemeinen Deutschen Handelsgesetzbuch (ADHGB) von 1861. Ein Beitrag zur Kodifikationsgeschichte des Privatrechts im 19. Jahrhundert. 1991.

Band 90 Gerhard Oberkofler: Die Vertreter des Römischen Rechts mit deutscher Unterrichtssprache an der Karls-Universität in Prag. Vom Vormärz bis 1945. 1991.

Band 91 Ulrich Andermann: Ritterliche Gewalt und bürgerliche Selbstbehauptung. Untersuchungen zur Kriminalisierung und Bekämpfung des spätmittelalterlichen Raubrittertums am Beispiel norddeutscher Hansestädte. 1991.

Band 92 Heinz Marcus Hanke: Luftkrieg und Zivilbevölkerung. Der kriegsvölkerrechtliche Schutz der Zivilbevölkerung gegen Luftbombardements von den Anfängen bis zum Ausbruch des Zweiten Weltkrieges. 1991.

Band 93 Kirsten Kraglund: Familien- und Erbrecht. Materielles Recht und Methoden der Rechtsanwendung in der Rechtsprechung des Oberappellationsgerichts der vier Freien Städte Deutschlands zu Lübeck. 1991.

Band 94 Reinhard Lorenz: Die politische und rechtliche Stellung des Proletariats in Preußen in der Zeit zwischen den Reformen und der Revolution 1848/49. 1991.

Band 95 Eric Hilgendorf: Die Entwicklungsgeschichte der parlamentarischen Redefreiheit in Deutschland. 1991.

Band 96 Hans J. Reiter: Die Handelsgesellschaft Villeroy & Boch von der Gründung 1836 bis zum Jahr 1878. 1992.

Band 97 Martin Johannes Heller: Reform der deutschen Rechtssprache im 18. Jahrhundert. 1992.

Band 98 Michael Kotulla: Die Tragweite der Grundrechte der revidierten preußischen Verfassung vom 31.01.1850. 1992.

Band 99 Michael Siefener: Hexerei im Spiegel der Rechtstheorie. Das crimen magiae in der Literatur von 1574 bis 1608. 1992.

Band 100 Andreas Ebert-Weidenfeller: Hamburgisches Kaufmannsrecht im 17. und 18. Jahrhundert. Die Rechtsprechung des Rates und des Reichskammergerichtes. 1992.

Band 101 Enno Bommel: Die Entstehung der Verwirkungslehre in der Krise des Positivismus. 1992.

Band 102 Ralph Steppacher: Die Berücksichtigung der bäuerlichen Postulate bei der Entstehung des ZGB und der Revision des OR. Ein Beitrag zur schweizerischen Kodifikationsgeschichte (1893 - 1912). 1992.

Band 103 Martin Fleckenstein: Die Todesstrafe im Werk Carl Joseph Anton Mittermaiers (1787 - 1867). Zur Entwicklungsgeschichte eines Werkbereichs und seiner Bedeutung für Theorie- und Methodenbildung. 1992.

Band 104 Jörn Eckert: Der Kampf um die Familienfideikommisse in Deutschland. Studien zum Absterben eines Rechtsinstitutes. 1992.

Band 105 Jörg Grotkopp: Beamtentum und Staatsformwechsel. Die Auswirkungen der Staatsformwechsel von 1918, 1933 und 1945 auf das Beamtenrecht und die personelle Zusammensetzung der deutschen Beamtenschaft. 1992.

Band 106 Andreas Rohde: Die Garantiehaftung des Vermieters und ihr Verhältnis zum Unmöglichkeitsrecht in dogmengeschichtlicher und modernrechtlicher Sicht. 1992.

Band 107 Tjark Siefke Kunstreich: Gesamtvertretung. Eine historisch-systematische Darstellung. 1992.

Band 108 Jürgen Krüger: Blindheit und Königtum. Die Blindheit des Königs Georg V. von Hannover als verfassungsrechtliches Problem. 1992.

Band 109 Wolfgang Putschek: Ständische Verfassung und autoritäre Verfassungspraxis in Österreich 1933-1938 mit Dokumentenanhang. Verfassung und Verfassungswirklichkeit. Mit einem Anhang: Denkschriften von Rechtsanwalt Dr. Erich Führer 1936/37. 1993.

Band 110 Klaus Hofmann: Die Verdrängung der Juden aus öffentlichem Dienst und selbständigen Berufen in Regensburg 1933-1939. 1993.

Band 111 Franz Kilger: Die Entwicklung des Telegraphenrechts im 19. Jahrhundert mit besonderer Berücksichtigung der technischen Entwicklung. Telegraphenrecht im 19. Jahrhundert. 1993.

Band 112 Wilhelm Brauneder (Hrsg.): Heiliges Römisches Reich und moderne Staatlichkeit. 1993.

Band 113 Thomas Heinrich: Das preußische Nichtehelichenrecht: Von der Aufklärung zur Reaktion. 1993.

Band 114 Gerald Kohl: Jagd und Revolution. Das Jagdrecht in den Jahren 1848 und 1849. 1993.

Band 115 Christian Schudnagies: Der Kriegs- oder Belagerungszustand im Deutschen Reich während des Ersten Weltkrieges. Eine Studie zur Entwicklung und Handhabung des deutschen Ausnahmezustandsrechts bis 1918. 1994.

Band 116 Elisabeth Bellmann: Die Internationale Kriminalistische Vereinigung (1889-1933). 1994.

Band 117 Julia Pfannkuch: Volksrichterausbildung in Sachsen 1945-1950. 1993.

Band 118 Jörg Offen: Von der Verwaltungsgemeinschaft des BGB von 1896 zur Zugewinngemeinschaft des Gleichberechtigungsgesetzes von 1957. 1994.

Band 119 Dorothee Kohlhas-Müller: Untersuchungen zur Rechtsstellung Theoderichs des Großen. 1995.

Band 120 Monika Rose: Das Gerichtswesen des Herzogtums Pfalz-Zweibrücken im 18. Jahrhundert. Ein Beitrag zur territorialen Gerichtsbarkeit im Alten Reich. 1994.

Band 121 Jörn Eckert / Hans Hattenhauer (Hrsg.): Bibel und Recht. Rechtshistorisches Kolloquium 9. - 13. Juni 1992 an der Christian-Albrechts-Universität zu Kiel. 1994.

Band 122 Robert Martin Mizia: Der Rechtsbegriff der Autonomie und die Begründung des Privatfürstenrechts in der deutschen Rechtswissenschaft des 19. Jahrhunderts. 1995.

Band 123 Walther Graf von Plettenberg: Das Fortleben des Liber Iudiciorum in Asturien/León (8. - 13. Jh.). 1994.

Band 124 Wolfgang Schulz: Das deutsche Börsengesetz. Die Entstehungsgeschichte und wirtschaftlichen Auswirkungen des Börsengesetzes von 1896. 1994.

Band 125 Frank Hagemann: Der Untersuchungsausschuß Freiheitlicher Juristen. 1949 – 1969. 1994.

Band 126 Andreas Rethmeier: "Nürnberger Rassegesetze" und Entrechtung der Juden im Zivilrecht. 1995.

Band 127 Edith Grether: Die Poesie der Throne. Die Juristen in der Fruchtbringenden Gesellschaft. 1995.

Band 128 Anna Bartels-Ishikawa: Der Lippische Thronfolgestreit. Eine Studie zu verfassungsrechtlichen Problemen des Deutschen Kaiserreiches im Spiegel der zeitgenössischen Staats. 1995.

Band 129 Jörg Schmidt: Otto Koellreutter 1883-1972. Sein Leben, sein Werk, seine Zeit. 1995.

Band 130 Christian Hattenhauer: Wahl und Krönung Franz II. AD 1792. Das Heilige Reich krönt seinen letzten Kaiser - Das Tagebuch des Reichsquartiermeisters Hieronymus Gottfried von Müller und Anlagen. 1995.

Band 131 Jutta v. der Decken: Das Seearbeitsrecht im Hamburger Stadtrecht von 1301 bis 1603. 1995.

Band 132 Detlev Schmidt: Die Reform des Rechts der Handelsvertreter von 1953. 1995.

Band 133 Gabi Roßdeutscher: Privatautonomie im Scheidungsrecht. Scheidungsbezogene Vereinbarungen in den letzten 200 Jahren. 1995.

Band 134 Harald Kahlenberg: Leben und Werk des Rechtshistorikers Walther Merk. Ein Beispiel für das Verhältnis von Rechtsgeschichte und Nationalsozialismus. 1995.

Band 135 Michael Steitz: Adelbert Düringer am Reichsgericht (1902-1915). Seine aktienrechtlichen Entscheidungen und sein Einfluß auf das Aktienrecht in Deutschland. 1995.

Band 136 Christian Becker: Beata Justorum Translatio. Juristen in schleswig-holsteinischen Leichenpredigten. 1996.

Band 137 Christoph Seiler: Vom Allgemeinen Landrecht zum Bürgerlichen Gesetzbuch. Dargestellt am Beispiel der höchstrichterlichen Judikatur zum kaufrechtlichen Sachmängelgewährleistungsrecht. 1996.

Band 138 Bernd Mayer: Die Vertrauensmännerausschüsse auf den preußischen Steinkohlegruben an der Saar. Entstehung und Wirken. Eine rechtshistorische Untersuchung. 1996.

Band 139 Rochus Scholl: Juden und Judenrecht im Herzogtum Pfalz-Zweibrücken. Ein Beitrag zur Rechtsgeschichte eines deutschen Kleinstaates am Ende des alten Reiches. 1996.

Band 140 Meike Bursch: Judentaufe und frühneuzeitliches Strafrecht. Die Verfahren gegen Christian Treu aus Weener/Ostfriesland 1720-1728. 1996.

Band 141 Markus Hillenbrand: Fürstliche Eheverträge. Gottorfer Hausrecht 1544 - 1773. 1996.

Band 142 Ulf Häder: Das gemeinschaftliche Oberappellationsgericht thüringischer Staaten in Jena. Ein Beitrag zur Geschichte des Gerichtswesens im 19. Jahrhundert. 1996.

Band 143 Andreas Bauer: Das Gnadenbitten in der Strafrechtspflege des 15. und 16. Jahrhunderts. Dargestellt unter besonderer Berücksichtigung von Quellen der Vorarlberger Gerichtsbezirke Feldkirch und des Hinteren Bregenzerwaldes. 1996.

Band 144 Christian Wirth: Der Jurist Johann Andreas Georg Friedrich Rebmann zwischen Revolution und Restauration. 1996.

Band 145 Stefanie Müller: Die Rechtsprechung des Hanseatischen Oberlandesgerichts zum persönlichen Eherecht in Hamburgischen Gerichtsfällen von 1879 -1900. 1996.

Band 146 Jean-Nicolas Morisset: Der Frachtvertrag in der *Ordonnance de la marine* von 1681. 1996.

Band 147 Dirk Lentfer: Die Glogauer Landesprivilegien des Andreas Gryphius von 1653. 1996.

Band 148 Wencke Mull: Die Haftung für Einsturzschäden nach den §§ 836-838 BGB in der Rechtsprechung des Reichsgerichts. 1996.

Band 149 Renate Zelger: Teufelsverträge. Märchen, Sage, Schwank, Legende im Spiegel der Rechtsgeschichte. 1996.

Band 150 Guido Kraß: Das Arrestverfahren in Frankfurt am Main im Spätmittelalter. 1996.

Band 151 F. Benedict Heyn: Die Entwicklung des Eisenbahnfrachtrechts von den Anfängen bis zur Einführung des Allgemeinen Deutschen Handelsgesetzbuches (ADHGB). 1996.

Band 152 Thomas Lang: Die Staats- und Verfassungslehre Carl Salomo Zachariaes. 1996.

Band 153 Michael Hebeis: Karl Anton von Martini (1726-1800). Leben und Werk. 1996.

Band 154 Gerald Hubert: Die Diskussion um die rechtliche Natur der Bizone in den Jahren 1947-1949. 1996.

Band 155 Christof Horn: Die Rechtsprechung des Reichsgerichts in Ehescheidungssachen der Jahre 1900 bis 1905. 1996.

Band 156 Hermann Nehlsen / Georg Brun (Hrsg.): Münchener rechtshistorische Studien zum Nationalsozialismus. 1996.

Band 157 Jan Otto Clemens Kehrberg: Die Entwicklung des Elektrizitätsrechts in Deutschland. Der Weg zum Energiewirtschaftsgesetz von 1935. 1997.

Band 158 Johannes Tradt: Der Religionsprozeß gegen den Zopfschulzen (1791-1799). Ein Beitrag zur protestantischen Lehrpflicht und Lehrzucht in Brandenburg-Preußen gegen Ende des 18. Jahrhunderts. 1997.

Band 159 Dietmar Olsen: Das kaufrechtliche Sachmängelgewährleistungsrecht des Code civil in der Rechtsprechung deutscher Gerichte im 19. Jahrhundert. Ein Beitrag zur Ablösung der Partikularrechte durch das BGB. 1997.

Band 160 Ulrich Bernhardt: Die Deutsche Akademie für Staats- und Rechtswissenschaft „Walter Ulbricht" 1948-1971. 1997.

Band 161 Claudia Susan Hoppe: Die Bürgschaft im Rechtsleben Hamburgs von 1600 bis 1900. 1997.

Band 162 Franz-Rudolf Ecker: Die Entwicklung des Bergrechts im Saarbrücker Steinkohlenrevier bis zum Ende des 18. Jahrhunderts. Ein Vergleich mit dem älteren deutschen Bergrecht. 1997.

Band 163 Anne Katrin Rückert: Politik und Privatrecht in der „konservativen Revolution". 1997.

Band 164 Gisbert Laube: Der Reichskunstwart. Geschichte einer Kulturbehörde 1919-1933. 1997.

Band 165 Nicolas Lührig: Die Diskussion über die Reform der Juristenausbildung von 1945 bis 1995. 1997.

Band 166 Regula Gerber Jenni: Die Emanzipation der mehrjährigen Frauenzimmer. Frauen im bernischen Privatrecht des 19. Jahrhunderts. 1997.

Band 167 Mischa A. Färber: Das gemeinschaftliche Testament in der höchstrichterlichen Rechtsprechung zum Allgemeinen Preußischen Landrecht und zum BGB. Ein Beitrag zur Ablösung der Partikularrechte durch das BGB. 1997.

Band 168 Catherine Antoinette Gasser: Philipp Lotmar 1850-1922. Professor der Universität Bern. Sein Engagement für das Schweizerische Arbeitsrecht. 1997.

Band 169 Lars Immisch: Der sozialistische Richter in der DDR und seine Unabhängigkeit. Der Versuch eines Rechtsvergleiches zum Unabhängigkeitsbegriff in der bundesdeutschen Rechtsordnung. 1997.

Band 170 Jessica Jacobi: Besitzschutz vor dem Reichskammergericht. Die friedenssichernde Funktion der Besitzschutzklagen am Reichskammergericht im 16. Jahrhundert, dargestellt anhand von Kameralisten. 1998.

Band 171 Ewald Hügemann: Die Geschichte des öffentlichen und privaten Mietpreisrechts vom Ersten Weltkrieg bis zum Gesetz zur Regelung der Miethöhe von 1974. 1998.

Band 172 Lutz Rentzow: Die Entstehungs- und Wirkungsgeschichte der Vernewerten Landesordnung für das Königreich Böhmen von 1627. 1998.

Band 173 Sabine Stürmer: Mühlenrecht im Herzogtum Pfalz-Zweibrücken während des 18. Jahrhunderts. Ein Beitrag zum Wirtschaftsrecht eines deutschen Kleinstaates im Alten Reich. 1998.

Band 174 Mario Bogisch: *Nemo testis in re sua*. Das Problem der Zeugnisfähigkeit bei der Anwendung der deutschen Zivilprozeßordnung von 1877. 1998.

Band 175 Rainer Oßwald: Pactane sunt servanda? Freiwilligkeit, Zwang und Unverbindlichkeitserklärungen im islamischen Vertragsrecht malikitischer Schule. 1998.

Band 176 Bettina Kern: Der preußische BGB-Entwurf von 1842. 1998.

Band 177 Inken Fuhrmann: Die Diskussion über die Einführung der fakultativen Zivilehe in Deutschland und Österreich seit Mitte des 19. Jahrhunderts. 1998.

Band 178 Annette Rieck: Der Heilige Ivo von Hélory (1247-1303). Advocatus pauperum und Patron der Juristen. 1998.

Band 179 Frank Bottenberg: Die Hamburgische Strafprozeßordnung von 1869. 1998.

Band 180 Matthias Krauß: Das kursächsische Postrecht von seinen Anfängen bis zum Ende des Alten Reichs. 1998.

Band 181 Torsten Schmidt: Die Entmündigung von den Anfängen des BGB bis zu ihrer Ablösung durch das Institut der Betreuung. 1998.

Band 182 Christian Nunn: Rudolf Müller-Erzbach. 1874-1959. Von der realen Methode über die Interessenjurisprudenz zum kausalen Rechtsdenken (Leben und Werk). 1998.

Band 183 Christian Ortloff: Das staatskirchenrechtliche System Wilhelm Traugott Krugs. Glaubens- und Gewissensfreiheit – eine Forderung der Vernunft. 1998.

Band 184 Christian Hattenhauer: Schuldenregulierung nach dem Westfälischen Frieden. Der sog. § *de indaganda* und seine Umsetzung im Jüngsten Reichsabschied (AD 1648 und 1654). 1998.

Band 185 Werner Schubert: Preußen im Vormärz. Die Verhandlungen der Provinziallandtage von Brandenburg, Pommern, Posen, Sachsen und Schlesien sowie – im Anhang – von Ostpreußen, Westfalen und der Rheinprovinz (1841-1845). 1998.

Band 186 Silvia Schumacher: Das Rechtsverhältnis zwischen Eltern und Kindern in der Privatrechtsgeschichte. 1999.

Band 187 Kai Sommer: Die Strafbarkeit der Homosexualität von der Kaiserzeit bis zum Nationalsozialismus. Eine Analyse der Straftatbestände im Strafgesetzbuch und in den Reformentwürfen (1871-1945). 1998.

Band 188 Jan Erik Backhaus: Volksrichterkarrieren in der DDR. 1999.

Band 189 Ralf Ruhnau: Die Fürstlich Thurn und Taxissche Privatgerichtsbarkeit in Regensburg. Ein Kuriosum der deutschen Rechtsgeschichte. 1999.

Band 190 Antonio Grilli: Die französische Justizorganisation am linken Rheinufer 1797-1803. 1999.

Band 191 Stephanie Kammerloher-Lis: Die Entstehung des Gesetzes über die religiöse Kindererziehung vom 15. Juli 1921. 1999.

Band 192 Jan Telp: Ausmerzung und Verrat. Zur Diskussion um Strafzwecke und Verbrechensbegriffe im Dritten Reich. 1999.

Band 193 Kurt von Pannwitz: Die Entstehung der Allgemeinen Deutschen Wechselordnung. Ein Beitrag zur Geschichte der Vereinheitlichung des deutschen Zivilrechts im 19. Jahrhundert. 1999.

Band 194 Sylvia Busch: Die Entstehung der Allgemeinen Gerichtsordnung für die Preussischen Staaten von 1793/95. Ein Beitrag zur Geschichte der Kodifikationsbewegung und der Reform des Zivilprozesses in Preußen im 18. Jahrhundert. 1999.

Band 195 Dirk Bieresborn: Klage und Klageerwiderung im deutschen und englischen Zivilprozeß. Eine rechtshistorische und rechtsvergleichende Untersuchung unter besonderer Berücksichtigung der Beeinflussung durch das römisch-kanonische Verfahren. 1999.

Band 196 Andreas Thier / Guido Pfeifer / Philipp Grzimek (Hrsg.): Kontinuitäten und Zäsuren in der Europäischen Rechtsgeschichte. Europäisches Forum Junger Rechtshistorikerinnen und Rechtshistoriker München 22.-24. Juli 1998. 1999.

Band 197 Franz Smola: Die Fürstlich Liechtenstein'sche Kunstsammlung. Rechtsfragen zur Verbringung der Sammlung von Wien nach Vaduz in den Jahren 1944/45. 1999.

Band 198 Frank Martin Krauss: Das geteilte Eigentum im 19. und 20. Jahrhundert. Eine Untersuchung zum Fortbestand des Teilungsgedankens. 1999.

Band 199 Matthias Frey: Die spanische Aktiengesellschaft im 18. Jahrhundert und unter dem Código de Comercio von 1829. 1999.

Band 200 Alexandra Gilde: Die Stellung der Frau im Reichsstrafgesetzbuch von 1870/71 und in den Reformentwürfen bis 1919 im Urteil der bürgerlichen Frauenbewegung. Eine Analyse ausgewählter Straftatbestände. 1999.

Band 201 Malte Dießelhorst / Arne Duncker: Hans Kohlhase. Die Geschichte einer Fehde in Sachsen und Brandenburg zur Zeit der Reformation. 1999.

Band 202 Jörg Hillmann: Territorialrechtliche Auseinandersetzungen der Herzöge von Sachsen-Lauenburg vor dem Reichskammergericht im 16. Jahrhundert. 1999.

Band 203 Carsten Engler: Die Kommanditgesellschaft (KG) und die stille Gesellschaft im Allgemeinen Deutschen Handelsgesetzbuch (ADHGB) von 1861. 1999.

Band 204 Vesta Hoffmann-Steudner: Die Rechtsprechung des Reichsgerichts zu dem Scheidungsgrund des § 49 EheG (EheG 1938) in den Jahren 1938-1945. 1999.

Band 205 Michaela Thiele: Die Auflösung von Arbeitsverhältnissen aufgrund Anfechtung und außerordentlicher Kündigung nach der Rechtsprechung des Reichsarbeitsgerichts (1927-1945). 2000.

Band 206 Peter Landau / Hermann Nehlsen / Mathias Schmoeckel (Hrsg.): Karl von Amira zum Gedächtnis. 1999.

Band 207 Marcus Flinder: Die Entstehungsgeschichte des Zivilgesetzbuches der DDR. 1999.

Band 208 Boris Franz Leo Bromm: Die Entstehungsgeschichte des Berufs des Handelsvertreters. Unter besonderer Berücksichtigung der Sozialgesetzgebung in den Jahren von 1871-1933. 2000.

Band 209 Winfried C. J. Eberstein: Das Tierschutzrecht in Deutschland bis zum Erlaß des Reichs-Tierschutzgesetzes vom 24. November 1933. Unter Berücksichtigung der Entwicklung in England. 1999.

Band 210 Patrick Deller: Der „nach dem Vertrage" vorausgesetzte Gebrauch (§ 459 Absatz 1 Satz 1 BGB). Eine kaufrechtliche Untersuchung unter Berücksichtigung rechtshistorischer wie rechtsvergleichender Grundlagen. 2000.

Band 211 Eckard Freiherr von Bodenhausen: Haftung des Geschäftsherrn für Verrichtungsgehilfen im Straßen- und Schienenverkehr. Eine Analyse der Entscheidungen des Reichsgerichts zu § 831 BGB (1900-1945). 2000.

Band 212 Birte Gast: Der Allgemeine Teil und das Schuldrecht des Bürgerlichen Gesetzbuchs im Urteil von Raymond Saleilles (1855-1912). 2000.

Band 213 Hansjörg Michael Huber: Koloniale Selbstverwaltung in Deutsch-Südwestafrika. Entstehung, Kodifizierung und Umsetzung. 2000.

Band 214 Ulf Björner: Die Verfassungsgerichtsbarkeit im Norddeutschen Bund und Deutschen Reich (1867-1918). Eine rechtshistorische Untersuchung über Gerichtsbarkeit im Spannungsfeld von Politik und Recht innerhalb der von Bismarck geschaffenen deutschen Bundesstaaten. 2000.

Band 215 Mathias Freiherr von Rosenberg: Friedrich Carl von Savigny (1779-1861) im Urteil seiner Zeit. 2000.

Band 216 Reinhard Binder-Kriegistein: Österreichisches Adelsrecht 1868-1918/19. Von der Ausgestaltung des Adelsrechts der cisleithanischen Reichshälfte bis zum Adelsaufhebungsgesetz der Republik unter besonderer Berücksichtigung des adeligen Namensrechts. 2000.

Band 217 Claudia-Regine Nerius: Johannes Lehmann-Hohenberg (1851-1925). Eine Studie zur völkischen Rechts- und Justizkritik im Deutschen Kaiserreich. 2000.

Band 218 Ludger Meuten: Die Erbfolgeordnung des Sachsenspiegels und des Magdeburger Rechts. Ein Beitrag zur Geschichte des sächsisch-magdeburgischen Rechts. 2000.

Band 219 Christoph Alexander von Wilcken: Die Reformbestrebungen zum Genossenschaftsgesetz in der Frühzeit der Bundesrepublik. Die Beratungen der Sachverständigenkommission zur Überprüfung des Genossenschaftsrechts 1954 bis 1958 und der Referentenentwurf von 1962. 2000.

Band 220 Verein Junger RechtshistorikerInnen Zürich (Hrsg.): ¿Rechtsgeschichte(n)? ¿Histoire(s) du droit? ¿Storia/storie del diritto? ¿Legal Histori(es)? Europäisches Forum Junger Rechtshistorikerinnen und Rechtshistoriker Zürich 28.-30. Mai 1999. 2000.

Band 221 Hans Christian Schüler: Die Entstehungsgeschichte der Bundesnotarordnung vom 24. Februar 1961. 2000.

Band 222 Nils-Eberhard Schramm: Die Vereinigung demokratischer Juristen (1949-1999). 2000.

Band 223 Silke Anke Torp: Das Rechtsverhältnis zwischen den Eltern und ihren Kindern. Dienstleistungspflicht, Aussteuer und Ausstattung. Eine Analyse der Rechtsprechung des Reichsgerichts und des Reichsarbeitsgerichts zu den Vorschriften der §§ 1616 bis 1625 des Bürgerlichen Gesetzbuches in der Zeit von 1900 bis 1945. 2000.

Band 224 Martin Jürgen Maaß: Die Geschichte des Eigentumsvorbehalts, insbesondere im 18. und 19. Jahrhundert. 2000.

Band 225 Stefanie Langer: Rechtswissenschaftliche Itinerarien. Lebenswege namhafter europäischer Juristen vom 11. bis zum 18. Jahrhundert. 2000.

Band 226 Ulrich Schmitz: Der Unterhaltsanspruch des nichtehelichen Kindes gegen seinen Erzeuger. Die rechtsgeschichtliche und dogmatische Entwicklung im deutschen Recht. 2000.

Band 227 Sebastian Günther: Friedrich Carl von Savigny als Grundherr. 2000.

Band 228 Henning Ibs: Hermann J. Held (1890-1963). Ein Kieler Gelehrtenleben in den Fängen der Zeitläufe. 2000.

Band 229 Matthias Rücker: Wirtschaftswerbung unter dem Nationalsozialismus. Rechtliche Ausgestaltung der Werbung und Tätigkeit des Werberats der deutschen Wirtschaft. 2000.

Band 230 Hendrik Sandmann: Die Entwicklung von Begriff und Inhalt des Wirtschaftchsrechts durch die Rechtswissenschaft in der Weimarer Republik. 2000.

Band 231 Sibylle Müller: Gibt es Menschenrechte bei Samuel Pufendorf? 2000.

Band 232 Karin Olechowski-Hrdlicka: Die gemeinsamen Angelegenheiten der Österreichisch-Ungarischen Monarchie. Vorgeschichte – Ausgleich 1867 – Staatsrechtliche Kontroversen. 2001.

Band 233 Johannes Mierau: Die juristischen Abschluß- und Diplomprüfungen in der SBZ/DDR. Ein Einblick in die Juristenausbildung im Sozialismus. 2001.

Band 234 Jörg Wolff (Hrsg.): Stillstand, Erneuerung und Kontinuität. Einsprüche zur Preußenforschung. 2001.

Band 235 Friedo Schröder: Die anwaltliche Tätigkeit während der nationalsozialistischen Herrschaft. Eine Analyse der anwaltlichen Argumentation in Zivilprozessen anhand der vorhandenen Prozeßakten der Landgerichte Frankenthal, Wiesbaden, Limburg und Frankfurt und der Handakten der *jüdischen Konsulenten* des OLG-Bezirks Frankfurt. 2001.

Band 236 Der Code pénal des Königreichs Westphalen von 1813 mit dem Code pénal von 1810 im Original und in deutscher Übersetzung. Herausgegeben und mit einer Einleitung versehen von Werner Schubert. 2001.

Band 237 Klaus Richter: Deutsches Kolonialrecht in Ostafrika 1885-1891. 2001.

Band 238 Kai von Lewinski: Deutschrechtliche Systembildung im 19. Jahrhundert. 2001.

Band 239 Alexander Herzog: Sittenwidrige Rechtsgeschäfte in der höchstrichterlichen Rechtsprechung aus den Jahren 1948-1965. 2001.

Band 240 Claudia Rönnau: Die Beratungen des Wasserrechtsausschusses der Akademie für Deutsches Recht zu einem Reichswassergesetz (1934-1941). Ein Beitrag zur Dogmatik der Begriffe *Gemeingebrauch* und *Sondergebrauch* in der Zeit des Nationalsozialismus. 2001.

Band 241 Momme Rohlack: Kriegsgesellschaften (1914-1918). Arten, Rechtsformen und Funktionen in der Kriegswirtschaft des Ersten Weltkrieges. 2001.

Band 242 Rolf Geyer: Der Gedanke des Verbraucherschutzes im Reichsrecht des Kaiserreichs und der Weimarer Republik (1871-1933). Eine Studie zur Geschichte des Verbraucherrechts in Deutschland. 2001.

Band 243 Felix Lorenz Benjamin Lehmann: Der Rote Adlerorden. Entstehung und rechtliche Grundlagen (1705-1918). 2002.

Band 244 Marc Ludwig: Der Pfändungsschutz für Lohneinkommen. Die Entstehungs- und Entwicklungsgeschichte der Vorschriften zum Schutz vor Lohnpfändung in Deutschland. 2001.

Band 245 Alexander Wachter: Dorfschule zwischen Pastor und Schulmeister. Zur Säkularisierung des niederhessischen Schulwesens im 19. Jahrhundert. 2001.

Band 246 Richard Scholz: Analyse der Entstehungsbedingungen der reichsgerichtlichen Aufwertungsrechtsprechung. Untersuchung unter besonderer Berücksichtigung der konservativen Geldpolitik der Reichsbank und der Inflationspolitik der Reichsregierung. 2001.

Band 247 Judith Laeverenz: Märchen und Recht. Eine Darstellung verschiedener Ansätze zur Erfassung des rechtlichen Gehalts der Märchen. 2001.

Band 248 Christina Schenk: Bestrebungen zur einheitlichen Regelung des Strafvollzugs in Deutschland von 1870 bis 1923. 2001.

Band 249 Nils Werner: Die Prozesse gegen die Landvolkbewegung in Schleswig-Holstein 1929/32. Ein Beitrag zur Justizkritik in der späten Weimarer Republik. 2001.

Band 250 Wolfgang Walter: Das Duell in Bayern. Ein Beitrag zur bayerischen Strafrechtsgeschichte. 2002.

Band 251 Jörn Eckert / Kjell Å. Modéer (Hrsg.): Geschichte und Perspektiven des Rechts im Ostseeraum. Erster Rechtshistorikertag im Ostseeraum 8.–12. März 2000. 2001.

Band 252 Jan Könighaus: Die Inauguration der Christian-Albrechts-Universität zu Kiel 1665. Symbolgehalt und rechtliche Bedeutung des Universitätszeremoniells. 2002.

Band 253 Andreas Görgen: Rechtssprache in der Frühen Neuzeit. Eine vergleichende Untersuchung der Fremdwortverwendung in Gesetzen des 16. und 17. Jahrhunderts. 2002.

Band 254 Ralf Schäfer: Die Rechtsstellung der Haigerlocher Juden im Fürstentum Hohenzollern-Sigmaringen von 1634-1850. Eine rechtsgeschichtliche Untersuchung. 2002.

Band 255 Regine Schmalhorst: Die Tierhalterhaftung im BGB von 1896. Die Entstehung und Änderung des § 833 BGB sowie eine Analyse der Rechtsprechung des Reichsgerichts bis 1908. 2002.

Band 256 Thomas Hense: Konrad Beyerle. Sein Wirken für Wissenschaft und Politik in Kaiserreich und Weimarer Republik. 2002.

Band 257 Christian Mahlmann: Die Strafrechtswissenschaft der DDR. Klassenkampftheorie und Verbrechenslehre. 2002.

Band 258 Henning Kahmann: Die Bankiers von Jacquier & Securius 1933–1945. Eine rechtshistorische Fallstudie zur "Arisierung" eines Berliner Bankhauses. Mit einem Geleitwort von John Kornblum. 2002.

Band 259 Volker Friedrich Drecktrah: Die Gerichtsbarkeit in den Herzogtümern Bremen und Verden und in der preußischen Landdrostei Stade von 1715 bis 1879. 2002.

Band 260 Andreas Klass: Standes- oder Leistungselite? Eine Untersuchung der Karrieren der Wetzlarer Anwälte des Reichskammergerichts (1693-1806). 2002.

Band 261 Wolfgang Eder: Das italienische Tribunale Speciale per la Difesa dello Stato und der deutsche Volksgerichtshof. Ein Vergleich zwischen zwei politischen Gerichtshöfen. 2002.

Band 262 Albrecht Cordes / Bernd Kannowski (Hrsg.): Rechtsbegriffe im Mittelalter. 2002.

Band 263 Thomas Hildebrandt: Die Brandenburgischen Provinziallandtage von 1841, 1843, und 1845 anhand ausgewählter Verhandlungsgegenstände. 2002.

Band 264 Jan Finzel: Georg Adam Struve (1619–1692) als Zivilrechtler. 2003.

Band 265 Björn Carsten Frenzel: Das Selbstverständis der Justiz nach 1945. Analyse der Rolle der Justiz unter Berücksichtigung der Reden zur *Wiedereröffnung* der Bundes- und Oberlandesgerichte. 2003.

Band 266 Nils Reichhelm: Die marxistisch-leninistische Staats- und Rechtstheorie Karl Polaks. 2003.

Band 267 Raik Schneider: Altrechtliche Personenzusammenschlüsse. Ihre Entwicklung unter besonderer Berücksichtigung des Rechts des Großherzogtums Sachsen-Weimar-Eisenach sowie der Herzogtümer Sachsen-Meiningen und Sachsen-Gotha. 2003.

Band 268 Anke Meier: Die Geschichte des deutschen Konkursrechts, insbesondere die Entstehung der Reichskonkursordnung von 1877. 2003.

Band 269 Stefan Jens Jordan: Leben und Werk des Tübinger Rechtsprofessors Wilhelm Gottlieb Tafinger 1760–1813. 2003.

Band 270 Stefanie Hubig: Die historische Entwicklung des § 23 ZPO. Zum Ursprung und Fortleben des Vermögensgerichtsstandes im deutschen Prozeßrecht des 19. Jahrhunderts. 2003.

Band 271 Michael G. Perband: Der Grundsatz der freien Beweiswürdigung im Zivilprozeß (§ 286 ZPO) in der Rechtsprechung des Reichsgerichts. 2003.

Band 272 Mathias Bouveret: Die Stellung des Staatsoberhauptes in der parlamentarischen Diskussion und Staatsrechtslehre von 1848 bis 1918. 2003.

Band 273 Barbara Széchényi: Rechtliche Grundlagen bayerischer Zensur im 19. Jahrhundert. 2003.

Band 274 Sylvia Scharfenberg: Die Entstehungsgeschichte des Beurkundungsgesetzes vom 28. August 1969. 2003.

Band 275 Urte Nesemann: Die schwedische Familiengesetzgebung von 1734 bis zu den Reformgesetzen von 1915 bis 1920 und deren Einfluss auf die Gesetzgebungsprojekte der Weimarer Republik. Unter besonderer Berücksichtigung der Rechtsstellung der Frau und des unehelichen Kindes. 2003.

Band 276 Alexandra Brück: Die Polizeiordnung Herzog Christians von Braunschweig-Lüneburg vom 6. Oktober 1618. 2003.

Band 277 Torsten Landwehr: Das Kommissionsgeschäft in Rechtswissenschaft, Gesetzgebung und Rechtspraxis vom 16. bis zum Ende des 18. Jahrhunderts. 2003.

Band 278 Tassilo Wilhelm Maria Englert: Deutsche und italienische Zivilrechtsgesetzgebung von 1933–1945. Parallelen in der Rechtsetzung und gegenseitige Beeinflussung unter besonderer Berücksichtigung des Familien- und Erbrechts. 2003.

Band 279 Tobias Prang: Der Schutz der Versicherungsnehmer bei der Auslegung von Versicherungsbedingungen durch das Reichsgericht. 2003.

Band 280 Thorsten Lieb: Privileg und Verwaltungsakt. Handlungsformen der öffentlichen Gewalt im 18. und 19. Jahrhundert. 2004.

Band 281 Michael Rühling: Das Ladenschlussgesetz vom 28. November 1956. Vorgeschichte, Entstehung des Gesetzes und weitere Entwicklung. 2004.

Band 282 Kathrin Nawotki: Die schleswigsche Deichstavengerechtigkeit. Vom 17. Jahrundert bis in die Gegenwart. Eine gewohnheitsrechtliche Superfizies an nordfriesischen Deichgrundstücken und ihre Entwicklung. 2004.

Band 283 Erik Nils Voigt: Die Gesetzgebungsgeschichte der militärischen Ehrenstrafen und der Offiziersehrengerichtsbarkeit im preußischen und deutschen Heer von 1806 bis 1918. 2004.

Band 284 Dorothea Riedi Hunold: Die Einführung der allgemeinen Wechselfähigkeit in der Schweiz in der zweiten Hälfte des 19. Jahrhunderts. Unter besonderer Berücksichtigung der politischen, wirtschaftlichen und sozialen Verhältnisse. 2004.

Band 285 Thomas Gergen: Pratique juridique de la paix et trêve de Dieu à partir du concile de Charroux (989–1250). Juristische Praxis der Pax und Treuga Dei ausgehend vom Konzil von Charroux (989–1250). 2004.

Band 286 Kathrin Bethkenhagen: Die Entwicklung des Luftrechts bis zum Luftverkehrsgesetz von 1922. 2004.

Band 287 Heiko Lüpkes: Die Verbrechen der Diener des Staats im Allgemeinen Landrecht für die Preußischen Staaten von 1794 und ihre Entwicklung zu den Vergehen und Verbrechen im Amte im Strafgesetzbuch für die Preußischen Staaten von 1851. 2004.

Band 288 Mirco Peter Hirsch: Von der Erbbescheinigung des Preußischen Rechts zum Erbschein des Bürgerlichen Gesetzbuchs. 2004.

Band 289 Bettina Günther: Die Behandlung der Sittlichkeitsdelikte in den Policeyordnungen und der Spruchpraxis der Reichsstädte Frankfurt am Main und Nürnberg im 15. bis 17. Jahrhundert. 2004.

Band 290 Seunghyeon Seong: Der Begriff der *nicht gehörigen Erfüllung* aus dogmengeschichtlicher und rechtsvergleichender Sicht. 2004.

Band 291 Steffen-Werner Meyer: Bemühungen um ein Reichsgesetz gegen den Büchernachdruck. Anläßlich der Wahlkapitulation Leopolds II. aus dem Jahre 1790. 2004.

Band 292 Ulrich Löffler: Instrumentalisierte Vergangenheit? Die nationalsozialistische Vergangenheit als Argumentationsfigur in der Rechtsprechung des Bundesverfassungsgerichts. 2004.

Band 293 Norbert Koch: Die Entwicklung des deutschen privaten Immissionsschutzrechts seit Beginn der Industrialisierung. Unter besonderer Berücksichtigung des Einflusses der höchstrichterlichen Rechtsprechung. 2004.

Band 294 Julius Ludwig Pfeiffer: Das Tierschutzgesetz vom 24. Juli 1972. Die Geschichte des deutschen Tierschutzrechts von 1950 bis 1972. 2004.

Band 295 Bert-Hagen Strodthoff: Die richterliche Frage- und Erörterungspflicht im deutschen Zivilprozeß in historischer Perspektive. 2004.

Band 296 Tim Kannewurf: Die Höfeordnung vom 24. April 1947. Entstehungsgeschichte und Einordnung in die Entwicklung des Anerbenrechts. 2004.

Band 297 Steffi Heine: Die Methodendiskussion nach Inkrafttreten des Bürgerlichen Gesetzbuches und die Gründung des Vereins *Recht und Wirtschaft*. 2004.

Band 298 Anne Marlene Simon-Holtorf: Geschichte des Familienwahlrechts in Frankreich (1871 bis 1945). 2004.

www.peterlang.de

Peter Lang · Europäischer Verlag der Wissenschaften

Michael Rühling

# Das Ladenschlussgesetz vom 28. November 1956

## Vorgeschichte, Entstehung des Gesetzes und weitere Entwicklung

Frankfurt am Main, Berlin, Bern, Bruxelles, New York, Oxford, Wien, 2004. 314 S.
Rechtshistorische Reihe. Herausgegeben von Werner Schubert. Bd. 281
ISBN 3-631-51501-4 · br. € 51.50*

Diese Arbeit untersucht die Grundlagen eines gesetzlich geregelten Ladenschlusses, die Entstehung des Ladenschlussgesetzes und seiner Novellen bis 1969 aus juristischer Sichtweise. In einem Ausblick wird die weitere Entwicklung bis heute dargestellt und die Motivation für eine Ladenzeitregelung zusammenfassend betrachtet. Unter Auswertung zahlreicher, z.T. unveröffentlichter Quellen wird die Gesetzesentstehung zusammenfassend aufgezeigt. Der besondere Schwerpunkt wird auf das Gesetzgebungsverfahren in den Jahren von 1950 bis 1956 gelegt. Insbesondere werden die Diskussionen unter den Bundesministerien, den Bundestagsausschüssen und im Bundesrat untersucht. Es wird hierbei die große Einflussnahme von Interessenverbänden deutlich, als deren Vertreter sich einzelne Abgeordnete herausstellten. Das Ladenschlussgesetz stellt sich im Ergebnis als ein Kompromiss dar, bei dem der Ausgleich der Interessen in einer Schwerfälligkeit des Gesetzes mit großen Anwendungsproblemen deutlich wird.

*Aus dem Inhalt*: Die Entwicklung der Ladenzeiten bis 1945 · Das Ladenschlussgesetz vom 28. November 1956 · Die Änderungsgesetze bis 1969 · Weitere Gesetzesänderungen im Überblick · Motive für die gesetzliche Regelung der Ladenzeiten

Frankfurt am Main · Berlin · Bern · Bruxelles · New York · Oxford · Wien
Auslieferung: Verlag Peter Lang AG
Moosstr. 1, CH-2542 Pieterlen
Telefax 00 41 (0) 32 / 376 17 27

*inklusive der in Deutschland gültigen Mehrwertsteuer
Preisänderungen vorbehalten

**Homepage http://www.peterlang.de**

FSC
www.fsc.org
MIX
Papier | Fördert
gute Waldnutzung
FSC® C083411

Kolibri 360 GmbH
Ferdinand-Jühlke-Straße 7
99095 Erfurt, Deutschland
produktsicherheit@kolibri360.de

Druck:
CPI Druckdienstleistungen GmbH
im Auftrag der
Kolibri 360 GmbH
Ferdinand-Jühlke-Str. 7
99095 Erfurt